二十四史

郑红峰 主编

〔第六卷〕

光明日报出版社

〔辽史〕

天祚皇帝本纪

天祚皇帝，讳延禧，字延宁，小字阿果。道宗之孙，父顺宗大孝顺圣皇帝，母贞顺皇后萧氏。大康元年生。六岁封梁王，加守太尉，兼中书令。后三年，进封燕国王。大安七年，总北南院枢密使事，加尚书令，为天下兵马大元帅。

寿隆七年正月甲戌，道宗崩，奉遗诏即皇帝位于柩前。群臣上尊号曰天祚皇帝。

二月壬辰朔，改元乾统，大赦。诏为耶律乙辛所诬陷者，复其官爵，籍没者出之，流放者还之。乙未，遣使告哀于宋及西夏、高丽。乙巳，以北府宰相萧兀纳为辽兴军节度使，加守太傅。

三月丁卯，诏有司以张孝杰家属分赐群臣。甲戌，召僧法颐放戒于内庭。

夏四月，旱。

【译文】

天祚皇帝，名延禧，字延宁，小字阿果。他是道宗的孙子，父亲是顺宗大孝顺圣皇帝，母亲是贞顺皇后萧氏。大康元年生。六岁时封为梁王，加官守太尉，兼任中书令。三年后，进封为燕国王。大安七年，总管北南院枢密使事务，加官尚书令，任天下兵马大元帅。

寿隆七年正月甲戌日，道宗去世，延禧遵奉遗诏在灵柩前即皇帝位。各大臣奉上的尊号称天祚皇帝。

二月壬辰初一，改年号为乾统，大赦天下。下令被耶律乙辛诬陷的人恢复官职和爵位，将没收的财产发还，被流放的召回。乙未日，派遣使臣向南宋及西夏、高丽通报丧事。乙巳日，由北府宰相萧兀纳任辽兴军节度使，加官守太傅。

三月丁卯日，命令有关部门将张孝杰的家属分赐各大臣。甲戌日，召进法颐和尚在宫内放戒。

夏四月，天旱。

六月庚寅朔，如庆州。甲午，宋遣王潜等来吊祭。丙申，高丽、夏国各遣使慰奠。戊戌，以南府宰相斡特剌兼南院枢密使。庚子，追谥懿德皇后为宣懿皇后。壬寅，以宋魏国王和鲁斡为天下兵马大元帅。乙巳，以北平郡王淳进封郑王。丁未，北院枢密使耶律阿思加于越。辛亥，葬仁圣大孝文皇帝、宣懿皇后于庆陵。

秋七月癸亥，阻卜、铁骊来贡。

八月甲寅，谒庆陵。

九月壬申，谒怀陵。乙亥，驻跸藕丝淀。

冬十月壬辰，谒乾陵。甲辰，上皇考昭怀太子谥曰大孝顺圣皇帝，庙号顺宗，皇妣曰贞顺皇后。

十二月戊子，以枢密副使张琳知枢密院事，翰林学士张奉珪参知政事兼同知枢密院事。癸巳，宋遣黄实来贺即位。丁酉，高丽、夏国并遣使来贺。乙巳，诏先朝已行事，不得陈告。

【译文】

六月庚寅初一，皇帝去庆州。甲午日，宋朝派遣王潜等人来吊祭。丙申日，高丽、夏国各派使者来祭奠慰哀。戊戌日，任命南府宰相斡特剌兼任南院枢密使。庚子日，追奉懿德皇后谥号为宣懿皇后。壬寅日，任命宋魏国王和鲁斡为天下兵马大元帅。乙巳日，将北平郡王耶律淳进封为郑王。丁未日，北院枢密使耶律阿思加官于越。辛亥日，将仁圣大孝文皇帝和宣懿皇后葬于庆陵。

秋七月癸亥日，阻卜、铁骊前来进贡。

八月甲寅日，皇上参拜庆陵。

九月壬申日，皇上参拜怀陵。乙亥日，驻留藕丝淀。

冬十月壬辰日，参拜乾陵。甲辰日，尊奉皇父昭怀太子谥号为大孝顺圣皇帝，庙号为顺宗；母亲谥号为贞顺皇后。

十二月戊子日，由枢密副使张琳执掌枢密院事务，翰林学士张奉珪为参知政事，兼任同知枢密院事。癸巳日，宋朝派遣黄实来祝贺皇帝即位。丁酉日，高丽、夏国一同派遣使者来朝贺。乙巳日，诏令凡是先朝已处理过的事，都循例办理不再禀告。

初，以杨割为生女真部节度使，其俗呼为太师。是岁杨割死，传于兄之子乌雅束，束死，其弟阿骨打袭。

二年春正月，如鸭子河。

二月辛卯，如春州。

三月，大寒，冰复合。

夏四月辛亥，诏诛乙辛党，徙其子孙于边；发乙辛、得里特之墓，剖棺，戮尸；以其家属分赐被杀之家。

五月乙丑，斡特剌献耶睹刮等部捷。

六月壬辰，以雨罢猎，驻跸散水原。丙午，夏国王李乾顺复遣使请尚公主。丁未，南院大王陈家奴致仕。壬子，李乾顺为宋所攻，遣李造福、田若水求援。

闰月庚申，策贤良。壬申，降惠妃为庶人。

【译文】

起初，由杨割任生女真部节度使，俗称为太师。当年杨割去世，将官位传给他哥哥的儿子乌雅束，乌雅束又死去，由他兄弟阿骨打承袭。

乾统二年春正月，皇帝去鸭子河。

二月辛卯日，皇帝去春州。

三月，天气甚冷，重又结冰。

夏四月辛亥日，下令处死乙辛党徒，将他们的子孙迁往边疆；挖开乙辛、得里特的坟墓，劈开棺材，杀尸断身；将他们的家产分给被他们杀害的人家。

五月乙丑日，斡特剌献耶睹刮等部的战利品和俘虏。

六月壬辰日，因下雨停止打猎，留住在散水原。丙午日，夏国王李乾顺又派使者来请求娶公主为妻。丁未日，南院大王陈家奴辞官回乡。壬子日，李乾顺遭宋朝攻打，派遣李造福、田若水来请求救援。

闰月庚申日，策试贤良人士。壬申日，将惠妃降为平民。

秋七月，猎黑岭，以霖雨，给猎人马。阻卜来侵，斡特剌等战败之。

冬十月乙卯，萧海里叛，劫乾州武库器甲。命北面林牙郝家奴捕之，萧海里亡入陪术水阿典部。丙寅，以南府宰相耶律斡特剌为北院枢密使，参知政事牛温舒知南院枢密使事。

十一月乙未，郝家奴以不获萧海里，免官。壬寅，以上京留守耶律慎思为北院枢密副使。有司请以帝生日为天兴节。

三年春正月辛巳朔，如混同江。女真函萧海里首，遣使来献。戊申，如春州。

二月庚午，以武清县大水，弛其陂泽之禁。

夏五月戊子，以猎人多亡，严立科禁。乙巳，清暑赤勒岭。丙午，谒庆陵。

【译文】

秋七月，在黑岭打猎，因天降喜雨，赐与猎人马匹。阻卜来进犯，斡特剌等人打败了他们。

冬十月乙卯日，萧海里反叛，掳走乾州武库中的兵器甲服。命令北面林牙郝家奴捉拿，萧海里逃入陪术水阿典部。丙寅日，任命南府宰相耶律斡特剌为北院枢密使，参知政事牛温舒知南院枢密使事。

十一月乙未日，郝家奴因未能将萧海里捉获，被免去官职。壬寅日，任命上京留守耶律慎思为北院枢密副使。有关部门奏请将天祚帝生日作为天兴节。

三年春正月辛巳初一，去混同江。女真人将萧海里的首级装入盒内，派遣使臣来献。戊申日，去春州。

二月庚午日，鉴于武清县发大水，放宽对该地滩涂湖地的管理禁令。

夏五月戊子日，由于很多猎人逃亡，制定严格的管理法规。乙巳日，皇帝在赤勒岭避暑。丙午日，参拜庆陵。

六月辛酉，夏国王李乾顺复遣使请尚公主。

秋七月，中京雨雹，伤稼。

冬十月甲辰，如中京。己未，吐蕃遣使来贡。庚申，夏国复遣使求援。己巳，有事于观德殿。

十一月丙申，文武百官加上尊号曰惠文智武圣孝天祚皇帝，大赦，以宋魏国王和鲁斡为皇太叔，梁王挞鲁进封燕国王，郑王淳为东京留守，进封越国王，百官各进一阶。丁酉，以惕隐耶律何鲁扫古为南院大王。戊戌，以受尊号，告庙。乙巳，谒太祖庙，追尊太祖之高祖曰昭烈皇帝，庙号肃祖，妣曰昭烈皇后；曾祖曰庄敬皇帝，庙号懿祖，妣曰庄敬皇后。召监修国史耶律俨纂太祖诸帝《实录》。

十二月戊申，如藕丝淀。

【译文】

六月辛酉日，夏国王李乾顺又派使者来求娶公主。

秋七月，中京降冰雹，庄稼受灾。

冬十月甲辰日，去中京。己未日，吐蕃派遣使者前来进贡。庚申日，夏国又派使者来求援。己巳日，在观德殿祭祀。

十一月丙申日，文武百官为皇上加尊号称惠文智武圣孝天祚皇帝。发布大赦令，尊宋魏国王和鲁斡为皇太叔，梁王挞鲁进封为燕国王，郑王耶律淳任东京留守，进封越国王，百官都晋升一等。丁酉日，由惕隐耶律何鲁扫古任南院大王。戊戌日，将所受尊号祭告祖庙。乙巳日，晋谒太祖庙，追尊太祖的高祖为昭烈皇帝，庙号肃祖，高祖帝后为昭烈皇后；追奉曾祖为庄敬皇帝，庙号懿祖，曾祖帝后为庄敬皇后。命监修国史耶律俨编写太祖等诸皇帝的《实录》。

十二月戊申日，皇上去藕丝淀。

是年，放进士马恭回等百三人。

四年春正月戊子，幸鱼儿泺。壬寅，猎木岭。癸卯，燕国王挞鲁薨。

二月丁丑，鼻骨德遣使来贡。

夏六月甲辰，驻跸旺国崖。甲寅，夏国遣李造福、田若水求援。癸亥，吐蕃遣使来贡。

秋七月，南京蝗。庚辰，猎南山。癸未，以西北路招讨使萧得里底、北院枢密副使耶律慎思并知北院枢密使事。辛卯，以同知南院枢密使事萧敌里为西北路招讨使。

冬十月己酉，凤凰见于漷阴。己未，幸南京。

十一月乙亥，御迎月楼，赐贫民钱。

十二月辛丑，以张琳为南府宰相。

【译文】

这一年，录取进士马恭回等一百零三人。

乾统四年春正月戊子日，皇上到鱼儿泺。壬寅日，在木岭打猎。癸卯日，燕国王挞鲁逝世。

二月丁丑日，鼻骨德派使者前来进贡。

夏六月甲辰日，皇帝在旺国崖驻留。甲寅日，夏国派李造福、田若水来求援。癸亥日，吐蕃派使者来进贡。

秋七月，南京发生蝗灾。庚辰日，皇上在南山打猎。癸未日，由西北路招讨使萧得里底、北院枢密副使耶律慎思共同执掌北院枢密使事务。辛卯日，任命同知南院枢密使事萧敌里为西北路招讨使。

冬十月己酉日，在漷阴县出现凤凰。己未日，皇上到南京。

十一月乙亥日，皇上到迎月楼，向贫民分赐银两。

十二月辛丑日，任命张琳为南府宰相。

五年春正月乙亥，夏国遣李造福等来求援，且乞伐宋。庚寅，以辽兴军节度使萧常哥为北府宰相。丁酉，遣枢密直学士高端礼等宋罢伐夏兵。

二月癸卯，微行，视民疾苦。丙午，幸鸳鸯泺。

三月壬申，以族女南仙封成安公主，下嫁夏国王李乾顺。

夏四月甲申，射虎炭山。

五月癸卯，清暑南崖。壬子，宋遣曾孝广、王戬报聘。

六月甲戌，夏国遣使来谢，及贡方物。己丑，幸候里吉。

秋七月，谒庆陵。

九月辛亥，驻跸藕丝淀。乙卯，谒乾陵。

冬十一月戊戌，禁商贾之家应进士举。丙辰，高丽三韩国公王颙薨，子俣遣使来告。

十二月己巳，夏国复遣李造福、田若水求援。癸酉，宋遣林洙来议与夏约和。

【译文】

五年春正月乙亥日，夏国派李国福等人前来求援，并请求讨伐宋朝。庚寅日，任命辽兴军节度使萧常哥为北府宰相。丁酉日，派遣枢密直学士高端礼等人去婉言劝说宋朝停止攻打夏国。

二月癸卯日，皇帝便装出访，体察民间疾苦。丙午日，到鸳鸯泺。

三月壬申日，将本族姑娘南仙封为成安公主，下嫁给夏国王李乾顺。

夏四月甲申日，皇上在炭山猎虎。

五月癸卯日，在南崖避暑。壬子日，宋朝派曾孝广、王戬前来回访。

六月甲戌日，夏国派使者前来致谢，进贡地方物产。乙丑日，皇上到候里吉。

秋七月，皇上参拜庆陵。

九月辛亥日，驻留藕丝淀。乙卯日，参拜乾陵。

冬十一月戊戌日，禁止商人家属参加进士考试。丙辰日，高丽三韩国公王颙逝世，他儿子王俣派使者前来报丧。

十二月己巳日，夏国又派李造福、田若水来求援。癸酉日，宋朝派林洙来商谈与夏国议和事。

六年春正月辛丑，遣知北院枢密使事萧得里底、知南院枢密使事牛温舒使宋，讽归所侵夏地。

夏五月，清暑散水原。

六月辛巳，夏国遣李造福等来谢。

秋七月癸巳，阻卜来贡。甲午，如黑岭。庚子，猎鹿角山。

冬十月乙亥，宋与夏通好，遣刘正符、曹穆来告。庚辰，以皇太叔、南京留守和鲁斡兼惕隐，东京留守、越国王淳为南府宰相。

十一月乙未，以谢家奴为南院大王，马奴为奚六部大王。丙申，行柴册礼。戊戌，大赦。以和鲁斡为义和仁圣皇太叔，越国王淳进封魏国王，封皇子敖卢斡为晋王，习泥烈为饶乐郡王。己亥，谒太祖庙。甲辰，祠木叶山。

【译文】

六年春正月辛丑日，派遣知北院枢密使事萧得里底、知南院枢密使事牛温舒出使宋国，婉言劝说宋国归还所侵占的夏国领土。

夏五月，皇上在散水原避暑。

六月辛巳日，夏国派李造福等人来致谢。

秋七月癸巳日，阻卜来进贡。甲午日，皇上去黑岭。庚子日，在鹿角山打猎。

冬十月乙亥日，宋朝与夏国和好，派遣刘正符、曹穆前来通报。庚辰日，任命皇太叔、南京留守和鲁斡兼任惕隐，任命东京留守、越国王耶律淳为南府宰相。

十一月乙未日，任命谢家奴为南院大王，马奴为奚六部大王。丙申日，举行柴册礼。戊戌日，发布大赦令。称和鲁斡为义和仁圣皇太叔，进封越国王耶律淳为魏国王，封皇太子敖卢斡为晋王，习泥烈为饶乐郡王。己亥日，参拜太祖庙。甲辰日，祭祀于木叶山。

十二月己巳，封耶律俨为漆水郡王，馀官进爵有差。

七年春正月，钩鱼于鸭子河。

二月，驻跸大鱼泺。

夏六月，次散水原。

秋七月，如黑岭。

冬十月，谒乾陵，猎医巫闾山。

是年，放进士李石等百人。

八年春正月，如春州。

夏四月丙申，封高丽王俣为三韩国公，赠其父23为高丽国王。

五月，清暑散水原。

六月壬辰，西北路招讨使萧敌里率诸蕃来朝。丙申，射柳祈雨。壬寅，夏国王李乾顺以成安公主生子，遣使来告。丁未，如黑岭。

【译文】

十二月己巳日，封耶律俨为漆水郡王，其余官员分等第晋升爵位。

七年春正月，在鸭子河钓鱼。

二月，皇上在大鱼泺驻留。

夏六月，在散水原停留。

秋七月，去黑岭。

冬十月，参拜乾陵，在医巫闾山打猎。

这一年，隶取进士李石等共一百人。

乾统八年春正月，去春州。

夏四月丙申日，封高丽王王俁为三韩国公，赠他父亲王颙为高丽国王。

五月，皇上在散水原避暑。

六月壬辰日，西北路招讨使萧敌里率领各番属来朝见皇上。丙申日，举行射柳仪式以求降雨。壬寅日，夏国王李乾顺派使者来报告：成安公主生子。丁未日，皇上去黑岭。

秋七月戊辰，以雨罢猎。

冬十二月己卯，高丽遣使来谢。

九年春正月丙午朔，如鸭子河。

二月，如春州。

三月戊午，夏国以宋不归地，遣使来告。

夏四月壬午，五国部来贡。

六月乙亥，清暑特礼岭。

秋七月，陨霜，伤稼。甲寅，猎于候里吉。

八月丁酉，雪，罢猎。

冬十月癸酉，望祠木叶山。丁丑，诏免今年租税。

十二月甲申，高丽遣使来贡。

是年，放进士刘桢等九十人。

十年春正月辛丑，预行立春礼。如鸭子河。

二月庚午朔，驻跸大鱼泺。

【译文】

秋七月戊辰日，因下雨未打猎。

冬十二月己卯日，高丽派使者前来致谢。

九年春正月丙午初一，去鸭子河。

二月，去春州。

三月戊午日，夏国派使者来通报有关宋朝不归还土地之事。

夏四月壬午日，五国部前来进贡。

六月乙亥日，在特礼岭避暑。

秋七月，下霜，庄稼受损。甲寅日，在候里吉打猎。

八月丁酉日，下雪，未打猎。

冬十月癸酉日，在木叶山祭祀。丁丑日，下令免征今年租税。

十二月甲申日，高丽派使者来进贡。

这一年，取进士刘桢等九十人。

乾统十年春正月辛丑日，举行立春礼。到鸭子河。

二月庚午初一，在大鱼泺驻留。

夏四月丙子，五国部长来贡。丙戌，预行再生礼。癸巳，猎于北山。

六月甲戌，清暑玉丘。癸未，夏国遣李造福等来贡。甲午，阻卜来贡。

秋七月辛丑，谒庆陵。

闰月辛亥，谒怀陵。己未，谒祖陵。壬戌，皇太叔和鲁斡薨。

九月甲戌，免重九节礼。

冬十月，驻跸藕丝淀。

十二月己酉，改明年元。

是岁，大饥。

天庆元年春正月，钩鱼于鸭子河。

二月，如春州。

三月乙亥，五国部长来贡。

夏五月，清暑散水原。

秋七月，猎。

冬十月，驻跸藕丝淀。

【译文】

夏四月丙子日，五国部各酋长来进贡。丙戌日，举行再生礼。癸巳日，在北山打猎。

六月甲戌日，在玉丘避暑。癸未日，夏国派李造福等人来进贡。甲午日，阻卜人来进贡。

秋七月辛丑日，晋谒庆陵。

闰月辛亥日，晋谒怀陵。己未日，晋谒祖陵。壬戌日，皇太叔和鲁斡逝世。

九月甲戌日，未举行重九节礼仪。

冬十月，在藕丝淀驻留。

十二月乙酉日，更改明年年号。

这年，发生了严重饥荒。

天庆元年春正月，在鸭子河钓鱼。

二月，去春州。

三月乙亥日，五国部各酋长前来进贡。

夏五月，在散水原避暑。

秋七月，打猎。

冬十月，在藕丝淀驻留。

二年春正月己未朔，如鸭子河。丁丑，五国部长来贡。

二月丁酉，如春州，幸混同江钩鱼，界外生女真酋长在千里内者，以故事皆来朝。适遇“头鱼宴”，酒半酣，上临轩，命诸酋次第起舞；独阿骨打辞以不能。谕之再三，终不从。他日，上密谓枢密使萧奉先曰：“前日之燕，阿骨打意气雄豪，顾视不常，可托以边事诛之。否则，必贻后患。”奉先曰：“粗人不知礼仪，无大过而杀之，恐伤向化之心。假有异志，又何能为？”其弟吴乞买、粘罕、胡舍等尝从猎，能呼鹿，刺虎，搏熊。上喜，辄加官爵。

夏六月庚寅，清暑南崖。甲午，和州回鹘来贡。戊戌，成安公主来朝。甲辰，阻卜来贡。

秋七月乙丑，猎南山。

九月己未，射获熊，燕群臣，上亲御琵琶。初，阿骨打混同江宴归，疑上知其异志，遂称兵，先并旁近部族。女真赵三、阿鹘产拒之，阿骨打虏其家属。二人走诉咸州，详稳司送北枢密院。枢密使萧奉先作常事以闻上，仍送咸州诘责，欲使自新。后数召，阿骨打竟称疾不至。

冬十月辛亥，高丽三韩国公王俣之母死，来告，即遣使致祭，起复。是月，驻跸奉圣州。

十一月乙卯，幸南京。丁卯，谒太祖庙。

【译文】

二年春正月己未初一，去鸭子河。丁丑日，五国派酋长来进贡。

二月丁酉日，去春州，在混同江钓鱼；边界外生女真族各酋长凡在千里以内的，按惯例都来朝见皇上。正赶上“头鱼宴”，饮酒半醉时，皇上来到大厅里，让各酋长依次表演舞蹈；唯有阿骨打推辞说不会，皇上再三命令他跳舞，但他始终未听从。过后，皇帝私下向枢密使萧奉先说：“在前些天的宴会上，阿骨打态度雄傲豪亢，眼神不同寻常，应借边事将他杀掉。如不然则必留后患。”奉先说：“他是粗人，不懂得礼节和情谊，没有多大过错而杀了他，恐怕会挫伤人们归顺的心情。即使他有二心，又能有什么作为？”他弟弟吴乞买、粘罕、胡舍等人曾随从皇上打猎，会唤鹿、打虎、捉熊。皇上一高兴，便为他们加官进爵。

夏六月庚寅日，皇上在南崖避暑。甲午日，和州回鹘人前来进贡。戊戌日，成安公主朝见皇上。甲辰日，阻卜来进贡。

秋七月乙丑日，在南山打猎。

九月己未日，打猎，射获熊，设宴招待群臣，亲自弹奏琵琶。原来，阿骨打自从在混同江参加宴会回来，怀疑皇上知道了他的反叛企图，于是调集军队，先吞并了邻近部族。女真人赵三、阿鹘产抗拒，阿骨打虏去他们的家属。两人跑到咸州告状，详稳司将他们送到北枢密院。枢密使萧奉先作为一般事项禀告皇上后，仍去咸州责问解决，想让阿骨打改过自新。

后来几次召见阿骨打，他竟推说有病而不来。

冬十月辛亥，高丽三韩国国公王俣的母亲去世，前来报丧，派使者前往吊祭。王俣虽丧期不满，但仍起用担任原职。这个月皇上在奉圣州驻留。

十一月乙卯日，到南京。丁卯日，参拜太祖庙。

是年，放进士韩昉等七十七人。

三年春正月丙寅，赐南京贫民钱。丁卯，如大鱼泺。甲戌，禁僧尼破戒。丙子，猎狗牙山，大寒，猎人多死。

三月，籍诸道户，徙大牢古山围场地居民于别土。阿骨打一日率五百骑突至咸州，吏民大惊。翌日，赴详稳司，与赵三等面折庭下。阿骨打不屈，送所司问状。一夕遁去。遣人诉于上，谓详稳司欲见杀，故不敢留。自是召不复至。

夏闰四月，李弘以左道聚众为乱，支解，分示五京。

六月乙卯，斡朗改国遣使来贡良犬。丙辰，夏国遣使来贡。

秋七月，幸秋山。

九月，驻跸藕丝淀。

十一月甲午，以三司使虞融知南院枢密使事，西南面招讨使萧乐古为南府宰相。

十二月庚戌，高丽遣使来谢致祭。癸丑，回鹘遣使来贡。甲寅，以枢密直学士马人望参知政事。丙辰，知枢密院事耶律俨薨。癸亥，高丽遣使来谢起复。

【译文】

这一年，录取进士韩昉等七十七人。

三年春正月丙寅日，赐给南京贫民钱两。丁卯日，去大鱼泺。甲戌日，严禁和尚、尼姑违反教规。丙子日，在狗牙山打猎，天气十分寒冷，很多猎人被冻死。

三月，检查各地户口，将大牢古山猎场地区的住户迁往其他地方。某日阿骨打率领五百骑兵突然来到咸州，官民十分惊慌。第二天，他到详隐司，与赵三等人当面对质，阿骨打不服，被送到主管部门盘查。一天晚上他私自逃走，并派人向皇上禀诉，说详隐司要杀死他，所以不敢留在这里。从此以后，召见他从不再来。

夏闰四月，李弘用妖术惑众作乱，被分尸送往五京示众。

六月乙卯日，斡朗改国派使者来进献良犬。丙辰日，夏国派使者来进贡。

秋七月，到秋山。

九月，在藕丝淀驻留。

十一月甲午日，任命三司使虞融掌管南院枢密使事，西南面招讨使萧乐古任南府宰相。

十二月庚戌日，高丽派使者来感谢辽国的吊丧。癸丑日，回鹘派使者来进贡。甲寅日，任命枢密直学士马人望为参知政事。丙辰日，掌管枢密院事耶律俨逝世。癸亥日，高丽派使者来感谢王俣丧期未满，准予复职之事。

四年春正月，如春州。初，女真起兵，以纥石烈部人阿疏不从，遣其部撒改讨之。阿疏弟狄故保来告，诏谕使勿讨，不听，阿疏来奔。至是女真遣使来索，不发。

夏五月，清暑散水原。

秋七月，女真复遣使取阿疏，不发，乃遣侍御阿息保问境上多建城堡之故。女真以慢语答曰："若还阿疏，朝贡如故；不然，城未能已。"遂发浑河北诸军，益东北路统军司。阿骨打乃与弟粘罕、胡舍等谋，以银术割、移烈、娄室、阇母等为帅，集女真诸部兵，擒辽障鹰官。及攻宁江州，东北路统军司以闻。时上在庆州射鹿，闻之略不介意，遣海州刺史高仙寿统渤海军应援。萧挞不也遇女真，战于宁江东，败绩。

【译文】

四年春正月，皇上去春州。开始，女真起兵时，因纥石烈部的阿疏不同意，女真派所属撒改的军队攻打他。阿疏的弟弟狄故保来报告，皇帝命令女真不要打，但女真人不听，阿疏前来投奔。于是女真派使者来索要回阿疏，未予交还。

夏五月，皇上在散水原避暑。

秋七月，女真又派使者来索阿疏，仍旧没有交出，并派侍御阿息保责问女真在边境上大量修建城堡的原因。女真以傲慢的口气回答说："如果交还阿疏，仍和从前一样朝见进贡。若不然，将不断地修城。"随后辽国调集浑河以北各部军队，加强东北路统军司。阿骨打与他弟弟粘罕、胡舍等人一起谋划，由银术割、移烈、娄室、阇母等人为统帅，调集女真各部军队，先捉去辽国的障鹰官。接着攻打宁江州，东北路统军司来禀报。当时皇上正在庆州打鹿，听到报告没太介意，只派海州刺史高仙寿率领渤海军去支援。萧挞不也与女真军遭遇，在宁江以东开战，辽军战败。

冬十月壬寅朔，以守司空萧嗣先为东北路都统，静江军节度使萧挞不也为副，发契丹奚军三千人，中京禁兵及土豪二千人，别选诸路武勇二千馀人，以虞候崔公义为都押官，控鹤指挥邢颖为副，引军屯出河店。两军对垒，女真军潜渡混同江，掩击辽众。萧嗣先军溃，崔公义、邢颖、耶律佛留、萧葛十等死之，其获免者十有七人。萧奉先惧其弟嗣先获罪，辄奏东征溃军所至劫掠，若不肆赦，恐聚为患。上从之，嗣先但免官而已。诸军相谓曰："战则有死而无功，退则有生而无罪。"故士无斗志，望风奔溃。

十一月壬辰，都统萧敌里等营于斡邻泺东，又为女真所袭，士卒死者甚众。甲午，萧敌里亦坐免官。辛丑，以西北路招讨使耶律斡里朵为行军都统，副点检萧乙薛、同知南院枢密使事耶律章奴副之。

十二月，咸、宾、祥三州及铁骊、兀惹皆叛入女真。乙薛往援宾州，南军诸将实娄、特烈等往援咸州，并为女真所败。

【译文】

冬十月壬寅初一，守司空萧嗣先任东北路都统，静江军节度使萧挞不也任副都统，派契丹奚军三千人，中京禁卫兵及地方豪强的士卒两千人，另从各路军挑选出英勇武士两千多人，由虞候崔公义任都押官，控鹤指挥邢颖为副都押官，发兵到出河店驻扎。两军对峙，女真军队偷渡混同江，突袭辽兵。萧嗣先的军队被击溃，崔公义、邢颖、耶律佛留、萧曷十等人战死，幸免于死的十七人。萧奉先怕他弟弟萧嗣先被治罪，便禀奏说东征溃散的军队到处抢掠，如不宽赦，唯恐他们聚众酿成祸害。皇上同意了他的意见，萧嗣先被免去了官职。各部军队中的将士彼此议论说："打仗的战死而无功，败退可以活命并无罪。"因而军队士兵毫无斗志，遇敌望风而逃。

十一月壬辰日，都统萧敌里等屯营于斡邻泺以东，又被女真军袭击，死伤士卒很多。甲午日，萧敌里也被免职。辛丑日，任命西北路招讨使耶律斡韩里朵为行军都统，副点检萧乙薛、同知南院枢密使事耶律章奴为副都统。

十二月，咸州、宾州、祥州和铁骊、兀惹等地官兵都反叛逃入女真。萧乙薛前去救援宾州，南军各部将领实娄、特烈等去援救咸州，都被女真人打败。

五年春正月，下诏亲征，遣僧家奴持书约和，斥阿骨打名。阿骨打遣赛剌复书，若归叛人阿疏，迁黄龙府於别地，然后议之。都统耶律斡里朵等与女真兵战于达鲁古城，败绩。

二月，饶州渤海古欲等反，自称大王。

三月，以萧谢佛留等讨之。遣耶律张家奴等六人赍书使女真，斥其主名，冀以速降。

夏四月癸丑，萧谢佛留等为渤海古欲所败，以南面副部署萧陶苏斡为都统，赴之。

五月，陶苏斡及古欲战，败绩。张家奴等以阿骨打书来，复遣之往。

六月己亥朔，清暑特礼岭。壬子，张家奴等还，阿骨打复书，亦斥名谕之使降。癸丑，以亲征谕诸道。丙辰，陶苏斡招获古欲等。癸亥，以惕隐耶律末里为北院大王。是月，遣萧辞剌使女真，以书辞不屈见留。

秋七月辛未，宋遣使致助军银绢。丙子，猎于岭东。是月，都统斡里朵等与女真战于白马泺，败绩。

【译文】

天庆五年春季正月，发布亲征诏令，派遣僧奴携带书信去女真提出条件讲和，并指名斥责阿骨打。阿骨打派赛剌送来复信，提出如果归还反叛人员阿疏，把黄龙府迁往其他地方，而后才可商谈议和。都统耶律斡里朵等与女真军队在达鲁古城交战，辽军战败。

二月，饶州渤海古欲等人反叛，自称大王。

三月，派萧谢佛留等人征讨反叛人员。派耶律家奴等六人携带书信去女真，指名斥责他们的主子，希望他们赶快投降。

夏季四月癸丑日，萧谢佛留等被渤海古欲打败，由南面副部署萧陶苏斡任都统，前往参战。

五月，陶苏斡与古欲开战，结果大败。张家奴人等因为阿骨打复信来，又派他再去见阿骨打。

六月己亥初一，皇上在特礼岭避暑。壬子日，张家奴等人回来，阿骨打复信，也指名斥责，命令投降。癸丑日，通告各地皇上将亲征。丙辰日，陶苏斡招降擒获古欲等人。癸亥日，任命惕隐耶律末里为北院大王。这一月，派萧辞剌出使女真，因所带信件言辞强硬而被扣留。

秋季七月辛未日，宋朝派使臣送来支援军队的银两和布匹。丙子日，皇上在岭东打猎。这个月里，都统斡里朵等人与女真军在白马泺交战，被打败。

八月甲子，罢猎，趋军中。以斡里朵等军败，免官。丙寅，以围场使阿不为中军都统，耶律张家奴为都监，率番、汉兵十万；萧奉先充卫营都统，诸行营都部署耶律章奴为副，以精兵二万为先锋。馀分五部为正军，贵族子弟千人为硬军，扈从百司为护卫军，北出骆驼口；以都点检萧胡靓姑为都统，枢密直学士柴谊为副，将汉步骑三万，南出宁江州。自长春州分道而进，发数月粮，期必灭女真。

九月丁卯朔，女真军陷黄龙府。己巳，知北院枢密使萧得里底出为西南面招讨使。辞剌还，女真复遣赛剌以书来报：若归我叛人阿疏等，即当班师。上亲征。粘罕、兀术等以书来上，阳为卑哀之辞，实欲求战。书上，上怒，下诏有“女真作过，大军翦除”之语。女真主聚众，剺面仰天恸哭曰：“始与汝等起兵，盖苦契丹残忍，欲自立国。今主上亲征，奈何？非人死战，莫能当也。不若杀我一族，汝等迎降，转祸为福。”诸军皆曰：“事已至此，惟命是从。”乙巳，耶律章奴反，奔上京，谋迎立魏国王淳。上遣驸马萧昱领兵诣广平淀护后妃，行宫小底乙信持书驰报魏国王。时章奴先遣王妃亲弟萧谛里以所谋说魏国王。王曰：“此非细事，主上自有诸王当立，北、南面大臣不来，而汝言及此，何也？”密令左右拘之。有顷，乙信等赍御札至，备言章奴等欲废立事。魏国王立斩萧谛里等首以献，单骑间道诣广平淀待罪。上遇之如初。章奴知魏国王不听，率麾下掠庆、饶、怀、祖等州，结渤海群盗，众至数万，趋广平淀犯行宫。顺国女真阿鹘产以三百骑一战而胜，擒其贵族二百余人，并斩首以徇。其妻子配役绣院，或散诸近侍为婢，馀得脱者皆奔女真。章奴诈为使者，欲奔女真，为逻者所获，缚送行在，腰斩于市，剖其心以献祖庙，支解以徇五路。

【译文】

八月甲子日，皇上停止打猎，赶赴军中。斡里朵等人因作战失利，被免除官职。丙寅日，任命围场使阿不任中军都统，耶律张家奴为都监，统领番军、汉军共十万人；由萧奉先任卫营都统，诸行营都部署耶律章奴为副都统，以精锐部队两万人为先遣军。其余兵力划为五部分作为正军，贵族子弟一千人为硬军，朝廷各部门护从人员为护卫军，向北面的骆驼口进发。由都点检萧胡靓姑任都统，枢密直学士柴谊为副都统，率领汉族步兵骑兵共三万人，向南方宁江州进发。从长春州开始分路前进，发给几个月吃用的军粮，决心消灭女真。

九月丁卯初一，女真军队攻陷了黄龙府。己巳日，知北院枢密使萧得里底出任西南面招讨使。辞剌被放回，女真又派赛剌携带书信来报：如果归还我方反叛人员阿疏等，女真军队立即后撤。皇上亲征。粘罕、兀术等写信给皇上，表面上言辞谦卑，貌似无奈，实质上是要打仗。将信呈送皇上，皇上大怒，在写下的诏令中有“女真人太过分，发兵消灭他们”等语。女真首领集合广大将士，用刀划脸仰面大哭着说：“原来我与你们共同起兵，是由于遭受契丹的残忍欺侮，打算自立国家。现在宗主皇上亲自率兵来征讨，怎么办？除非大家奋力战斗，否则是阻挡不了的。不如杀了我一家，你们迎降，这样就可以转祸为福。”各将士都说：“事情已到了这般地步，我们听从你的决定。”乙巳日，耶律章奴反叛，逃往上京，策划迎立魏国王耶律淳为皇帝。皇上派驸马萧昱率兵到广平淀保护后妃，派行宫小底乙信携带书信急速去告知魏国王。当时章奴曾先派王妃的弟弟萧谛里按他的想法去劝说魏国王。魏国王说：“这不是小事，各国王中应该立谁，皇上自有主张，北、南面大臣不来，而由你来谈这样的事，是何道理？”密令左右扣留了他。不久，乙信等人携带皇上的亲笔信来到，详细叙述了章奴等人打算废上立王等情况。魏国王立即斩取萧谛里等人的首级送献给皇上，并单人骑马抄近路往广平淀去等待皇上问罪。皇上见了他一如既往。章奴得知魏国王不顺从他的谋划，便率领部下在庆州、饶州、怀州、祖州等地抢劫掠夺，联合渤海的盗匪，人数多达几万人，拥向广平淀，企图进犯行宫。顺国女真阿鹘产率三百名骑兵一举打败匪徒，擒获其中贵族二百多人，将他们斩首示众。把他们妻子儿女分派给绣院做使役，有的分给皇上的侍从人员做奴婢，其余逃脱了的都去投奔女真。章奴冒充使者，打算逃往女真，被巡逻人员捉住，捆绑押送皇上住地，并被当众腰斩，将他的心挖出祭献祖庙，将尸体肢解拿到各地示众。

冬十一月，遣驸马萧特末、林牙萧察剌等将骑兵五万、步卒四十万、亲军七十万至驼门。

十二月乙巳，耶律张家奴叛。戊申，亲战于护步答冈，败绩，尽亡其辎重。己未，锦州刺史耶律术者叛应张家奴。庚申，北面林牙耶律马哥讨张家奴。癸亥，以北院宣徽使萧韩家奴知北院枢密使事，南院宣徽使萧特末为汉人行宫都部署。

六年春正月丙寅朔，东京夜有恶少年十余人，乘酒执刃，逾垣入留守府，问留守萧保先所在：“今军变，请为备。”萧保先出，刺杀之。户部使大公鼎闻乱，即摄留守事，与副留守高清明集奚、汉兵千人，尽捕其众，斩之，抚定其民。东京故渤海地，太祖力战二十余年乃得之。而萧保先严酷，渤海苦之，故有是变。其裨将渤海高永昌僭号，称隆基元年。遣萧乙薛、高兴顺招之，不从。

【译文】

冬季十一月，派遣驸马萧特末、林牙萧察剌等人率领骑兵五万、步兵四十万、亲军七十万，进至驼门。

十二月乙巳日，耶律张家奴反叛。戊申日，皇上亲自指挥，在护步答冈与女真军队作战，战败，武器辎重损失殆尽。己未日，锦州刺史耶律术者叛变加入张家奴一伙。庚申日，北面林牙耶律马哥征讨张家奴。癸亥日，由北院宣徽使萧韩家奴执掌北院枢密使事务，南院宣徽使萧特末任汉人行宫都部署。

天庆六年春正月丙寅初一，在东京夜间有十几名少年无赖趁着酒醉，持刀跳墙进入留守府，打听留守萧保先在何处，说："现在军队已经变乱，你须做好准备。"萧保先走出，便被刺杀。户部使大公鼎得知此次事变后，便代行留守职责，与副留守高清明召集了奚兵、汉兵共一千人，捕获了所有作乱人员，全部杀掉，安抚了当地民众。东京是原来渤海的地域，是太祖经过了二十多年的征战才得到的地方。而萧保先在当地施政严厉苛刻，渤海人深受其害，才导致这次事件发生。他的副将渤海高永昌自称帝号，定年号为隆基元年。皇上派萧乙薛、高兴顺前去招降，他不接受。

闰月己亥，遣萧韩家奴、张琳讨之。戊午，贵德州守将耶律余睹以广州渤海叛附永昌，我师击败之。

二月戊辰，侍御司徒挞不也等讨张家奴，战于祖州，败绩。乙酉，遣汉人行宫都部署萧特末率诸将讨张家奴。戊子，张家奴诱饶州渤海及中京贼侯概等万馀人，攻陷高州。

三月，东面行军副统酬斡等擒侯概于川州。

夏四月戊辰，亲征张家奴。癸酉，败之。甲戌，诛叛党，饶州渤海平。丙子，赏平贼将士有差；而萧韩家奴、张琳等复为贼所败。

五月，清暑散水原。女真军攻下沈州，复陷东京，擒高永昌。东京州县族人痕孛、铎剌、吴十、挞不也、道剌、酬斡等十三人皆降女真。

六月乙丑，籍诸路兵，有杂畜十头以上者皆从军。庚辰，魏国王淳进封秦晋国王，为都元帅；上京留守萧挞不也为契丹行宫都部署兼副元帅。丁亥，知北院枢密使事萧韩家奴为上京留守。

秋七月，猎秋山。春州渤海二千余户叛，东北路统军使勒兵追及，尽俘以还。

【译文】

闰月正己亥日，派萧韩家奴、张琳去讨伐高永昌。戊午日，贵德州守将耶律余睹占据广州、渤海叛归高永昌，被辽军打败。

二月戊辰日，御卫司徒挞不也等人讨伐张家奴，在祖州交战，结果失败。乙酉日，派汉人行宫都部署萧特末率领各将士攻打张家奴。戊子日，张家奴诱使饶州渤海及中京贼寇侯概等一万多人，攻陷了高州。

三月，东面行军副统酬斡等人在川州擒获了侯概。

夏季四月戊辰日，皇帝亲征张家奴。癸酉日，打败了他。甲戌日，处死反叛党徒，平定了饶州渤海。丙子日，对参加征讨张家奴战斗的将士按等级给予奖赏；而萧韩家奴，张琳等又被叛贼打败。

五月，皇上在散水原避暑。女真军攻下沈州，又攻陷东京，擒住了高永昌。东京各州县女真族人痕孛、铎剌、吴十、挞不也、道剌、酬斡等十三人都向女真投降。

六月乙丑日，登记各路军队士兵，凡有各种牲畜十头以上的家户都要出人参加军队。庚辰日，魏国王耶律淳进封为秦晋国王，任都元帅；上京留守萧挞不也任契丹行宫都部署兼副元帅。丁亥日，知北院枢密使事萧韩家奴任上京留守。

秋季七月，皇上在秋山打猎。春州渤海两千多户居民叛逃，东北路统军使率领军队追赶，全部俘获迁回。

八月，乌古部叛，遣中丞耶律挞不也等招之。

九月丙午，谒怀陵。

冬十月丁卯，以张琳军败，夺官。庚辰，乌古部来降。

十一月，东面行军副统马哥等攻曷苏馆，败绩。

十二月乙亥，封庶人萧氏为太皇太妃。辛巳，削副统耶律马哥官。

七年春正月甲寅，减厩马粟，分给诸局。是月，女真军攻春州，东北面诸军不战自溃，女古、皮室四部及渤海人皆降，复下泰州。

二月，涞水县贼董庞儿聚众万馀，西京留守萧乙薛、南京统军都监查剌与战于易水，破之。

三月，庞儿党复聚，乙薛复击破之于奉圣州。

夏五月庚寅，东北面行军诸将涅里、合鲁、涅哥、虚古等弃市。乙巳，诸围场隙地，纵百姓樵采。

【译文】

八月，乌古部反叛，派中丞耶律挞不也等去招抚。

九月丙午日，皇上参拜怀陵。

冬季十月丁卯日，张琳因作战失利，被撤消官职。庚辰日，乌古部前来投降。

十一月，东面行军副统马哥等人攻打曷苏馆，战败。

十二月乙亥日，封平民萧氏为太皇太妃。辛巳日，免去耶律马哥副统的官职。

七年春季正月甲寅日，削减厩马饲料粮食，分给各局。这月内，女真军队攻打春州，东北面各部军队未开始作战即自行溃散，女古、皮室等四部及渤海人都投降了，接着泰州又被攻下。

二月，涞水县贼寇董庞儿聚众一万多人，西京留守萧乙薛、南京统军都监查剌与他在易水交战，击溃了他们。

三月，董庞儿党徒又聚集作乱，萧乙薛又在奉圣州将他们击溃。

夏季五月庚寅日，东北面行军的各将领涅里、合鲁、涅哥、虚古等人被当众处死，陈尸于街市。乙巳日，各围猎场之间的地带，允许百姓砍柴。

六月辛巳，以同知枢密院事余里也为北院大王。

秋七月癸卯，猎秋山。

八月丙寅，猎徧斯那里山，命都元帅秦晋王赴沿边，会四路兵马防秋。

九月，上自燕至阴凉河，置怨军八营：募自宜州者曰前宜、后宜，自锦州者曰前锦、后锦，自乾自显者曰乾曰显，又有乾显大营、岩州营，凡二万八千余人，屯卫州蒺藜山。丁酉，猎辋子山。

冬十月乙卯朔，至中京。

十二月丙寅，都元帅秦晋国王淳遇女真军，战于蒺藜山，败绩。女真复拔显州旁近州郡。庚午，下诏自责。癸酉，遣夷离毕查剌与大公鼎诸路募兵。丁丑，以西京留守萧乙薛为北府宰相，东北路行军都统奚霞末知奚六部大王事。

是岁，女真阿骨打用铁州杨朴策，即皇帝位，建元天辅，国号金。杨朴又言，自古英雄开国或受禅，必先求大国封册，遂遣使议和，以求封册。

【译文】

六月辛巳日，任命同知枢密院事余里也为北院大王。

秋季七月癸卯日，皇上在秋山打猎。

八月丙寅日，在僱斯那里山打猎，命令都元帅秦晋王前往边境沿线，会合四路兵马加强警戒，防止外部趁入秋时节进犯。

九月，皇上自燕到阴凉河，建立报怨于女真的怨军八营：士兵从宜州招募来的营叫前宜营、后宜营，从锦州招来的叫前锦营、后锦营，自乾州、显州招来的叫乾营和显营，又有乾显大营、岩州营，共二万八千多人，驻扎在卫州蒺藜山。丁酉日，皇上在辋子山打猎。

冬季十月乙卯初一，皇上到中京。

十二月丙寅日，都元帅秦晋国王耶律淳与女真军相遇，在蒺藜山交战，战败。女真又攻陷了显州邻近的一些州郡。庚午日，皇上下诏令自责。癸酉日，派夷离毕查剌和大公鼎到各地去招募兵卒。丁丑日，由西京留守萧乙薛任北府宰相，东北路行军都统奚霞末执掌奚六部大王事务。

这一年，女真阿骨打采纳铁州杨朴的谋划，即位为皇帝，年号为天辅，国号金。杨朴又进言说，自古以来英雄开基立国或是受禅即位，都必须先求大国封册承认，于是派使者来议和，以争取册封。

八年春正月，幸鸳鸯泺。丁亥，遣耶律奴哥等使金议和。庚寅，保安军节度使张崇以双州二百户降金。东路诸州盗贼蜂起，掠民自随以充食。

二月，耶律奴哥还自金，金主复书曰："能以兄事朕，岁贡方物，归我上、中京、兴中府三路州县；以亲王、公主、驸马、大臣子孙为质；还我行人及元给信符，并宋、夏、高丽往复书诏、表牒，则可以如约。"

三月甲午，复遣奴哥使金。

夏四月辛酉，以西南面招讨使萧得里底为北院枢密使。

五月壬午朔，奴哥以书来，约不逾此月见报。戊戌，复遣奴哥使金，要以酌中之议。是月，至纳葛泺。贼安生儿、张高儿聚众二十万，耶律马哥等斩生儿于龙化州，高儿亡入懿州，与霍六哥相合。金主遣胡突衮与奴哥持书，报如前约。

【译文】

八年春正月，皇上到鸳鸯泺。丁亥日，派耶律奴哥等人出使金国议和。庚寅日，保安军节度使张崇带双州两百户投降金国。东路各州盗贼蜂拥而起，掳掠百姓，以便为自己提供粮食。

二月，耶律奴哥从金国回来，金国国主复信说："如果能以兄长待我，每年进献方地物产，归还上京、中京、兴中府三路州县；将亲王、公主、驸马、大臣子孙做人质；放回我方使者及原来给的信符，以及宋、夏、高丽相互来往的书诏、表牒，那么就可以议和。"

三月甲午日，又派奴哥为使者去金国。

夏季四月辛酉日，任命西南面招讨使萧得里底为北枢密院使。

五月壬午初一，奴哥带着书信回来，与对方约定不超过这个月给予答复。戊戌日，又派奴哥出使金国，基本意图是大体上按折衷办法与对方商谈。这月内皇上到纳葛泺。贼寇安生儿、张高儿聚众二十万人，耶律奴哥等人在龙化州杀死安生儿，张高儿逃入懿州境内，与霍六哥联合。金国君主派胡突衮和奴哥携带书信回来，答复内容与上次所说的相同。

六月丁卯，遣奴哥等赍宋、夏、高丽书诏、表牒至金。霍六哥陷海北州，趣义州，军帅回离保等击败之。通、祺、双、辽四州之民八百馀户降于金。

秋七月，猎秋山。金复遣胡突衮来，免取质子及上京、兴中府所属州郡，裁减岁币之数，“如能以兄事朕，册用汉仪，可以如约”。

八月庚午，遣奴哥、突迭使金，议册礼。

九月，突迭见留，遣奴哥还，谓之曰：“言如不从，勿复遣使。”

闰月丙寅，遣奴哥复使金，而萧宝、讹里等十五人各率户降于金。

冬十月，奴哥、突迭持金书来。龙化州张应古等四人率众降金。

十一月，副元帅萧挞不也薨。

十二月甲申，议定册礼，遣奴哥使金。宁昌军节度使刘宏以懿州户三千降金。时山前诸路大饥，乾、显、宜、锦、兴中等路，斗粟直数缣，民削榆皮食之，既而人相食。

是年，放进士王翚等百三人。

【译文】

六月丁卯日，派奴哥等人携带宋、夏、高丽的书诏、表牒去金国。霍六哥攻占海北州，向义州进发，军帅回离保等人打败了他。通、祺、双、辽等四个州的民众八百多户向金国投降。

秋季七月，皇上在秋山打猎。金国又派突衮来，说明可不要人质和上京、兴中府所属各州郡，减少每年进献的数量，“如果按兄长待我，按照汉制仪礼册封，可以讲和”。

八月庚午日，派奴哥、突迭出使金国，商谈册封仪式事宜。

九月，金国扣留了突迭，只派奴哥回来，他们的说法是：“如果不接受所提条件，就不必再派使者前来。”

闰九月丙寅日，派奴哥再去金国，而萧宝、讹里等十五人各自带领当地群众向金国投降。

冬季十月，奴哥、突迭带着金国的信件来。龙化州张应古等四人率领民众向金国投降。

十一月，副元帅萧挞不也逝世。

十二月甲申日，商定了册封仪式，派奴哥为使者去金国。宁昌军节度使刘宏带领懿州三千户民众投降金国。这时山前各路发生严重饥荒，乾州、显州、宜州、锦州、兴中府等地，一斗谷值好几匹绢，百姓都剥榆树皮吃，后来还发生人吃人的现象。

这一年，录取进士王翚等一百零三人。

九年春正月，金遣乌林答赞谟持书来迎册。

二月，至鸳鸯泺。贼张撒八诱中京射粮军，僭号，南面军帅余睹擒撒八。

三月丁未朔，遣知右夷离毕事萧习泥烈等册金主为东怀国皇帝。己酉，乌林答赞谟、奴哥等先以书报。

夏五月，阻卜补疏只等叛，执招讨使耶律斡里朵，都监萧斜里得死之。

秋七月，猎南山。金复遣乌林答赞谟来，责册文无"兄事"之语，不言"大金"而云"东怀"，乃小邦怀其德之义；及册文有"渠材"二字，语涉轻侮；若"遥芬多戬"等语，皆非善意，殊乖体式。如依前书所定，然后可从。杨询卿、罗子韦率众降金。

八月，以赵王习泥烈为西京留守。

九月，至西京。复遣习泥烈、杨立忠先持册稿使金。

冬十月甲戌朔，耶律陈图奴等二十余人谋反，伏诛。是月，遣使送乌林答赞谟持书以还。

十年春二月，幸鸳鸯泺。金复遣乌林答赞谟持书及册文副本以来，仍责乞兵于高丽。

三月己酉，民有群马者，十取其一，给东路军。庚申，以金人所定"大圣"二字，与先世称号同，复遣习泥烈往议。金主怒，遂绝之。

【译文】

九年春季正月，金国派遣乌林答赞谟携带书信来迎取封册。

二月，皇上到鸳鸯泺。寇贼张撒八诱骗中京射粮军，自立为王，南面军帅余睹擒获了张撒八。

三月丁未初一，派遣知右夷离毕事萧习泥烈等人册封金国君主为东怀国皇帝。己酉日，乌林答赞谟、奴哥等人先带信回去报告。

夏季五月，阻卜补疏只等人反叛，逮捕了招讨使耶律斡里朵，都监萧斜里得被杀死。

秋季七月，皇上在南山打猎。金国又派乌林答赞谟来，责怪封册文字中没有“按兄长对待”这句话，未称作“大金”而说“东怀”，这是指小国怀念辽的恩德的意思；还有册文中有“渠材”两个字，话里有轻篾的意思；又如“遥芬多戬”等一些话，都不是善意的，文章格式也特别乖僻不当。要按上次信件所确定的内容修改后，才能同意。杨询卿、罗子韦率领部属投降金国。

八月，任命赵王习泥烈为西京留守。

九月，皇上到西京。又派习泥烈、杨立忠先带着册文的草稿去金国。

冬季十月甲戌初一，耶律陈图奴等二十多人阴谋反叛，被处以死刑。这月内，派使者送乌林答赞谟带着书信返回金国。

十年春季二月，皇上到鸳鸯泺。金又派乌林答赞谟携带信件和册文副本来，还怪罪辽曾向高丽请求援兵。

三月己酉日，凡民众有马群的，每十四征收一匹，分配给东路军。庚申日，册文中采用金人所提出的“大圣”二字，这与对祖先的称呼相同，又派习泥烈去商谈。金国君主大怒，拒绝谈判。

夏季四月，皇上在胡土白山打猎，听说金又发兵，由耶律白斯不等人选派三千精锐部队前去支援辽军。

夏四月，猎胡土白山，闻金师再举，耶律白斯不等选精兵三千以济辽师。

五月，金主亲攻上京，克外郛，留守挞不也率众出降。

六月乙酉，以北府宰相萧乙薛为上京留守、知盐铁内省两司、东北统军司事。

秋，猎沙岭。

冬，复至西京。

保大元年春正月丁酉朔，改元，肆赦。初，金人兴兵，郡县所失几半。上有四子：长赵王，母赵昭容；次晋王，母文妃；次秦王、许王，皆元妃生。国人知晋王之贤，深所属望。元妃之兄枢密使萧奉先恐秦王不得立，潜图之。文妃姊妹三人：长适耶律挞曷里，次文妃，次适余睹。一日，其姊若妹俱会军前，奉先讽人诬驸马萧昱及余睹等谋立晋王，事觉，昱、挞曷里等伏诛，文妃亦赐死；独晋王未忍加罪。余睹在军中，闻之大惧，即率千余骑叛入金。上遣知奚王府事萧遐买、北府宰相萧德恭、大常衮耶律谛里姑、归州观察使萧和尚奴、四军太师萧干将所部兵追之，及诸闾山县。诸将议曰“主上信萧奉先言，奉先视吾辈蔑如也。余睹乃宗室豪俊，常不肯为奉先下。若擒余睹，他日吾党皆余睹也！不若纵之。”还，即给曰：“追袭不及。”奉先既见余睹之亡，恐后日诸校亦叛，遂劝骤加爵赏，以结众心。以萧遐买为奚王，萧德恭试中书门下平章事兼判上京留守事，耶律谛里姑为龙虎卫上将军，萧和尚奴金吾卫上将军，萧干镇国大将军。

【译文】

五月，金国君主亲自率军攻打上京，攻破了外城，留守挞不也率领部下出城投降。

六月乙酉日，由北府宰相萧乙薛任上京留守，掌管盐铁内省两司及东北统军司事务。

秋，皇上在沙岭打猎。

冬，皇上又去西京。

保大元年春正月丁酉初一，更改年号，大赦天下。起初，从金人起兵以来，所失守的郡县几乎占了一半。皇上有四个儿子：长子赵王，他母亲是赵昭容；二儿子晋王，他母亲是文妃；再以下是秦王、许王，都是元妃所生。全国上下都知道晋王贤良，极负重望。元妃的哥哥枢密使萧奉先担心秦王不能被立为皇太子，便暗地谋划使他得立。文妃姐妹共三人：长女嫁给耶律挞曷里，次女就是文妃，三女嫁给余睹。有一天，她们姐妹三人在军营里碰在一起，奉先便暗示别人诬陷驸马萧昱和余睹等人图谋拥立晋王为帝，皇上发觉此事，萧昱和挞曷里等人被杀，文妃也被赐死，唯独对晋王没有忍心治罪。余睹在军队里听说后十分害怕，便带领一千多名骑兵反叛逃去金国。皇上派知奚王府事萧遐买、北府宰相萧德恭、大常兖耶律谛里姑、归州观察使萧和尚奴、四军太师萧干率领所属部队去追击，追到闾山县。各将领商量说：“皇上听信萧奉先的话，奉先把我们这些人全然不当一回事。余睹是皇族宗室里的豪爽俊杰人物，平常不肯居萧奉先下。如果我们捉拿住余睹，日后我们这些人就会得到余睹同样下场！不如放过他。”回来后，便谎报说：“没有追上。”奉先眼看余睹得以逃走，唯恐日后其他人也叛逃，于是劝皇上大加晋爵封赏，以笼络人心。封萧遐买为奚王，萧德恭为试中书门下平章事兼判上京留守事，耶律谛里姑为龙虎卫上将军，萧和尚奴为金吾卫上将军，萧干为镇国大将军。

二月，幸鸳鸯泺。

夏五月，至曷里偭。

秋七月，猎炭山。

九月，至南京。

冬十一月癸亥，以西京留守赵王习泥烈为惕隐。

二年春正月乙亥，金克中京，进下泽州。上出居庸关，至鸳鸯泺。闻余睹引金人娄室孛堇奄至，萧奉先曰：“余睹乃王子班之苗裔，此来欲立甥晋王耳。若为社稷计，不惜一子，明其罪诛之，可不战而余睹自回矣。”上遂赐晋王死，素服三日，耶律撒八等皆伏诛。王素有人望，诸军闻其死，无不流涕，由是人心解体。余睹引金人逼行宫，上率卫兵五千余骑幸云中，遗传国玺于桑乾河。

【译文】

二月，皇上到鸳鸯泺。

夏五月，皇上到曷里偭。

秋七月，皇上在炭山打猎。

九月，皇上到南京。

冬十一月癸亥，任命西京留守赵王习泥烈为惕隐。

二年春正月乙亥日，金兵攻占中京，接着又攻下泽州。皇上出居庸关，到鸳鸯泺。听说余睹带领金国人娄室孛堇突然来到，萧奉先说：“余睹是王子班中的后裔，这次来不过是为了立他外甥晋王为帝。如果为祖宗大业着想，要不惜一个儿子，指明他的罪行处死，可以不必打仗，余睹自己就会回去。”于是皇上赐晋王死，披戴素服三天，耶律撒八等人都被诛杀。晋王在众人中一向很有声望，各地军队听说他被处死，无不泪流满面，哭泣悲伤，由此人心涣散。余睹带领金兵逼近行宫，皇上率领卫队五千多名骑兵到云中，在桑干河遗失了传国玉玺。

二月庚寅朔，日有食之，既。甲午，知北院大王事耶律马哥、汉人行宫都部署萧特末并为都统，太和宫使耶律补得副之，将兵屯鸳鸯泺。己亥，金师败奚王霞末于北安州，遂降其城。

三月辛酉，上闻金师将出岭西，遂趋白水泺。乙丑，群牧使谟鲁斡降金。丙寅，上至女古底仓。闻金兵将近，计不知所出，乘轻骑入夹山，方悟奉先之不忠。怒曰："汝父子误我至此，今欲诛汝，何益于事！恐军心忿怨，尔曹避敌苟安，祸必及我，其勿从行。"奉先下马，哭拜而去。行未数里，左右执其父子，缚送金兵。金人斩其长子昂，以奉先及其次子昱械送金主。道遇辽军，夺以归国，遂并赐死。逐枢密使萧得里底。召挞不也典禁卫。丁卯，以北院枢密副使萧僧孝奴知北院枢密使事，同知北院枢密使事萧查剌为左夷离毕。戊辰，同知殿前点检事耶律高八率卫士降金。己巳，侦人萧和尚、牌印郎君耶律哂斯为金师所获。癸酉，以诸局百工多亡，凡扈从不限吏民，皆官之。初，诏留宰相张琳、李处温与秦晋国王淳守燕，处温闻上入夹山，数日不通，即与弟处能、子奭，外假怨军，内结都统萧干，谋立淳。遂与诸大臣耶律大石、左企弓、虞仲文、曹勇义、康公弼集番汉百官、诸军及父老数万人诣淳府。处温邀张琳至，白其事。琳曰："摄政则可。"处温曰："天意人心已定，请立班耳。"处温等请淳受礼，淳方出，李奭持赭袍被之，令百官拜舞山呼。淳惊骇，再三辞，不获已而从之。以处温守太尉，左企弓守司徒，曹勇义知枢密院事，虞仲文参知政事，张琳守太师，李处能直枢密院，李奭为少府少监、提举翰林医官，李爽、陈秘十余人曾与大计，并赐进士及第，授官有差。萧干为北枢密使，驸马都尉萧旦知枢密院事。改怨军为常胜军。於是肆赦，自称天锡皇帝，改元建福，降封天祚为湘阴王。遂据有燕、云、平及上京、辽西六路。天祚所有，沙漠已北，西南面、西北路两都招讨府、诸蕃部族而已。

【译文】

二月庚寅初一，发生日全食。甲午日，由知北院大王事耶律马哥、汉人行宫都部署萧特末共同任都统，太和宫使耶律补得为副都统，率领军队驻扎在鸳鸯泺。己亥日，金国军队在北安州打败奚王霞末，并让他驻扎的城市投降。

三月辛酉日，皇上得知金军将从岭西出发，于是移向白水泺。乙丑日，群牧使谟鲁斡投降金国。丙寅日，皇上到女古底仓。听说金兵将要很快到来，不知如何是好，便轻装骑马进入夹山，这时才明白萧奉先的不忠。气恼地说："你们父子误我到这般地步，现在真想杀了你们，可是有什么用！怕的是将士们心感愤懑怨恨，你们避敌苟且偷生，但大祸必然降临到我头上。你们不要再跟着我走了。"奉先下马，哭着叩拜而去。没走几里路，左右人逮捕了萧奉先父子俩，捆绑着送交给金兵。金人杀了他的长子萧昂，将萧奉先和他的次子萧昱带上刑具，送往金国君主处。途中遇到辽军，将他们抢到并送回国，随即都被赐死。皇上赶走了枢密使萧得里底。召来挞不也任典禁卫。丁卯日，由北院枢密副使萧僧孝奴掌管北院枢密使事务，同知北院枢密使事萧查剌任左夷离毕。戊辰日，同知殿前点检事耶律高八率领卫士投降金国。己巳日，探子萧和尚、牌印郎君耶律哂斯被金国军队俘获。癸酉日，由于各局百工很多人逃亡，因而凡是当时跟随护从皇上的人，不论是吏是民，都封为官。原来，皇上曾命令宰相张琳、李处温和秦晋国王耶律淳防守燕地。李处温听说皇上进入了夹山，一连几天接不到命令，便和他弟弟处能、儿子李奭一起，外部借怨军的力量，内部联合都统萧干，谋划拥立淳为皇帝。于是他和各大臣耶律大石、左企弓、虞仲文、曹勇义、康公弼等召集番族、汉族百官、各部军队将士及父老几万人来到耶律淳的府邸。李处温找来张琳，说明了事情的原委。张琳说："临时执政还可以。"李处温说："现在天意人心都已如此，请按班位次序站立吧！"处温等人请淳受朝拜礼，淳刚出来，李奭便拿着赭色皇袍给他披上，让百官叩拜欢呼。淳十分惊异害怕，再三推辞，推不掉只好顺从。于是由李处温任太尉，左企弓任司徒，曹勇义掌管枢密院事，虞仲文为参知政事，张琳任太师，李处能管理枢密院，李奭为少府少监、提举翰林医官，李爽、陈秘等十几人曾经参与商讨大计，都赐给进士及第衔，分别授以官职。萧干任北枢密使，驸马都尉萧旦掌管枢密院事务。将怨军改称为常胜军。于是实行大赦，自称为天锡皇帝，改年号为建福，将天祚降封为湘阴王。占据的疆域有燕、云、平及上京、辽西六路。天祚所有的领土，只有沙漠以北，西南面、西北路两都招讨府及各番部族。

夏四月辛卯，西南面招讨使耶律佛顶降金，云内、宁边、东胜等州皆降。阿疏为金兵所擒。金已取西京，沙漠以南部族皆降。上遂遁於讹莎烈。时北部谟葛失赆马、驼、食羊。

五月甲戌，都统马哥收集散亡，会于沤里谨。丙子，以马哥知北院枢密使事，兼都统。

六月，淳寝疾，闻上传檄天德、云内、朔、武、应、蔚等州，合诸蕃精兵五万骑，约以八月入燕；并遣人问劳，索衣裘、茗药。淳甚惊，命南、北面大臣议。而李处温、萧干等有迎秦拒湘之说，集蕃汉百官议之。从其议者，东立；惟南面行营都部署耶律宁西立。处温等问故，宁曰："天祚果能以诸番兵大举夺燕，则是天数未尽，岂能拒之？否则，秦、湘，父子也，拒则皆拒。自古安有迎子而拒其父者？"处温等相顾微笑，以宁煽乱军心，欲杀之。淳攲枕长叹曰："彼忠臣也，焉可杀？天祚果来，吾有死耳，复何面目相见耶！"已而淳死，众乃议立其妻萧氏为皇太后，主军国事。奉遗命，迎立天祚次子秦王定为帝。太后遂称制，改元德兴。处温父子惧祸，南通童贯，欲挟萧太后纳土于宋，北通于金，欲为内应，外以援立大功自陈。萧太后骂曰："误秦晋国王者，皆汝父子！"悉数其过数十，赐死，脔其子奭而磔之；籍其家，得钱七万缗，金玉宝器称是，为宰相数月之间所取也。谟葛失以兵来援，为金人败于洪灰水，擒其子陀古及其属阿敌音。夏国援兵至，亦为金所败。

【译文】

夏季四月辛卯日，西南面招讨使耶律佛顶投降金国，云内、宁边、东胜等州都相继投降。原金国叛逃人员阿疏被金兵俘获。金已占领西京，沙漠以南各部族都向金投降。皇上随后逃往讹莎烈。这时北部的谟葛失送来马匹、骆驼和食羊。

五月甲戌日，都统马哥收集溃散的军队，在沤里谨集合。丙子日，任命马哥为知北院枢密使事，兼任都统。

六月，耶律淳患病卧床不起，听说天祚皇帝向天德州、云内州、朔州、武州、应州、蔚州等地发出檄文，将集合各番族精锐部队五万骑兵，在八月进入燕国，并派人来慰劳，索要布衣皮衣、茶叶药品等。耶律淳很害怕，命令南、北面大臣商讨对策。而李处温和萧干等人的意见是迎奉秦王耶律定而抵抗湘阴王天祚，于是召集番族及汉族百官商量。同意这一意见的站在东面，只有南面行营都部署耶律宁站在西面。李处温等问他是何道理，耶律宁说："天祚如果真能够带领各番族军队大举进攻夺取燕地，就是他作为皇帝的气数未尽，哪能拒绝他？若不然，秦王耶律定和湘阴王天祚也是父子关系，要拒绝就都拒绝，自古以来哪里有迎奉儿子而拒绝他父亲的事？"李处温等人相视微笑，便以耶律宁煽动惑乱军心为由，打算杀了他。耶律淳倚在枕头上长叹说："他是忠臣啊，怎么能杀他？如果天祚真回来，我只有一死，哪里还有脸面与他相见呢！"此后不久耶律淳死去。于是大家商议拥立他妻子萧氏为皇太后，主持军国大事。遵照耶律淳的遗命，迎立天祚的次子秦王耶律定为皇帝，由太后行使皇帝的权力，改年号为德兴。李处温父子怕遭祸，便南面串通童贯，打算挟持萧太后归顺宋朝；北面与金国串通，打算作为内应。对外，以援立秦王的大功自我表白。萧太后大骂他说："贻误秦晋国王的，都是你们父子！"历数他的几十宗罪过，赐死，将他儿子碎尸；没收他的家产，抄到钱七万串，金制玉制宝器很多，都是在当宰相几个月内搜刮所得。谟葛失派兵来支援，被金兵在洪灰水打败，金兵还抓去了他的儿子陀古和属将阿敌音。夏国的援兵来到，也被金兵打败。

秋七月丁巳朔，敌烈部皮室叛，乌古部节度使耶律棠古讨平之，加太子太保。乙丑，上京毛八十率二千户降金。辛未，夏国遣曹价来问起居。

八月戊戌，亲遇金军，战于石辇驿，败绩，都统萧特末及其侄撒古被执。辛丑，会军于欢挞新查剌，金兵追之急，弃辎重以遁。

九月，敌烈部叛，都统马哥克之。

冬十月，金兵攻蔚州，降。

十一月乙丑，闻金兵至奉圣州，遂率卫兵屯于落昆髓。秦晋王淳妻萧德妃五表于金，求立秦王，不许，以劲兵守居庸。及金兵临关，崖石自崩，戍卒多压死，不战而溃。德妃出古北口，趋天德军。

十二月，知金主抚定南京，上遂由扫里关出居四部族详稳之家。

【译文】

秋季七月丁巳初一，敌烈部皮室反叛，乌古部节度使耶律棠古攻打平定了他，为棠古加官太子太保。乙丑日，上京毛八十率领民众两千户投降金国。辛未日，夏国派使者曹价前来问候平安。

八月戊戌日，天祚皇帝与金军遭遇，在石辇驿交战，被打败，都统萧特末及他侄子撒古被俘。辛丑日，将军队集中到欢挞新查剌，金兵追得很紧，辽军扔掉了武器辎重逃走。

九月，敌烈部反叛，都统马哥降伏了他们。

冬十月，金兵攻打蔚州，守兵投降。

十一月乙丑日，皇上听说金兵已到奉圣州，便带领卫兵在落昆髓屯营。秦晋王耶律淳的妻子萧德妃曾五次上书金国，请求立秦王为帝，金不允许，萧德妃便派强兵把守居庸关。待金兵来到关下时，山上崖石自行崩落，守关兵卒大多被压死，尚未开战就自行溃散。德妃出古北口，投奔天德军。

十二月，天祚皇帝得知金国君主已在南京稳定了局势，便经扫里关外出，住到四部族详稳的家里。

三年春正月丁巳，奚王回离保僭号，称天复元年，命都统马哥讨之。甲子，初，张珏为辽兴军节度副使，民推珏领州事。秦晋王淳既死，萧德妃遣时立爱知平州。珏知辽必亡，练兵畜马，籍丁壮为备。立爱至，珏弗纳。金帅粘罕入燕，首问平州事於故参知政事康公弼。公弼曰：“珏狂妄寡谋，虽有乡兵，彼何能为？示之不疑，图之未晚。”金人招时立爱赴军前，加仓临海军节度使，仍知平州。既而又欲以精兵三千先下平州，擒张珏。公弼曰：“若加兵，是趣之叛也。”公弼请自往觇之。珏谓公弼曰：“辽之八路，七路已降；独平州未解甲者，防萧干耳。”厚赂公弼而还。公弼复粘罕曰：“彼无足虑。”金人遂改平州为南京，加珏试中书门下平章事，判留守事。庚辰，宜、锦、乾、显、成、川、豪、懿等州相继皆降，上京卢彦伦叛，杀契丹人。

二月乙酉朔，兴中府降金。来州归德军节度使田颢、权隰州刺史杜师回、权迁州刺史高永昌、权润州刺史张成，皆籍所管户降金。丙戌，诛萧德妃，降淳为庶人，尽释其党。癸巳，兴中、宜州复城守。

三月，驻跸于云内州南。

【译文】

保大三年春季正月丁巳日，奚王回离保自立称帝，称天复元年。天祚帝命令都统马哥去讨伐他。甲子日，原来，张珏是辽兴军节度副使，民众推举他主持州事。秦晋王耶律淳死后，萧德妃派时立爱去掌管平州。张珏看出辽国必定灭亡，便操练士卒，储备马匹，登记壮丁为后备。时立爱来到后，张珏不接受替代。金国统帅粘罕进入燕地后，首先向原来的参知政事康公弼征询对平州事务的意见。公弼说："张珏狂妄自大，缺乏谋略，即使有些地方武装，他又能做出什么大事？可以先稳住使他不生疑，以后再处理他也不晚。"金人将时立爱召回军队，加封张珏为临海军节度使，仍旧主持平州事务。不久金人又想派三千名精兵去攻下平州，捉拿张珏。康公弼说："如果出兵攻打，就会促使他反叛。"公弼表示愿意亲自前往观察情况。张珏向公弼说："辽国八路地区，七路已经投降；唯独平州没有放下武器，只不过是为了防备萧干。"给公弼大量贿赂即返回。公弼回复粘罕说："对他不必担心。"于是金人改平州为南京，为张珏加官试中书门下平章事，判留守事。庚辰日，宜、锦、乾、显、成、川、豪、懿等各州相继投降，上京卢彦伦反叛，杀害契丹人。

二月乙酉日初一，兴中府投降金国。来州归德军节度使田颢、统领隰州刺史杜师回、统领迁州刺史高永昌、统领润州刺史张成，都携领所管辖民户投降金国。丙戌日，处死萧德妃，死去的耶律淳又被贬降为普通百姓，将他们的党羽全部遣散。癸巳日，收复了兴中府和宜州的城池。

三月，天祚帝驻留在云内州以南。

夏四月甲申朔，以知北院枢密使事萧僧孝奴为诸道大都督。丙申，金兵至居庸关，擒耶律大石。戊戌，金兵围辎重于青塚，硬寨太保特母哥窃梁王雅里以遁，秦王、许王、诸妃、公主、从臣皆陷没。庚子，梁宋大长公主特里亡归。壬寅，金遣人来招。癸卯，答言请和。丙午，金兵送族属辎重东行，乃遣兵邀战于白水泺，赵王习泥烈、萧道宁皆被执。上遣牌印郎君谋卢瓦送兔纽金印伪降，遂西遁云内。驸马都尉乳奴诣金降。己酉，金复以书来招，答其书。壬子，金帅书来，不许请和。是月，特母哥挈雅里至，上怒不能尽救诸子，诘之。

五月乙卯，夏国王李乾顺遣使请临其国。庚申，军将耶律敌烈等夜劫梁王雅里奔西北部，立以为帝，改元神历。辛酉，渡河，止于金肃军北。回离保为众所杀。

六月，遣使册李乾顺为夏国皇帝。

秋九月，耶律大石自金来归。

冬十月，复渡河东还，居突吕不部。梁王雅里殁，耶律术烈继之。

十一月，术烈为众所杀。

【译文】

夏四月甲申初一，任命掌管北院枢密使事萧僧孝奴为诸道大都督。丙申日，金兵到居庸关，擒获耶律大石。戊戌日，金兵将辽军武器给养等围截在青塚，硬寨太保特母哥偷带着梁王雅里逃出，秦王、许王、各妃后、公主和随从大臣均落入敌人之手。庚子日，梁宋大长公主特里逃脱回来。壬寅日，金派人来招降。癸卯日，答复对方请求议和。丙午日，金兵将所获家族皇属和物资往东送去，并派兵在白水泺求战，赵王习泥烈、萧道宁都被俘。皇上派牌印郎君谋卢瓦把带兔纽的金印送给金人假投降，随后向西逃到云内。驸马都尉乳奴去金人那里投降。己酉日，金又来书招降，回了信。壬子日，金国统帅来信，不答应议和的请求。这月里，特母哥带着雅里来到，皇上对于他没能把所有人都解救出来感到很生气，训斥了他。

五月乙卯日，夏国王李乾顺派使者来请皇上到他们国家去。庚申日，军队将领耶律敌烈等夜间劫持梁王雅里向西北部逃去，拥立雅里为皇帝，改年号为神历。辛酉日，渡过黄河，停留在金萧军以北。回离保被他的属下官民杀死。

六月，派使者册封李乾顺为夏国皇帝。

秋九月，耶律大石从金国回来。

冬十月，又渡过黄河回到东岸，住在突吕不部。梁王雅里逝世，耶律术烈继承帝位。

十一月，术烈被属下官兵杀死。

四年春正月，上趋都统马哥军。金人来攻，弃营北遁，马哥被执。谟葛失来迎，赆马、驼、羊，又率部人防卫。时侍从乏粮数日，以衣易羊。至乌古敌烈部，以都点检萧乙薛知北院枢密使事，封谟葛失为神于越王。特母哥降金。

二月，耶律遥设等十人谋叛，伏诛。

夏五月，金人既克燕，驱燕之大家东徙，以燕空城及涿、易、檀、顺、景、蓟州与宋以塞盟。左企弓、康公弼、曹勇义、虞仲文皆东迁。燕民流离道路，不胜其苦，入平州，言於留守张珏曰："宰相左企弓不谋守燕，使吾民流离，无所安集。公今临巨镇，握强兵，尽忠於辽，必能使我复归乡土，人心亦惟公是望。"珏遂召诸将领议。皆曰："闻天祚兵势复振，出没漠南。公若仗义勤王，奉迎天祚，以图中兴，先责左企弓等叛降之罪而诛之，尽归燕民，使复其业，而以平州归宋，则宋无不接纳，平州遂为藩镇矣。即后日金人加兵，内用平山之军，外得宋为之援，又何惧焉！"珏曰："此大事也，不可草草。翰林学士李石智而多谋，可召与议。"石至，其言与之合。乃遣张谦率五百余骑，传留守令，召宰相左企弓、曹勇义、枢密使虞仲文、参知政事康公弼至滦河西岸，遣议事官赵秘校往数十罪，曰："天祚播迁夹山，不即奉迎，一也；劝皇叔秦晋王僭号，二也；诋讦君父，降封湘阴，三也；天祚遣知阁王有庆来议事而杀之，四也；檄书始至，有迎秦拒湘之议，五也；不谋守燕而降，六也；不顾大义，臣事于金，七也；根括燕财，取悦于金，八也；使燕人迁徙失业，九也；教金人发兵先下平州，十也。尔有十罪，所不容诛。"左企弓等无以对，皆缢杀之。仍称保大三年，画天祚像，朝夕谒，事必告而后行，称辽官秩。

【译文】

保大四年春季正月，天祚皇帝前往都统马哥军中。金人派兵攻打，皇上放弃军营向北逃去，马哥被敌人俘获。谟葛失前来迎驾，送来马匹、骆驼、羊，又率领所属军队保卫。当时侍从人员连续几天没有粮食，用衣服换羊吃。到了乌古敌烈部，任命都点检萧乙薛为知北院枢密使事，封谟葛失为神于越王。特母哥投降了金人。

二月，耶律遥设等十人阴谋反叛，被处死。

夏季五月，金人占领燕地以后，便强逼燕京的豪门大家东迁，将燕京这一空城和涿、易、檀、顺、景、蓟等州送给宋国作为对修盟的酬谢。左企弓、康公弼、曹勇义、虞仲文都东迁。燕地民众沿途流离失所，痛苦不堪，进入平州后，便向留守张珏说："宰相左企弓不设法守住燕地，使我们百姓颠沛流离，无处安身。您大人占据着重地，拥有强兵，对辽国尽忠，一定能够让我们重新回到故乡本土去，大家都只有指望大人了。"于是张珏召集各将领商量。大家一致说："听说天祚帝已重振军威，在漠南一带出没。大人应当执仗正义，为帝王效力，迎奉天祚，以求重新振兴国邦；首先谴责左企弓等人叛国投敌的罪行，而后处死他们；使燕地民众都返还故里，重新兴家立业；而使平州归顺于宋国，宋绝不会不接受，这样平州就成了宋国的藩镇。即使日后金人派兵来攻，我们内可以使用平山的军队，外可以得到宋国的支援，还怕什么呢！"张珏说："这是大事，不能草率。翰林学士李石机智多谋，可找他来商量。"李石来到后，他的说法与大家的意见一致。于是派张谦率领五百多名骑兵，传达留守的命令，召集宰相左企弓、曹勇义、枢密使虞仲文、参知政事康公弼到滦河西岸，派议事官赵秘校去列举他们的十项罪状说："第一，天祚皇帝流离迁徙到夹山，不立即前去奉迎；第二，鼓动皇叔秦晋王耶律淳擅立国号称帝；第三，暴露君王的隐私进行诽谤，并降封为湘阴王；第四，天祚皇帝派知阁王有庆来商量事情而被杀；第五，檄书刚到时有迎立秦王、拒绝湘阴王的论调；第六，不设法防守燕地而投降；第七，不顾大义气节而向金国称臣；第八，搜尽燕地资财去取悦于金；第九，使燕地民众迁徙失业；第十，教唆金人派兵先攻打平州。你们有十大罪行，罪不容诛。"左企弓等人无话可说，全被勒死。仍延用原年号保大三年；画天祚帝像，早晚参拜；凡事必定向皇帝画像禀告以后再施行；官职仍按辽国官制称呼。

六月，榜谕燕人复业，恒产为常胜军所占者，悉还之。燕民既得归，大悦。翰林学士李石更名安弼，偕故三司使高党往燕山，说宋王安中曰："平州带甲万余，珏有文武材，可用为屏翰；不然，将为肘腋之患。"安中深然之，令安弼与党诣宋。宋主诏帅臣王安中、詹度厚加安抚，与免三年常赋。珏闻之，自谓得计。

秋七月，金人屯来州，阇母闻平州附宋，以二千骑问罪，先入营州。珏以精兵万骑击败之。宋建平州为泰宁军，以珏为节度使，以安弼、党为徽猷阁待制，令宣抚司出银绢数万犒赏。珏喜，远迎。金人谍知，举兵来袭，珏不得归，奔燕。金人克三州，始来索珏，王安中讳之。索急，斩一人貌类者去。金人曰："非珏也，以兵来取。"安中不得已，杀珏，函其首送金。天祚既得林牙耶律大石兵归，又得阴山室韦谟葛失兵，自谓得天助，再谋出兵，复收燕、云。大石林牙力谏曰："自金人初陷长春、辽阳，则车驾不幸广平淀，而都中京；及陷上京，则都燕山；及陷中京，则幸云中；自云中而播迁夹山。向以全师不谋战备，使举国汉地皆为金有。国势至此，而方求战，非计也。当养兵待时而动，不可轻举。"不从。大石遂杀乙薛及坡里括，置北、南面官属，自立为王，率所部西去。上遂率诸军出夹山，下渔阳岭，取天德、东胜、宁边、云内等州。南下武州，遇金人，战于奄遏下水，复溃，直趋山阴。

【译文】

六月，张贴皇帝的告示令燕地民众都恢复旧业，固定产业凡被常胜军所占据的，全部归还。燕地民众得以返回故乡，大家兴高采烈。翰林学士李石改名为安弼，带领原来的三司使高党前往燕山，向宋国的王安中游说道："平州有军队一万多人，张珏有文才武略，可用为镇守一方的长官；不然，他将成为一个掣肘的祸患。"安中觉得很对，便让安弼和高党去见宋国皇帝。宋帝命令帅臣王安中、詹度给以优厚待遇安抚，准许三年内免交一般赋税。张珏得知后，自以为得计。

秋七月，金兵驻扎在来州，阇母得知平州归附了宋国，便率领两千名骑兵来问罪，先进入了营州。张珏派精锐骑兵一万人将他打败。宋国将平州建制为泰宁军，任命张珏为节度使，安弼和高党为徽猷阁待制，命令宣抚司拨出几万银两和绢匹进行犒赏。张珏十分高兴，远出去迎接宋使。金人探知这一消息，便派兵趁机前往袭击，张珏无法返回原处。金兵先攻占了三个州，再提出要张珏，王安中回避不予答复。催要得更急，便杀了一个面貌与张珏长得差不多的人送去。金人说这不是张珏，要派兵来捉拿，王安中不得已杀了张珏，把他的首级装入盒内送给金人。天祚有了林牙耶律大石带回的军队，又有了阴山室夷谟葛失的军队，自己说是得到了苍天的助力，又谋划出兵，收复燕地和云州。大石林牙极力劝谏说："自从金人一开始攻陷长春、辽阳以后，皇上没有前去广平淀，而是退居中京；后来上京陷落，居住在燕山；中京陷落，到了云中；从云中又逃奔到夹山。一向为了保存人员而没有谋划准备打仗，以致全国汉族集居的地区全被金人占据。现在国势到了这般地步，才主动去求战，这不是办法。应该养兵蓄锐，等待时机再行动，不可轻举妄动。"天祚帝不听。耶律大石于是杀死萧乙薛和坡里括，设置北、南面官属，自立为王，率领所属人马向西进发。天祚皇帝便率领各军出夹山，攻下渔阳岭，占据了天德、东胜、宁边、云内等州。往南到武州，与金国军队相遇，在奄遏下水发生战斗，又被打败，一直奔向山阴。

八月，国舅详稳萧挞不也、笔砚祗候察剌降金。是月，金主阿骨打死。

九月，建州降金。

冬十月，纳突吕不部人讹哥之妻谙葛，以讹哥为本部节度使。昭古牙率众降金。金攻兴中府，降之。

十一月，从行者举兵乱，北护卫太保术者、舍利详稳牙不里等击败之。

十二月，置二总管府。

【译文】

八月，国舅详稳萧挞不也、笔砚祗候察剌投降金人。这月内，金国君主阿骨打死去。

九月，建州向金国投降。

冬季十月，皇上收纳突吕不部人讹哥的妻子谙葛，任命讹哥为本部节度使。昭古牙率领部下投降金国。金兵攻打兴中府，兴中府投降。

十一月，随从皇帝出行人员发生兵变，北护卫太保术者、舍利详稳牙不里等打败叛乱人员。

十二月，设置两个总管府。

五年春正月辛巳，党项小斛禄遣人请临其地。戊子，趋天德，过沙漠，金兵忽至。上徒步出走，近侍进珠帽，却之，乘张仁贵马得脱，至天德。己丑，遇雪，无御寒具，术者以貂裘帽进；途次绝粮，术者进麨与枣；欲憩，术者即跪坐，倚之假寐。术者辈惟啮冰雪以济饥。过天德。至夜，将宿民家，绐曰侦骑，其家知之，乃叩马首，跪而大恸，潜宿其家。居数日，嘉其忠，遥授以节度使，遂趋党项。以小斛禄为西南面招讨使，总知军事，仍赐其子及诸校爵赏有差。

二月，至应州新城东六十里，为金人完颜娄室等所获。

八月癸卯，至金。丙午，降封海滨王。以疾终，年五十有四，在位二十四年。金皇统元年二月，改封豫王。五年，葬于广宁府闾阳县乾陵傍。

耶律淳者，世号为北辽。淳小字涅里，兴宗第四孙，南京留守、宋魏王和鲁斡之子。清宁初，太后鞠育之。既长，笃好文学。昭怀太子得罪，上欲以淳为嗣。上怒耶律白斯不，知与淳善，出淳为彰圣等军节度使。

【译文】

保大五年正月辛巳日，党项的小斛禄派人来请天祚皇帝去他所在的地方。戊子日，皇上出发去天德，越过沙漠，金兵忽然到来。皇上徒步逃出，近身侍从人员送上珠帽，皇上不要，骑上张仁贵的马得以逃脱，到达天德。己丑日，遇上天下大雪，没有御寒衣物，术者把貂皮衣帽，送给皇上；途中没有了粮食，术者送上炒面和枣；皇上想休息，术者便跪坐，让皇上倚在他身上小睡。术者一伙人自己只吃冰雪充饥。过了天德。到夜晚，打算住进民家过夜，便谎称是侦察骑兵，当那家人知道了是皇上，便对马首叩拜，跪着号陶大哭，皇上便藏在他家中。住了几天，皇上很赞赏他的忠心，授他为节度使，随兵往党项去了。任命小斛禄为西南面招讨使，总管军事，并对他儿子和军官们按不同等第封赐爵位奖赏。

二月，到应州新城以东六十里处，皇上被金人完颜娄室等人俘获。

八月癸卯日，天祚到达金国。丙午日，降封他为海滨王。因病去世，时年五十四岁，在皇帝位二十四年。金皇统元年二月，改封豫王。五年，葬在广宁府间阳县辽景宗乾陵的近旁。

耶律淳，他所建立的国家被称为北辽。耶律淳小字叫涅里，是兴宗的第四个孙子，是南京留守、宋魏王和鲁斡的儿子。清宁初年，他由太后抚养。长大以后，爱好文学。昭怀太子因故获罪，皇上本打算由耶律淳做继承人。但皇上对耶律白斯很不满，而且知道他与耶律淳要好，于是把耶律淳派出担任彰圣等军的节度使。

天祚即位，进王郑。乾统二年，加越王。六年，拜南府宰相，首议制两府礼仪。上喜，徙王魏。其父和鲁斡薨，即以淳袭父守南京。冬夏入朝，宠冠诸王。

天庆五年，东征，都监章奴济鸭子河，与淳子阿撒等三百余人亡归，先遣敌里等以废立之谋报淳，淳斩敌里首以献，进封秦晋国王，拜都元帅，赐金券，免汉拜礼，不名。许自择将士，乃募燕、云精兵。东至锦州，队长武朝彦作乱，劫淳。淳匿而免，收朝彦诛之。会金兵至，聚兵战于阿里轸斗，败绩，收亡卒数千人拒之。淳入朝，释其罪，诏南京刻石纪功。

保大二年，天祚入夹山，奚王回离保、林牙耶律大石等引唐灵武故事，议欲立淳。淳不从，官属劝进曰："主上蒙尘，中原扰攘，若不立王，百姓何归？宜熟计之。"遂即位。百官上号天锡皇帝，改保大二年为建福元年，大赦。放进士李宝信等一十九人，遥降天祚为湘阴王。以燕、云、平、上京、中京、辽西六路，淳主之；沙漠以北、南北路两都招讨府、诸蕃部族等，仍隶天祚。自此辽国分矣。封其妻普贤女为德妃，以回离保知北院枢密使事，军旅之事悉委大石。又遣使报宋，免岁币，结好。

宋人发兵问罪，击败之。寻遣使奉表于金，乞为附庸。事未决，淳病死，年六十。百官伪谥曰孝章皇帝，庙号宣宗，葬燕西香山永安陵。

【译文】

天祚即皇位后，进封耶律淳为郑国王。乾统二年，加封越王。六年，任命他为南府宰相，他第一次提出南北两府礼仪制式。皇帝很高兴，改封他为魏国王。他父亲和鲁斡死后，即由他承袭父位留守南京。每年冬夏季回到朝廷，在各国王中他最受皇帝宠爱。

天庆五年，辽军东征，派都监耶律章奴去支援鸭子河，他与耶律淳的儿子阿撒等三百多人逃跑回来，并先派萧敌里等人把打算废除天祚、立淳王为帝的谋划报告了耶律淳，耶律淳当即杀了萧敌里，将他的首级献给天祚帝，由此耶律淳被进封为秦晋国王，任命为都元帅，赏赐金券，见皇帝免行汉制拜礼，不必通报姓名。皇上允许他自己选择将士，于是在燕地和云州招募精兵。向东行进至锦州，队长武朝彦叛乱，劫持了耶律淳，耶律淳隐藏起来而未被劫走，后来擒获了朝彦并将他处死。这时正好金兵来到，于是集结军队在阿里轸斗交战，耶律淳被打败，搜集几千名散兵继续抵抗。耶律淳回到朝廷，皇上赦免了他的战败之罪，并诏令在南京刻石立碑纪念这次功绩。

保大二年，天祚移入夹山，奚王回离保、林牙耶律大石等人援引唐代灵武的事例，商量拥立耶律淳为帝。淳不同意，所属官员劝进说："现在国君流亡失位，中原局势混乱，如果国不立王，百姓该听从谁呢？应该予以认真考虑。"于是耶律淳即皇帝位。百官奉其尊号为天锡皇帝，改保大二年为建福元年，实行大赦。隶取进士李宝信等一十九人，降封天祚为湘阴王。把燕、云、平、上京、中京、辽西等六路，作为耶律淳的疆土；沙漠以北、南北路两都招讨府、各番部族等，仍隶属于天祚。从此辽国分裂。耶律淳封他妻子普贤女为德妃，任命回离保为知北院枢密使事，军队事务全部委托给耶律大石。又派遣使者通报宋国，免去每年交付的银两，愿友好相交。宋人发兵问罪，被耶律淳打败。不久派使者去向金国上书，乞求作为它的附庸国。事情尚无结果，耶律淳因病去世，时年六十岁。百官奉上谥号为孝章皇帝，庙号宣宗，葬在燕京以西香山的永安陵。

遗命遥立秦王定以存社稷，德妃为皇太后，称制，改建福为德兴元年，放进士李球等百八人。时宋兵来攻，战败之，由是人心大悦，兵势日振。宰相李纯等潜纳宋兵，居民内应，抱关者被杀甚众。翌日，攻内东门，卫兵力战，宋军大溃，逾城而走，死者相藉。五表于金，求立秦王，不从。而金兵大至，德妃奔天德军，见天祚。天祚怒，诛德妃，降淳庶人，除其属籍。

耶律雅里者，天祚皇帝第二子也，字撒鸾。七岁，欲立为皇太子，别置禁卫，封梁王。

【译文】

耶律淳遗命立秦王耶律定继承皇统，德妃成为皇太后，代皇帝摄理国事，改建福年号为德兴元年，录取进士李球等一百零八人。这时宋国派兵来攻打，他们打败了宋兵，于是大家十分兴奋，兵势日渐兴盛。宰相李纯等人暗地里接纳宋兵，居民又在内部接应，守城门的许多士兵都被杀死。第二天，宋兵攻打内东门，防卫的士兵顽强作战，宋军大败，纷纷爬过城墙逃跑，死尸遍地。德妃曾五次上书金国，请求允许立秦王耶律定为帝，金国未同意。随之大批金兵来到，德妃逃奔天德军，见到天祚皇帝。天祚很生气，处死了德妃，将耶律淳的名分降为普通百姓，从皇族中除名。

耶律雅里，是天祚皇帝的第二个儿子，字撒鸾。七岁时，打算立他为皇太子，单独安排护卫，封为梁王。

保大三年，金师围青塚寨，雅里在军中。太保特母哥挟之出走，间道行至阴山。闻天祚失利趋云内，雅里驰赴。时扈从者千余人，多於天祚。天祚虑特母哥生变，欲诛之。责以不能全救诸王，将讯之。仗剑召雅里问曰："特母哥教汝何为？"雅里对曰："无他言。"乃释之。

天祚渡河奔夏，队帅耶律敌列等劫雅里北走。至沙岭，见蛇横道而过，识者以为不祥。后三日，群僚共立雅里为主。雅里遂即位，改元神历，命士庶上便宜。

雅里性宽大，恶诛杀。获亡者，笞之而已。有自归者，即官之。因谓左右曰："欲附来归；不附则去。何须威逼耶？"每取唐《贞观政要》及林牙资忠所作《治国诗》，令侍从读之。乌古部节度使纠哲、迭烈部统军挞不也、都监突里不等各率其众来附。自是诸部继至。而雅里日渐荒怠，好击鞠。特母哥切谏，乃不复出。以耶律敌列为枢密使，特母哥副之。敌列劾西北路招讨使萧纠里荧惑众心，志有不臣，与其子麻涅并诛之。以遥设为招讨使，与诸部战，数败，杖免官。

【译文】

保大三年，金兵包围了青塚寨，当时雅里在军中。太保特母哥带他逃出，沿小路走到阴山。听说天祚帝打仗失败，正赶向云内，雅里也快马奔赴那里。那时他的护从人员有一千多人，比天祚的还多。天祚唯恐特母哥发生变故，打算处死他，责怪他为何不能救出皇族所有王臣，准备审讯他。皇上手持宝剑先招来雅里问话："特母哥曾教你做什么？"雅里回答说："他什么也没说。"于是放了他们。

天祚渡过黄河逃往夏国，队帅耶律敌列等人劫持雅里向北去。到沙岭，遇见蛇横道爬过，懂得事故的人认为这是不祥的征兆。三天以后，僚属们共同拥立雅里为帝。于是雅里即皇帝位，改年号为神历，命令官民向皇上提出自己认为应该办的事。

雅里性情宽厚大度，讨厌打杀。捉住逃跑的人，打一顿了事。逃跑后自己回来的，便给他官做。因此，向左右人说："愿意来跟从我们的就来，不愿意来的就走，何必威逼强迫呢？他经常拿出唐代的《贞观政要》和林牙资忠所作的《治国诗》，让侍从人员读。乌古部节度使纠哲、迭烈部统军挞不也、都察突里不等人都率领部下来归附，从此许多部属相继来到。而雅里却越来越荒废政务，喜好以踢球为乐。特母哥恳切规劝，仍然不再出来执掌政事。任命耶律敌列为枢密使，特母哥为副使。敌列弹劾西北路招讨使萧纠里迷惑人心，有背叛君主的图谋，把他和他的儿子一起处死。任命遥设为招讨使，与来犯的军队作战，几次被打败，用木棍痛打后免去官职。

从行有疲困者，辄振给之。直长保德谏曰："今国家空虚，赐赉若此，将何以相给耶？"雅里怒曰："昔畋於福山，卿诬猎官，今复有此言。若无诸部，我将何取？”不纳。初，令群牧运盐泺仓粟，而民盗之，议籍以偿。雅里乃自为直：每粟一车，偿一羊；三车一牛；五车一马；八车一驼。左右曰：“今一羊易粟二斗且不可得，乃偿一车！”雅里曰：“民有则我有。若令尽偿，民何堪？”

后猎查剌山，一日而射黄羊四十，狼二十一，因致疾，卒，年三十。

耶律大石者，世号为西辽。大石字重德，太祖八代孙也。通辽、汉字，善骑射，登天庆五年进士第，擢翰林应奉，寻升承旨。辽以翰林为林牙，故称大石林牙。历泰、祥二州刺史，辽兴军节度使。

【译文】

随从行军的人中有疲乏困倦的人，便发给钱物。直长保德劝谏说：“目前国家空虚，总是这样赏赐，以后用什么东西给呢？”雅里生气地说：“过去我在福山打猎，你就诬告狩猎官，现在又说这样的话。如果没有这些部属，我的东西又从哪儿来呢？”没有接受劝说。起初，雅里命令群牧运来盐泺仓储备的粮食，被民众偷窃，商量要他们用东西赔偿。雅里便亲自计算值多少钱：每一车粮食，赔偿一只羊；三车粮食赔一头牛；五车粮食赔一匹马；八车赔一匹骆驼。左右人员说：“现在一只羊换二斗米还换不来，竟用一只羊赔偿一车米！”雅里说：“百姓有了以后我才能有。如果让他们全数赔偿，百姓怎么受得了？”

后来在查剌山打猎，一天打到黄羊四十只，狼二十一只，累得生了病，随即逝世，享年三十岁。

耶律大石，他所建立的国家被称为西辽。大石字重德，是太祖第八代孙。他懂辽、汉文字，擅长骑马射箭，考取天庆五年进士，提升为翰林应奉，不久又升为承旨。辽称翰林为林牙，所以称他为大石林牙。他历任泰、祥二州刺史，辽兴军节度使。

保大二年，金兵日逼，天祚播越，与诸大臣立秦晋王淳为帝。淳死，立其妻萧德妃为太后，以守燕。及金兵至，萧德妃归天祚。天祚怒诛德妃而责大石曰：“我在，汝何敢立淳？”对曰：“陛下以全国之势，不能一拒敌，弃国远遁，使黎民涂炭。即立十淳，皆太祖子孙，岂不胜乞命於他人耶？”上无以答，赐酒食，赦其罪。

大石不自安，遂杀萧乙薛、坡里括，自立为王，率铁骑二百宵遁。北行三日，过黑水，见白达达详稳床古儿。床古儿献马四百，驼二十，羊若干。西至可敦城，驻北庭都护府，会威武、崇德、会蕃、新、大林、紫河、驼等七州及大黄室韦、敌刺、王纪剌、茶赤剌、也喜、鼻古德、尼剌、达剌乖、达密里、密儿纪、合主、乌古里、阻卜、普速完、唐古、忽母思、奚的、纠而毕十八部王众，谕曰“我祖宗艰难创业，历世九主，历年二百。金以臣属，逼我国家，残我黎庶，屠翦我州邑，使我天祚皇帝蒙尘于外，日夜痛心疾首。我今仗义而西，欲借力诸蕃，翦我仇敌，复我疆宇。惟尔众亦有轸我国家，忧我社稷，思共救君父，济生民於难者乎？”遂得精兵万余，置官吏，立排甲，具器仗。

明年二月甲午，以青牛白马祭天地、祖宗，整旅而西。先遗书回鹘王毕勒哥曰：“昔我太祖皇帝北征，过卜古罕城，即遣使至甘州，诏尔祖乌母主曰：‘汝思故国耶，朕即为汝复之；汝不能返耶，朕则有之。在朕，犹在尔也。’尔祖即表谢，以为迁国于此，十有余世，军民皆安土重迁，不能复返矣。是与尔国非一日之好也。今我将西至大食，假道尔国，其勿致疑。”毕勒哥得书，即迎至邸，大宴三日。临行，献马六百，驼百，羊三千，愿质子孙为附庸，送至境外。所过，敌者胜之，降者安之。兵行万里，归者数国，获驼、马、牛、羊、财物，不可胜计。军势日盛，锐气日倍。

【译文】

保大二年，金兵日益逼近，天祚流亡他乡，大石与各位大臣拥立秦晋王耶律淳为帝。耶律淳死后，立他妻子萧德妃为太后，以防守燕地。到金兵来到时，萧德妃投奔天祚。天祚发怒处死德妃而责备大石说：“我还在，你怎敢拥立耶律淳？”大石答道：“您以全国的力量，不能抵抗敌人，放弃国家远逃，使黎民百姓遭受涂炭。即使立十个耶律淳，都是太祖的子孙，难道不比乞命于别人更好吗？”皇上无言以对，设酒食招待，赦他无罪。

大石自觉不安，便杀死萧乙薛、坡里括，自立为王，夜里带领二百名精壮骑兵逃走。向北走了三天，渡过黑水，见到白达达详隐床古儿。床古儿赠献马四百匹，骆驼二百头和一些羊。往西走到可敦城，在北庭都护府停留，集合威武、崇德、会蕃、新、大林、紫河、驼等七州和大黄室韦、敌剌、王纪剌、茶赤剌、也喜、鼻古德、尼剌、达剌乖、达密里、密儿纪、合主、乌古里、阻卜、普速完、唐古、忽母思、奚的、纠而毕等十八部的各首领，训示说："我的祖宗艰难创业，已经历九代皇帝，历时二百年。金作为辽的陪臣属国，竟逼我国家，残害我黎民百姓，屠杀践踏我州地城池，使我天祚皇帝流离失所，日夜痛心疾首。现在我仰仗道义西来，想借助各番邦的力量，消灭我的仇敌，恢复我国疆域。你们众位之中，有为我的国家感到痛心，为我的祖宗社稷忧伤，愿意共同救助君主父王，拯救生民于危难之中的人吗？"于是得到精兵一万多人，设置了官吏，建立了护卫兵甲，置备了仪仗器物。

第二年二月甲午日，大石用青牛白马祭奠天地、祖宗，整饬军队向西进发。先派人送信给回鹘王毕勒哥说："从前我太祖皇帝北征，曾经过卜古罕城，当时就曾派使者到甘州，诏示你的祖上乌母主说：'你思念故国吗，我这就为你恢复；你不能返回故国吗，可是我有它。在我手中，就等于在你手中。'于是你祖上即上表感谢，说你们国家迁到了这里，至今已有十几代，军民都已在此安居乐业，不愿再回去了。因此我们与你们国家之间并非一日之好。现在我要西去大食，从你们国家通过，请不必疑心。"毕勒哥接到信，便迎接大石到府邸，大宴三天。临离开时，赠献马六百匹，骆驼一百头，羊三千只；表示愿做附庸，以子孙做人质；并陪送到境外。西行所经地区，抗拒的被打败，降伏的给予安抚。大军行进万里，好几个国家归附，得到骆驼、马匹、牛、羊、财物，不计其数。军队的气势越来越盛，锐气连日倍增。

至寻思干，西域诸国举兵十万，号忽儿珊，来拒战。两军相望二里许。谕将士曰："彼军虽多而无谋，攻之，则首尾不救，我师必胜。"遣六院司大王萧斡里剌、招讨副使耶律松山等将兵二千五百攻其右；枢密副使萧剌阿不、招讨使耶律术薛等将兵二千五百攻其左；自以众攻其中。三军俱进，忽儿珊大败，僵尸数十里。驻军寻思干凡九十日，回回国王来降，贡方物。

又西至起儿漫，文武百官册立大石为帝，以甲辰岁二月五日即位，年三十八，号葛儿罕。复上汉尊号曰天佑皇帝，改元延庆。追谥祖父为嗣元皇帝，祖母为宣义皇后，册元妃萧氏为昭德皇后。因谓百官曰："朕与卿等行三万里，跋涉沙漠，夙夜艰勤。赖祖宗之福，卿等之力，冒登大位。尔祖尔父宜加恤典，共享尊荣。"自萧斡里剌等四十九人祖父，封爵有差。

【译文】

到寻思干，西域各国调集军队十万人，号称忽儿珊，前来阻击作战。双方军队相隔二里左右。大石训示将士们说："他们的军队虽多但无谋略，我们一进攻，他们首尾不能相互救援，我军必胜。"于是派六院司大王萧斡里剌、招讨副使耶律松山等率领两千五百名兵士攻敌人的右翼；枢密副使萧剌阿不、招讨使耶律术薛等率领兵士两千五百人攻打左翼；大石本人率领大部分军队攻打中部。三军同时并进，忽儿珊大败，死尸遍布几十里。大石的军队在寻思干驻扎达九十天，回回国王来投降，进贡地方物产。

继续向西进军到起儿漫，文武百官册立大石为皇帝，在甲辰年二月五日即位，当时大石年三十八岁，尊号葛尔罕。接着又奉上按汉制定的尊号，称为天祐皇帝，改年号为延庆。追奉祖父谥号为嗣元皇帝，祖母为宣义皇后，册封元妃萧氏为昭德皇后。于是向百官说："我与你们各位行军三万里，跋涉沙漠，昼夜艰辛努力。托祖宗的福泽，大家的力量，我贸然登上皇位。对你们的祖先父母也应给以抚恤典祭，共享尊荣。"对自萧斡里剌等四十九人的祖先按等级封赐爵位。

延庆三年，班师东归，马行二十日，得善地，遂建都城，号虎思斡耳朵，改延庆为康国元年。三月，以六院司大王萧斡里剌为兵马都元帅，敌剌部前同知枢密院事萧查剌阿不副之，茶赤剌部秃鲁耶律燕山为都部署，护卫耶律铁哥为都监，率七万骑东征。以青牛白马祭天，树旗以誓于众曰："我大辽自太祖、太宗艰难而成帝业，其后嗣君耽乐无厌，不恤国政，盗贼蜂起，天下土崩。朕率尔众，远至朔漠，期复大业，以光中兴。此非朕与尔世居之地。”申命元帅斡里剌曰：“今汝其往，信赏必罚，与士卒同甘苦，择善水草以立营，量敌而进，毋自取祸败也。”行万余里无所得，牛马多死，勒兵而还。大石曰：“皇天弗顺，数也！”康国十年殁，在位二十年，庙号德宗。

子夷列年幼，遗命皇后权国。后名塔不烟，号感天皇后，称制，改元咸清，在位七年。子夷列即位，改元绍兴。籍民十八岁以上，得八万四千五百户。在位十三年殁，庙号仁宗。

子幼，遗诏以妹普速完权国，称制，改元崇福，号承天太后。后与驸马萧朵鲁不弟朴古只沙里通，出驸马为东平王，罗织杀之。驸马父斡里剌以兵围其宫，射杀普速完及朴古只沙里。普速完在位十四年。

【译文】

延庆三年，大石带领军队向东返回，骑马走了二十天，遇到一处条件好的地方，便在那里建立都城，称作虎思斡耳朵，改年号延庆为康国元年。三月，任命六院司大王萧斡里剌为兵马都元帅，敌剌部原来的同知枢密院事萧查剌阿不为副元帅，茶赤剌部秃鲁耶律燕山为都部署，护卫耶律铁哥为都监，率领七万骑兵东征。大石用青牛白马祭天，树旗向大家发誓说：“我大辽自太祖、太宗历尽艰难而创成帝业，后来继业的君主贪图享乐无休无厌，不体察国家政事，以致盗贼蜂起，天下土崩瓦解。我带领你们大家，远征到北方不毛之地，为的是恢复祖宗大业，以光耀中兴盛世。这里并非我和你们世代居留之地。”严词命令元帅斡里剌说：“这次派你去，赏罚要说到做到，要与士卒同甘共苦，选择水草条件好的地方扎营，根据敌人的力量强弱进兵，不要自吃败仗而遭祸。”行军一万多里毫无所得，牛马死亡很多，只能收兵而回。大石说：“皇天不依从我，这是天数啊！”康国十年大石逝世，在位二十年，庙号德宗。

大石的儿子夷列年幼，大石曾留下命令由皇后代主国政。皇后名叫塔不烟，号感天皇后。她行使皇帝权力，改年号为咸清，在位七年。儿子夷列即皇帝位，改纪元为绍兴。统计年满十八岁以上的民众，共八万四千五百户。夷列在位十三年后去世，庙号仁宗。

夷列的儿子年幼，根据遗书让夷列的妹妹普速完掌管国事，行使皇帝权力，改年号为崇福，称号为承天皇后。后来她与驸马萧朵鲁不的弟弟朴古只沙里私通，把驸马派出任东平王，并罗列罪名杀了他。驸马的父亲斡里剌派兵包围了她住的宫室，用箭射死了普速完和朴古只沙里。普速完在位十四年。

仁宗次子直鲁古即位，改元天禧，在位三十四年。时秋出猎，乃蛮王屈出律以伏兵八千擒之，而据其位。遂袭辽衣冠，尊直鲁古为太上皇，皇后为皇太后，朝夕问起居，以侍终焉。直鲁古死，辽绝。

耶律淳在天祚之世，历王大国，受赐金券，赞拜不名。一时恩遇，无与为比。当天祚播越，以都元帅留守南京，独不可奋大义以激燕民及诸大臣，兴勤王之师，东拒金而迎天祚乎？乃自取之，是篡也。况忍王天祚哉？

大石既帝淳而王天祚矣，复归天祚。天祚责以大义，乃自立为王而去之。幸藉祖宗余威遗智，建号万里之外。虽寡母弱子，更继迭承，几九十年，亦可谓难矣。

然淳与雅里、大石之立，皆在天祚之世。有君而复君之，其可乎哉？诸葛武侯为献帝发丧，而后立先主为帝者，不可同年语矣。故著以为戒云。

【译文】

仁宗夷列的次子直鲁古即皇帝位，改年号为天禧，在位三十四年。秋天时节外出打猎，乃蛮王屈出律用早已埋伏好的八千名士兵逮捕了他，而占据了他的皇位。于是承袭了辽国的事业，尊奉直鲁古为太上皇，皇后为皇太后，早晚前去问安，一直侍奉到死。直鲁古去世，辽国灭亡。

在天祚当皇帝时，耶律淳多次被封为大国国王，受赐金券，朝见皇帝不必通名。当时对他的恩宠和优厚待遇，无与伦比。当天祚流亡时，让他担任都元帅留守南京，难道他就不能发扬大义的精神，以激励燕地的民众和各大臣，组织效忠皇帝的军队，东去抗拒金兵，而迎回天祚吗？可是他却自己占据了皇位，这是篡位。更何况他还忍心降封天祚为国王啊！

大石既然曾拥立耶律淳为皇帝，而且参与降封天祚为王，又归附天祚。天祚以大义之词责备他，他便自立为王而离去。有幸凭借祖宗的余威和传给他的知识，在万里以外建国立号。后来虽是寡居的母妇和幼小的儿子，仍然承继更迭，延续近九十年，也可以说是不容易啊！

然而耶律淳和雅里、大石的自立为帝，都是在天祚皇帝尚在位的时候。已有君主而再立君主，这可以吗？这与诸葛武侯先为汉献帝发丧，而后立先主为帝，真是不可同日而语。所以著史者以为应引以为戒。

太祖淳钦皇后述律氏传

太祖淳钦皇后述律氏，讳平，小字月理朵。其先回鹘人糯思，生魏宁舍利，魏宁生慎思梅里，慎思生婆姑梅里，婆姑娶匀德恝王女，生后于契丹右大部。婆姑名月椀，仕遥辇氏为阿扎割只。

后简重果断，有雄略。尝至辽、土二河之会，有女子乘青牛车，仓卒避路，忽不见。未几，童谣曰：青牛妪，曾避路。盖谚谓地祇为青牛妪云。

【译文】

太祖淳钦皇后述律氏，名字叫平，小名月理朵。她的祖先是回鹘人糯思。糯思生舍利官魏宁，魏宁生梅里官慎思，慎思生梅里官婆姑。婆姑娶匀德恝王的女儿为妻，在契丹右大部生下了述律皇后。婆姑又有一个名字叫月椀。他在遥辇可汗时代做官，任阿扎割只。

述律皇后性情宽简，稳重果断，有雄才大略。曾经到辽、土两条河合流的地方，遇到一个乘青牛车的妇女。这个妇女一看见述律皇后就仓皇躲避，忽然就不见了。过了不久，童谣流传说："青牛婆婆，曾经让路。"当时的俗谚，把地神称为青牛婆婆。

太祖即位，群臣上尊号曰地皇后。神册元年，大册，加号应天大明地皇后。行兵御众，后尝与谋。太祖尝渡碛击党项，黄头、臭泊二室韦乘虚袭之；后知，勒兵以待，奋击，大破之，名震诸夷。

时晋王李存勖欲结援，以叔母事后。幽州刘守光遣韩延徽求援，不拜，太祖怒，留之使牧马。后曰："守节不屈，贤者也。宜礼用之。"太祖乃召延徽与语，大悦，以为谋主。吴主李升献猛火油，以水沃之愈炽。太祖选三万骑以攻幽州。后曰："岂有试油而攻人国者？"指帐前树曰："无皮可以生乎？"太祖曰："不可。"后曰："幽州之有土有民，亦犹是耳。吾以三千骑掠其四野，不过数年，困而归我矣，何必为此？万一不胜，为中国笑，吾部落不亦解体乎！”其平渤海，后与有谋。

【译文】

太祖即位，群臣给述律皇后上尊号为地皇后。神册元年，举行大册礼，加号应天大明地皇后。统军打仗等事务，述律皇后都曾参与谋划。一次太祖越过沙漠攻打党项，黄头、臭泊两部室韦乘虚前来偷袭。述律皇后得知，部署军队做好准备，突然出击，大败敌军。她的声名由此远震周边部族。

当时晋王李存勖打算结好契丹作为声援，以叔母的礼节奉事述律皇后。割据幽州的刘守光派韩延徽前来求援，见了太祖不下拜。太祖大怒，把韩延徽扣留起来，让他去放马。述律皇后说："这个人坚守臣节不屈服，是一位贤士。应当加以尊礼重用。"太祖于是召见韩延徽，交谈之后，大为高兴，就用他充当自己的谋士。吴皇帝李升献上猛火油，用水去浇它，火烧得更猛烈。太祖于是挑选了三万名骑兵，打算带着猛火油进攻幽州。述律皇后说："哪有为试验油而攻打别人国家的道理？"又指着帐篷前面的树说："它没有了树皮能活吗？"太祖说："不能。"述律皇后说："幽州有土地，有百姓，也和这棵树一样。我们只要派三千骑兵到他们的土地上抄掠，用不了几年，他们就会陷入困境，向我们投降，又何必大举进攻呢？万一没有获胜，被中原人所耻笑，我们的部落不是也会解体吗？"后来太祖征服渤海，述律皇后也参与了作战谋划。

太祖崩，后称制，摄军国事。及葬，欲以身殉，亲戚百官力谏，因断右腕纳于柩。太宗即位，尊为皇太后。会同初，上尊号曰广德至仁昭烈崇简应天皇太后。

初，太祖尝谓太宗必兴我家，后欲令皇太子倍避之，太祖册倍为东丹王。太祖崩，太宗立，东丹王避之唐。太后常属意于少子李胡。太宗崩，世宗即位于镇阳，太后怒，遣李胡以兵逆击。李胡败，太后亲率师遇于潢河之横渡。赖耶律屋质谏，罢兵。迁太后于祖州。

应历三年崩，年七十五，袝祖陵，谥曰贞烈。重熙二十一年，更今谥。

【译文】

太祖驾崩，述律皇后临朝称制，代行军国大事。太祖下葬的时候，述律皇后打算亲自殉葬，亲戚百官都极力劝谏，于是砍下右手放在棺材当中。太宗即位，尊奉她为皇后。会同初年，上尊号为广德至仁昭烈崇简应天皇太后。

起初，太祖曾经说太宗一定会振兴本家族，述律皇后就打算让皇太子耶律倍让位给太宗。太祖册封耶律倍为东丹王。太祖驾崩，太宗登基，东丹王躲避到后唐。此后述律皇太后十分希望幼子李胡能够继位。太宗驾崩，东丹王的儿子世宗在镇阳即位。太后发怒，派李胡率兵前去迎击。李胡兵败，太后亲自统军队在黄河的横渡与世宗相遇。幸亏耶律屋质进谏，方才罢兵。世宗把太后迁徙到祖州。

穆宗应历三年，述律皇太后驾崩，终年七十五岁。合葬于祖陵，谥号为贞烈。兴宗重熙二十一年改为现在的谥号淳钦。

二韩列传

韩延徽

韩延徽，字藏明，幽州安次人。父梦殷，累官蓟、儒、顺三州刺史。延徽少英，燕帅刘仁恭奇之，召为幽都府文学、平州录事参军，同冯道祗候院，授幽州观察度支使。

后守光为帅，延徽来聘，太祖怒其不屈，留之。述律后谏曰："彼秉节弗挠，贤者也，奈何困辱之？"太祖召与语，合上意，立命参军事。攻党项、室韦，服诸部落，延徽之筹居多。乃请树城郭，分市里，以居汉人之降者。又为定配偶，教垦艺，以生养之。以故逃亡者少。

【译文】

韩延徽字藏明，幽州安次人。父亲梦殷，相继为蓟州、儒州、顺州的刺史。延徽从小就超群出众，燕地的军帅刘仁恭惊异他的才能，召他为幽都府文学及平州录事参军，同冯道一起在祗候院，授为幽州观察度支使。

后来刘守光为燕地的军帅，派延徽来访，太祖恼怒他不屈服，扣留了他。述律后劝道："他作为使节而不屈服，真是有贤德的人啊，怎么能羞辱他？"太祖召见韩延徽，与他交谈，皇上很满意，立刻任命他参军事。在攻打党项、室韦，征服其他一些部落中，延徽多为筹谋。韩延徽请求建立城镇，划分市井乡里，让降服的汉人居住。又为降服的人指定配偶，教他们开荒种地，以休养生息。因此很少有逃亡的。

居久之，慨然怀其乡里，赋诗见意，遂亡归唐。已而与他将王缄有隙，惧及难，乃省亲幽州，匿故人王德明舍。德明问所适，延徽曰："吾将复走契丹。"德明不以为然。延徽笑曰："彼失我，如失左右手，其见我必喜。"既至，太祖问故。延徽曰："忘亲非孝，弃君非忠。臣虽挺身逃，臣心在陛下。臣是以复来。"上大悦。赐名曰匣列。"匣列"，辽言复来也。即命为守政事令、崇文馆大学士，中外事悉令参决。

天赞四年，从征渤海，大諲撰乞降。既而复叛，与诸将破其城，以功拜左仆射。又与康默记攻长岭府，拔之。师还。太祖崩，哀动左右。

太宗朝，封鲁国公，仍为政事令。使晋还，改南京三司使。

【译文】

居住的时间一长，韩延徽深切地怀念自己的家乡，赋诗以表达这种心情。于是他偷偷地逃回了唐。不久，他与另一个将领王缄有矛盾，怕招来祸患，于是他到幽州看望亲友，躲藏在老朋友王德明家。德明问他打算去哪里，延徽回答："我准备重新到契丹去。"王德明并不认为这样做妥当。延徽笑着说："他们失去了我，就好像失去了左右手，所以他们见到我一定很高兴。"他回到契丹，太祖问他逃亡和回来的原因。延徽说："忘掉亲人这不是孝，抛弃君主这不是忠。臣下我虽然脱身逃跑了，但臣下的心忠于皇帝陛下，所以又回来了。"太祖非常高兴，赐名叫匣列。"匣列"。辽的语言就是"复来"的意思。随即任命他为守政事令、崇文馆大学士，宫廷内外的事全部让他参与决策。

天赞四年，延徽跟随太祖征讨渤海，渤海王大諲譔请求投降。不久又反叛，延徽与其他将领一起攻破他的城池，因为有功劳，拜为左仆射。又和康默记一起攻打长岭府，占领了这座城镇。大军回国，太祖去世，延徽哀恸不已，使左右从官都为之感动。

太宗时，延徽被封为鲁国公，继续担任政事令。出使晋朝回国之后，改任为南京三司使。

世宗朝，迁南府宰相，建政事省，设张理具，称尽力吏。天禄五年六月，河东使请行册礼，帝诏延徽定其制，延徽奏一遵太宗册晋帝礼，从之。

应历中，致仕。子德枢镇东平，诏许每岁东归省。九年卒，年七十八。上闻震悼，赠尚书令，葬幽州之鲁郭，世为崇文令公。

初，延徽南奔，太祖梦白鹤自帐中出；比还，复入帐中。诘旦，谓侍臣曰："延徽至矣。"已而果然。

太祖初元，庶事草创，凡营都邑，建宫殿，正君臣，定名分，法度井井，延徽力也。为佐命功臣之一。子德枢。

【译文】

世宗时，又改任南府宰相，建立政事省，从设立到具体的管理，可说是尽了最大的努力。天禄五年六月，河东刘崇派来使臣，请求为他举行册封的大礼，皇上命令延徽拟定礼节仪式。延徽上奏：全部遵照太宗册晋帝礼的仪式。皇上同意了他的意见。

应历中期，韩延徽退休。他的儿子德枢镇守东平，皇帝下令准许德枢每年东归探望父亲。应历九年，韩延徽去世，终年七十八岁。皇上听到这个消息非常悲痛，赠官为尚书令，把他埋葬在幽州的鲁郭，永世为崇文令公。

当初，延徽南归后唐，太祖梦见一只白鹤从帷帐中飞出；等到他回来，又梦见白鹤飞回了帐中。早晨起来，他便对臣僚说："延徽回来了。"不久，延徽果然回来了。

太祖初立，许多事情都刚刚开始，营建都城，建造宫殿，理正君臣之别，制定各种名义和应守的本分，使法度井井有条，这都是韩延徽出的力啊。韩延徽是佐命功臣之一。儿子叫德枢。

韩知古

韩知古，蓟州玉田人，善谋有识量。太祖平蓟时，知古六岁，为淳钦皇后兄欲稳所得。后来嫔，知古从焉，未得省见。久之，负其有，怏怏不得志，挺身逃庸保，以供资用。

其子匡嗣得亲近太祖，因间言。太祖召见与语，贤之，命参谋议。神册初，遥授彰武军节度使。久之，信任益笃，总知汉儿司事，兼主诸国礼仪。时仪法疏阔，知古援据故典，参酌国俗，与汉仪杂就之，使国人易知而行。

顷之，拜左仆射，与康默记将汉军征渤海有功，迁中书令。天显中卒，为佐命功臣之一。子匡嗣。

【译文】

韩知古，蓟州玉田人。善于谋划，有见识和抱负。太祖平定蓟地时，知古六岁，被淳钦皇后的哥哥欲稳领养。皇后入选为嫔妃，知古跟从入宫，但没有得到机会晋见皇帝。日子长了，依仗自己有才能，不服气自己不得志，挺身而逃，为人当仆役度日。

他的儿子匡嗣有机会亲近太祖，因此得便谈到知古。太祖召见知古与他交谈，认为他有贤才，命其参与谋议。神册初年，挂衔彰武军节度使。日子长了，对他的信任越来越深，让他总知汉儿司事，兼主诸国礼仪。当时礼仪的规定草率粗疏，知古援据故典，参酌国朝的风俗，与汉人的礼节综合而成，使国人容易知晓而实行。

不久，知古被拜任左仆射，与康默记率领汉军征讨渤海国有功，又迁官为中书令。天显中期去世，是佐命功臣之一。儿子叫匡嗣。

匡嗣以善医，直长乐宫，皇后视之犹子。应历十年，为太祖庙详稳。后宋王喜隐谋叛，辞引匡嗣，上置不问。

初，景宗在藩邸，善匡嗣。即位，拜上京留守。顷之，王燕，改南京留守。保宁末，以留守摄枢密使。

时耶律虎古使宋还，言宋人必取河东，合先事以为备。匡嗣诋之曰："宁有是！"已而宋人果取太原，乘胜逼燕。匡嗣与南府宰相沙、惕隐休哥侵宋，军于满城，方阵，宋人请降。匡嗣欲纳之，休哥曰："彼军气甚锐，疑诱我也。可整顿士卒以御。"匡嗣不听。俄而宋军鼓噪薄我，众蹙践，尘起涨天。匡嗣仓卒谕诸将，无当其锋。众既奔，遇伏兵扼要路，匡嗣弃旗鼓遁，其众走易州山，独休哥收所弃兵械，全军还。

【译文】

匡嗣擅长医术，在长乐宫值勤，皇后看待他好像自己的儿子。应历十年，为太祖庙的详稳。后来宋王喜隐谋叛，供辞牵连匡嗣，皇上置之不问。

当初，景宗没有登极，和匡嗣很好。即位之后，拜匡嗣为上京留守。不久，封为燕王，改任南京留守。保宁末年，匡嗣以留守代行枢密使。

当时耶律虎古出使宋朝回来，说宋人一定要夺取河东，应该事先有所准备。匡嗣诋毁他说："岂有这个事！"不久宋人果然攻取太原，乘胜进逼燕地。匡嗣与南府宰相沙、惕隐休哥侵扰宋，列军于满城，刚刚摆好阵势，宋人请求投降。匡嗣想接受，休哥说："对方军队士气甚为高涨，我疑心这是引诱我们。可整顿士兵以便抵御。"匡嗣不听。不一会儿宋军大嚷大叫着进逼过来，大家窘迫，互相践踏，尘土飞扬，遮满天空。匡嗣慌忙告谕各将领，抵挡不了宋军的锋芒。大家在奔逃中，又遇到伏兵截断其重要通道，匡嗣丢掉了旗帜、战鼓逃跑，他的部众败走易州山。只有休哥收拾所丢弃的武器，全军退还。

帝怒匡嗣，数之曰："尔违众谋，深入敌境，尔罪一也；号令不肃，行伍不整，尔罪二也；弃我师旅，挺身鼠窜，尔罪三也；侦候失机，守御弗备，尔罪四也；捐弃旗鼓，损威辱国，尔罪五也。"促令诛之。皇后引诸内戚徐为开解，上重违其请。良久，威稍霁，乃杖而免之。

既而遥授晋昌军节度使。乾亨三年，改西南面招讨使，卒。睿智皇后闻之，遣使临吊，赙赠甚厚，后追赠尚书令。五子：德源，德让——后赐名隆运，德威，德崇，德凝。德源、德凝附传，余各有传。

【译文】

皇帝大为震怒，数落匡嗣说："你违犯大家的计策，深入敌国境内，这是你的第一条罪过；号令不严，队伍没有秩序，这是你的第二条罪过；丢弃我军师旅，拔身逃窜，这是你的第三条罪过；侦察瞭望失去时机，守卫抵御不做准备，这是你的第四条罪过；丢弃旗帜战鼓，损害威严，辱没国家，这是你的第五条罪过。"急令杀掉他。皇后带领各嫔妃眷属慢慢地为匡嗣开脱解释，皇上断然拒绝了她们的请求。过了好一阵，怒气稍稍缓和，才对匡嗣改用杖刑，免他一死。

不久匡嗣挂衔晋昌军节度使。乾亨三年，改任西南面招讨使，卒于任上。睿智皇后听到这一消息，派遣使者前往吊唁，赠予特别丰厚的丧葬费用。后来又追赠为尚书令。他五个儿子：德源、德让——后赐名隆运、德威、德崇、德凝。德源、德凝附传记于此，其余的每个人都有传。

德源，性愚而贪，早侍景宗邸。及即位，列近侍。保宁间，官崇义、兴国二军节度使，加检校太师。以贿名，德让贻书谏之，终不悛。以故论者少之。后加同政事门下平章事，遥摄保宁军节度使。乾亨初卒。

德凝，谦逊廉谨。保宁中，迁护军司徒。开泰中，累迁护卫太保、都宫使、崇义军节度使。移镇广德，秩满，部民请留，从之。改西南面招讨使，党项隆益答叛，平之。迁大同军节度使，卒于官。

子郭三，终天德军节度使。孙高家奴，终南院宣徽使；高十，终辽兴军节度使。

【译文】

德源生性愚笨而贪婪，早年奉职于景宗王府，景宗即位时，列位近侍之臣。保宁年间，官至崇义、兴国二军的节度使，加官检校太师。因为他有受贿赂的名声，德让写信规劝他，但他终究不能改悔。因此议论者都看不起他。后来加官同政事门下平章事，挂衔保宁军节度使。乾亨初年去世。

德凝谦虚廉洁。保宁中朝，迁官为护军司徒。开泰年间中期，积官至护卫太保、都官使、崇义军节度使。改移镇守广德，任期届满，所部百姓请求留任，朝廷同意了这一请求。后又改任西南面招讨使，党项隆益答反叛，被他平定了。德凝迁官大同军节度使，死在任上。

德凝的儿子郭三，终官天德军节度使。孙子高家奴，终官南院宣徽使；高十，终官辽兴军节度使。

列女传

男女居室，人之大伦。与其得烈女，不若得贤女。天下而有烈女之名，非幸也。《诗》赞卫共妻，《春秋》褒宋伯姬，盖不得已，所以重人伦之变也。辽据北方，风化视中土为疏。终辽之世，得贤女二，烈女三，以见人心之天理有不与世道存亡者。

邢简妻陈氏，营州人。父陉，五代昔时官司徒。

【译文】

男女在一起生活，是人伦关系中重要的部分。与其有烈女，不如有贤女。天下有烈女这个名称，不是什么好事。《诗经》赞颂卫共的妻子，《春秋》褒扬宋伯的姬妾，那是出于不得已，只好通过那样来强调人伦的变化。辽国占据了北方，风化教育上比起中原来就要差些。整个辽代，也有两位贤慧的女子，三位节烈的女子，从这里也可以看出人心的本性跟世道也有不一致的时候。

邢简的妻子陈氏，营州人。父亲名陉，五代时官做到司徒。

陈氏甫笄，涉通经义，凡览诗赋，辄能诵，尤好吟咏，时以女秀才名之。年二十，归于简。孝舅姑，闺门和睦，亲党推重。有六子，陈氏亲教以经。后二子抱朴、抱质皆以贤，位宰相。统和十二年卒。睿智皇后闻之，嗟悼，赠鲁国夫人，刻石以表其行。及迁祔，遣使以祭。论者谓贞静柔顺，妇道母仪始终无慊云。

耶律氏，太师适鲁之妹，小字常哥。幼爽秀，有成人风。及长，操行修洁，自誓不嫁。能诗文，不苟作。读《通历》，见前人得失，历能品藻。

【译文】

陈氏刚刚到出嫁年龄时，已广泛浏览并精通经典意义，她看过的诗赋，都能背诵，尤其喜欢吟咏作诗，当时人称她为女秀才。二十岁时，嫁给了邢简。她孝敬公婆，家里上下和睦，亲戚族人都很推重她。她有六个儿子，陈氏亲自教他们经籍。后来抱朴、抱质两个儿子，都因为贤能，做到宰相的位子。陈氏死于统和十二年。睿智皇后听说后，叹息痛悼，追赠她鲁国夫人的封号，并且刻石碑来表扬她的品行。到了迁殡附葬的时候，派了使者前去祭祀。人们评价她为贞静柔顺，妇道母仪始终没有可疑处等。

耶律氏，太师适鲁的妹妹，小名常哥。小时候爽快聪明，有成人的样子。等到长大，节操品行美好无暇，自己发誓不嫁人。她善于写诗作文，从不马虎。读《通历》，见到前人得失，都能头头是道地做出评价。

咸雍间，作文以述时政。其略曰："君以民为体，民以君为心。人主当任忠贤，人臣当去比周；则政化平，阴阳顺。欲怀远，是崇恩尚德；欲强国，则轻徭薄赋。四端五典为治教之本，六府三事实生民之命。淫侈可以为戒，勤俭可以为师。错枉则人不敢诈，显忠则人不敢欺。勿泥空门，崇饰土木；勿事边鄙，妄费金帛。满当思溢，安必虑危。刑罚当罪，则民劝善。不宝远物，则贤者至。建万世磐石之业，制诸部强横之心。欲率下，则先正身；欲治远，则始朝廷。"上称善。

时枢密使耶律乙辛爱其才，屡求诗，常哥遗以回文。乙辛知其讽己，衔之。大康三年，皇太子坐事，乙辛诬以罪，按无迹，获免。会兄适鲁谪镇州，常哥与俱，常布衣疏食，人问曰："可自苦如此？"对曰："皇储无罪遭废，我辈岂可美食安寝。"及太子被害，不胜哀痛。年七十，卒于家。

【译文】

咸、雍年间，她写文章评述当时的政治。大略说："国君把百姓当作肌体，百姓把君主当作心脏。君主应当任用忠良贤明的人，臣子应当摈弃结党；这样，政令教育就能平衡，阴阳就能和顺。想要让远处归附，就应崇尚恩德；想要强国，就应减轻徭役赋税。四端五典是治国教育的根本，六府三事是百姓的命根。过度奢侈可以作为警诫，勤奋节俭可以作为师表。废弃弯曲人们不敢作假，扬显忠诚，人们就不敢欺骗。不拘泥空门，尊崇装饰那些土木（神像）；不想着边疆（侵掠）浪费金银财帛。满的时候应当想着会溢出来，安全的时候一定考虑到有危险存在。刑罚都符合罪行，百姓就会勉励着行善。不把远方的东西当作宝贝，贤能的人就会到来。创建传于万代坚如磐石的事业，控制各部分强悍横逆的心思。想要做属下的表率，就先端正自身；想要治理远方，就从朝廷开始。”皇帝都称赞了她的文章。

当时的枢密使耶律乙辛喜爱她的才华，多次向她求诗，常哥赠给他回文诗。乙辛知道她在讥讽自己，怀恨在心。大康三年，皇太子犯罪，乙辛诬陷她罪名，调查后没有证据，得到赦免。正好她哥哥适鲁贬谪到镇州，常哥跟他一起去，经常穿粗布衣服吃粗粝的饭食。有人偶尔问：“为什么这样自己苦自己呢？”她回答说：“皇储没有犯罪都被废弃，我们这些人岂能吃美食睡安稳觉！”到太子被杀害时，她不胜哀痛。七十岁时，死在自己家中。

耶律奴妻萧氏，小字意辛，国舅附马都尉陶苏斡之女。母胡独公主。

意辛美姿容，年二十，始适奴。事亲睦族，以孝谨闻。尝与娣姒会，争言厌魅以取夫宠；意辛曰：“厌魅不若礼法。”众问其故，意辛曰：“修己以洁，奉长以敬，事夫以柔，抚下以宽，毋使君子见其轻易，此之为礼法，自然取重于夫。以厌魅获宠，独不愧于心乎！”闻者大惭。

初，奴与枢密使乙辛有隙。及皇太子废，被诬夺爵，没入兴圣宫，流乌古部。上以意辛公主之女，欲使绝婚。意辛辞曰：“陛下以妾葭莩之亲，使免流窜，实天地之恩。然夫妇之义，生死以之。妾自笄年从奴，一旦临难，顿尔乖离，背纲常之道，于禽兽何异？幸陛下哀怜，与奴俱行，妾即死无恨！”帝感其言，从之。

【译文】

耶律奴的妻子萧氏，小名意辛，国舅驸马都尉陶苏斡的女儿。母亲是胡独公主。

意辛姿色容貌美丽，二十岁时，才嫁给耶律奴。侍奉亲人和睦族里，以孝顺恭谨而闻名。曾经跟其他妯娌在一起时，大家争着说要用满足献媚来博取大夫的宠爱；意辛说："满足献媚不如用礼仪法度。"大家问她原因，意辛说："用贞洁来修养自己，用孝敬来侍奉长辈，用温柔来侍奉丈夫，用宽厚来安抚下人，不要让君子看见她轻佻不敬的地方，这就是礼仪法度，自然会获得丈夫的重视。用满足献媚获得宠爱，难道不会心中有愧吗！"听的人都很惭愧。

当初，耶律奴跟枢密使乙辛有矛盾。等到太子被废，（耶律奴）遭诬陷被剥夺了爵禄，籍没进了兴圣宫，被放逐到乌古都。皇帝因为意辛是公主的女儿，想让她离婚。意辛拒绝说："陛下因为我是疏远的亲戚，让我免于流窜，实在是天地那样博大的恩情。但是夫妻的情分，生死都寄托上了。我从出嫁时就跟从耶律奴，一旦有难，马上就乖刺离异，违背纲常的道义，跟禽兽有什么分别呢？希望陛下可怜我，让我跟耶律奴一起去，我即使马上死了也没有遗憾了！"皇帝被她的话感动了，同意了她的要求。

意辛久在贬所，亲执役事，虽劳无难免。事夫礼敬，有加于旧。寿隆中，上书乞子孙为著帐郎君。帝嘉其节，召举家还。

子国隐，乾统间始仕。保大中，意辛在临潢，谓诸子曰："吾度卢彦伦必叛，汝辈速避，我当死之。"贼至，遇害。

耶律术者妻萧氏，小字讹里本，国舅孛董之女。性端悫，有容色，自幼与他女异。年十八，归术者。谨裕贞婉，娣姒推尊之。

及居术者丧，极哀毁。既葬，谓所亲曰："夫妇之道，如阴阳表里。无阳则阴不能立，无表则里无所附。妾今不幸失所天，且生必有死，理之自然。术者早岁登朝，有才不寿。天祸妾身，罹此酷罚，复何依恃。倘死者可见，则从；不可见，则当与俱。"侍婢慰勉，竟无回意，自刃而卒。

【译文】

意辛久住贬谪的地方，亲自动手做下等人的活，虽然劳苦她都面无难色。侍候丈夫在礼敬上，比从前更加多了。寿隆年间，她上书要求让子孙做著帐郎君。皇帝赞许她的节操，召令她全家回京。

儿子国隐，乾统年间开始出仕。保大年间，意辛在临潢，对儿子们说："我揣度卢彦伦一定要叛乱，你们赶快躲起来，我会以死保全名节的。”叛贼到后，她被杀害。

耶律术者的妻子萧氏，小名讹里本，国舅孛董的女儿。她性情端正敦厚，容貌姣好，从小就与别的女儿不同。十八岁时嫁给术者。谨慎从容，贞静温婉，姐妹们都推重尊敬她。

等到为术者居丧时，她悲哀到了极点。下葬后，对亲近的的人说：“夫妇的道义，好比阴与阳、表与里。没有阳，阴就不能存在；没有表面，里子就无处依附。我现在不幸死了丈夫，而且有生就有死，也是必然规律。术者早年入朝做官，有才能但寿命不长。上天降祸给我，遭到这种残酷的惩罚，还有什么能够依靠的。如果死去的人可以重现，就跟他在一起；如果不能重现，就应刻去陪他。”侍婢们劝慰勉励她，都没有回心转意，拿刀自杀而死。

耶律中妻萧氏，小字挼兰，韩国王惠之四世孙。聪慧谨愿。年二十归于中，事夫敬顺，亲戚咸誉其德。中尝谓曰：“汝可粗知书，以前贞淑为鉴。”遂发心诵习，多涉古今。

天庆中，为贼所执，潜置刃于履，誓曰：“人欲污我者，即死之。”至夜，贼遁而免。久之，帝召中为五院都监，中谓妻曰：“吾本无宦情，今不能免。我当以死报国，汝能从我乎？”挼兰对曰：“谨奉教。”及金兵徇地岭西，尽徙其民，中守节死。兰悲戚不形于外，人怪之。俄跃马突出，至中死所自杀。

论曰：陈氏以经教二子，并为贤相，耶律氏自洁不嫁，居闺阃之内而不忘忠其君，非贤而能之乎。三萧氏之节，虽烈丈夫有不能者矣。

【译文】

耶律中的妻子萧氏，小名挼兰，韩国王惠的四世孙。聪明贤慧谨慎诚厚。二十岁时嫁给耶律中，侍奉丈夫恭敬温顺，亲戚都赞誉她的品德。耶律中曾经对她说：“你可以粗略地理解书义，以从前贞静贤淑的女人作为镜子。”她于是用心诵读温习，博览古今。

天庆年中，被贼人拘执，她暗中把刀子放在鞋中，发誓说：“有人想污辱我，就自杀。”到了夜晚，贼人逃跑，她才免祸。很久以后，皇帝征召耶律中为五院都监，他对妻子说："我本来没有做官的兴趣，现在避免不了。我应当以死报国，你能跟从我吗？"挼兰回答说："我诚心听从你的教诲。"等到金兵占领了岭西，把当地百姓都迁走了，耶律中为守节而死。挼兰悲哀忧虑却不表露出来，别人对此都感到奇怪。不久，她跃马冲出去，到耶律中死的地方自杀了。

评论：陈氏拿经书教育两个儿子，都做了贤明的宰相，耶律氏自己保持贞洁不嫁人，住在闺房之内但不忘记忠于她的君主，如果不是贤慧的人，能做得到吗？三萧氏的节烈，即使男子汉大丈夫也有做不到的啊。

［金史］

太祖本纪

太祖应乾兴运昭德定功仁明庄孝大圣武元皇帝，讳旻，本讳阿骨打，世祖第二子也。母曰翼简皇后拏懒氏。辽道宗时有五色云气屡出东方，大若二千斛囷仓之状，司天孔致和窃谓人曰："其下当生异人，建非常之事。天以象告，非人力所能为也。"咸雍四年戊申，七月一日，太祖生。幼时与群儿戏，力兼数辈，举止端重，世祖尤爱之。世祖与腊醅、麻产战于野鹊水，世祖被四创，疾困，坐太祖于膝，循其发而抚之，曰："此儿长大，吾复何忧？"十岁，好弓矢。甫成童，即善射。一日，辽使坐府中，顾见太祖手持弓矢，使射群鸟，连三发皆中。辽使矍然曰："奇男子也！"太祖尝宴纥石烈部活离罕家，散步门外，南望高阜，使众射之，皆不能至。太祖一发过之，度所至逾三百二十步。宗室谩都诃最善射远，其不及者犹百步也。天德三年，立射碑以识焉。

世祖伐卜灰，太祖因辞不失请从行，世祖不许而心异之。乌春既死，窝谋罕请和。既请和，复来攻，遂围其城。太祖年二十三，被短甲，免胄，不介马，行围号令诸军。城中望而识之。壮士太峪乘骏马持枪出城，驰刺太祖。太祖不及备，舅氏活腊胡驰出其间，击太峪，枪折，刺中其马，太峪仅得免。尝与沙忽带出营杀略，不令世祖知之。且还，敌以重兵追之。独行隘巷中，失道，追者益急。值高岸与人等，马一跃而过，追者乃还。

【译文】

金太祖，号称应乾兴运昭德定功仁明庄孝大圣武元皇帝，他的名讳是完颜旻，本名叫阿骨打，是金世祖的第二个儿子。他的母亲是翼简皇后拏懒氏。辽国道宗时代曾经有五色云气在东方出现，形状像容量为两千斛的圆形大谷仓，司天孔致和私下对别人说："这片五色云气下面应当有不同寻常的人出生，创建不寻常的事业。老天用气象告诉我们，这不是人力所能做到的。”咸雍四年戊申，七月初一日，太祖降生。年幼时和一群儿童游戏，力气相当于几个孩子的气力，再加上他行为举止端庄持重，世祖特别喜爱他。世祖与腊醅、麻产在野鹊水交战，劾里钵身上四处受伤，伤势沉重，就让太祖坐在他的膝上，理着他的头发说：“这个孩子长大了，我还有什么可忧虑的啊。”十岁时，太祖便喜好弓箭。刚十五岁，就善于射箭。一天，辽国使节坐在府内，看见太祖手中拿着弓箭，让他射群鸟，连发三箭都射中了。辽国使节惊异地说：“真是奇异的男子啊！”阿骨打曾经在纥石烈部的活离罕家参加宴会，散步走到门外，向南望见一高坡，让众人射此高坡，都不能射到高坡。太祖一发弓就射过高坡，估量箭所到之处越高坡不止三百二十步。完颜谩都诃最善于远射，他射出的还差一百步。天德三年，在太祖所射到的地方立射碑用以记住此事。

金世祖攻伐卜灰，太祖因为辞不失在军中而要求随从前往。世祖不允许但是心里奇怪这件事。乌春已经死了，窝谋罕请求议和。已经请和了，又来进攻，于是包围了窝谋罕的城池。太祖当年二十三岁，身披短甲，不戴头盔，不用马辅助，围着城跑向诸军发号施令。城中的将领瞭望城外认出太祖。壮士太峪骑骏马持枪冲出城，疾驰到太祖面前举枪即刺。太祖来不及防备，他舅父活腊胡疾驰到他们中间，攻击太峪，枪折断，只刺中太峪的马，太峪脱身。太祖曾经和沙忽带出军营杀伐劫掠，瞒着不让劾里钵知道此事。而回营时，敌方用重兵追逐他们。太祖单骑走到狭窄的街巷中，没有路了，后面的追兵越来越迫近了。正赶上一高墙与人一样高，太祖的坐骑一跃而过，追击的人只好作罢返回。

世祖寝疾。太祖以事如辽统军司。将行，世祖戒之曰：“汝速了此事，五月未半而归，则我犹及见汝也。”太祖往见曷鲁骚古统军，既毕事，前世祖没一日还至家。世祖见太祖来，所请事皆如志，喜甚，执太祖手，抱其颈而抚之，谓穆宗曰：“乌雅束柔善，惟此子足了契丹事。”穆宗亦雅重太祖，出入必俱。太祖远出而归，穆宗必亲迓之。

世祖已擒腊醅，麻产尚据直屋铠水。肃宗使太祖先取麻产家属，康宗至直屋铠水围之。太祖会军，亲获麻产，献馘于辽。辽命太祖为详稳，仍命穆宗、辞不失、欢都皆为详稳。久之，以偏师伐泥厐古部跋黑、播立开等，乃以达涂阿为向导，沿帅水夜行袭之，卤其妻子。

初，温都部跋忒杀唐括部跋葛，穆宗命太祖伐之。太祖入辞，谓穆宗曰："昨夕见赤祥，此行必克敌。"遂行。是岁大雪，寒甚。与乌古论部兵沿土温水过末邻乡，追及跋忒于阿斯温山北泺之间，杀之。军还，穆宗亲迓太祖于霭建村。

【译文】

世祖卧病在床。太祖因事要到辽国统军司去。临行前，世祖告诫他说："你快点办完这件事，不到五月半就要回来，那样我还来得及见你。"太祖去见了曷鲁骚古统军，事情已经办完，在世祖逝世前一天回到家里。世祖见太祖回来了，所希望的事都如了愿，高兴极了，拉着太祖的手，抱着他的脖子爱抚他，对穆宗说："乌雅束柔弱善良，只有这个儿子可以成就契丹的大业。"穆宗也向来推崇太祖，出入一定同行。太祖出远门归来，穆宗一定亲自迎接他。

世祖已经擒获腊醅，可是麻产还占据着直屋铠水。颇剌淑(完颜阿骨打的四叔)派阿骨打先捉拿麻产的家属，乌雅束到直屋铠水围剿麻产。阿骨打与大军会合，亲自捉住了麻产，杀死他后并将他的首级上献于辽朝。辽朝任命阿骨打为详稳，同时还任命盈歌、辞不失、欢都为详稳。时间长了，阿骨打用偏师征伐泥庞古部的跋黑、播立开等。于是以达涂阿为向导，夜间沿着帅水行进偷袭他们，掠获了他们的妻子儿女。

当初，温都部的跋忒杀了唐括部的跋葛，盈歌命令阿骨打去讨伐温都部。入见告辞向盈歌说："昨天见的赤色是祥瑞，这次出征必定战胜敌人。"于是出发了。这一年下大雪，非常寒冷。阿骨打率军和乌古论部的军队沿着土温水越过末邻乡，在阿斯温山北泊之间追上跋忒，将跋忒杀死。军队归来时，盈歌在霭建村亲自迎接阿骨打。

撒改以都统伐留可，谩都诃合石土门伐敌库德。撒改与将佐议，或欲先平边地部落城堡，或欲径攻留可城，议不能决，愿得太祖至军中。穆宗使太祖往，曰："事必有可疑。军之未发者止有甲士七十，尽以畀汝。"

谩都诃在米里迷石罕城下，石土门未到，土人欲执谩都诃以与敌，使来告急，遇太祖于斜堆甸。太祖曰："国兵尽在此矣。使敌先得志于谩都诃，后虽种诛之，何益也。"乃分甲士四十与之。太祖以三十人诣撒改军。道遇人曰："敌已据盆搦岭南路矣。"众欲由沙偏岭往，太祖曰："汝等畏敌耶？"既度盆搦岭，不见敌，已而闻敌乃守沙偏岭以拒我。及至撒改军，夜急攻之，迟明破其众。是时，留可、坞塔皆在辽。既破留可，还攻坞塔城，城中人以城降。初，太祖过盆搦岭，经坞塔城下，从骑有后者，坞塔城人攻而夺之釜。太祖驻马呼谓之曰："毋取我炊食器。"其人谩言曰："公能来此，何忧不得食。"太祖以鞭指之曰："吾破留可，即于汝乎取之。"至是，其人持釜而前曰："奴辈谁敢毁详稳之器也。"遣蒲家奴招诈都，诈都乃降，释之。

穆宗将伐萧海里，募兵得千余人。女真兵未尝满千，至是，太祖勇气自倍，曰："有此甲兵，何事不可图也！"海里来战，与辽兵合，因止辽人，自为战。勃海留守以甲赠太祖，太祖亦不受。穆宗问何为不受。曰："被彼甲而战，战胜则是因彼成功也。"穆宗末年，令诸部不得擅置信牌驰驿讯事，号令自此始一，皆自太祖启之。

康宗七年，岁不登，民多流莩，强者转而为盗。欢都等欲重其法，为盗者皆杀之。太祖曰："以财杀人，不可！财者，人所致也。"遂减盗贼征偿法为征三倍。民间多逋负，卖妻子不能偿，康宗与官属会议，太祖在外庭以帛系杖端，麾其众，令曰："今贫者不能自活，卖妻子以偿债。骨肉之爱，人心所同。自今三年勿征，过三年徐图之。"众皆听令，闻者感泣，自是远近归心焉。

【译文】

撒改以都统的身份攻伐留可，谩都诃和石土门合兵攻伐敌库德。撒改和将领们商议，有的想先扫平边地部落城堡，有的要直接攻打留可城，争议而不能决断，都愿意把太祖请到军中。穆宗让太祖到军中去，说："事情一定有可疑之处。军队没派出去的只剩下七十名甲士，全部交付给你。"谩都诃在米里迷石罕城下，石土门没有按时到那里，当地人要抓起谩都诃把他交给敌人，谩都诃派人来告急，在斜堆甸遇到太祖。太祖说："国兵全部都在这里了。如果让敌人先在谩都诃身上得志，今后虽然照样杀了他们，又有什么好处呢？"于是分出四十名甲士给了告急的使者。太祖带领剩下的三十名甲士前往撒改军。途中遇到有人说："敌人已经占据盆搦岭的南路了。"众人想取道沙偏岭前往，太祖说："你们害怕敌人吗？"已经越过了盆搦岭，却没见到敌人，接着又听说敌人据守在沙偏岭来抗拒官军。到了撒改的军队那里，夜间急速进攻沙偏岭，到天明后打败了敌军。当时留可、坞塔都在辽国。破了留可的军队以后，回头又攻打坞塔城，城中人献出城而投降了。当初，太祖翻过盆搦岭，经过坞塔城城下，随从的骑士有落在后面的，遭到坞塔城人的攻击而被夺去了炊事用具。太祖停住马向坞塔城人喊话说："不要拿我的煮饭器具！"那人傲慢地说："您能来此地，还担心什么没有饭吃？"阿骨打用马鞭指着那人说："我攻破留可城，就在你这儿取锅。"至此，那人拿着锅走到太祖面前说："我们这些奴婢谁敢毁坏详稳您的器物呢？"派蒲家奴去招抚诈都，诈都就投降了，于是太祖释放了他。

穆宗将讨伐萧海里，征集士兵一千多人。女真的队伍未曾满过千人的，到这时候，太祖自然是勇气倍增，说："有这些甲兵，什么事不能去图谋呢？"海里来交战，原与辽兵配合，现在劝止了辽人，自己去应战。渤海留守要把铠甲赠给太祖，太祖也不接受。穆宗问为什么不接受，太祖说："披上他的铠甲去打仗，那么打胜了，是因为他的功劳了。"穆宗末年，下令诸部不得擅自设置信牌在驿站间奔驰通信，号令从这时开始统一，这都是由太祖开启的。

乌雅束在位第七年，年景不好，五谷不丰，民间多有流浪饿死的人，强者转而为盗贼。欢都等人想加重其刑法，凡是为盗贼者都杀掉。阿骨打说："因为钱财而杀人，不可以！钱财，人所创造的。"于是减盗贼征偿法为征收的三倍。民间大多拖欠税赋，出卖妻子儿女不能偿还。乌雅束与属吏一起商议，阿骨打在外庭用丝帛系在杖端，指挥众人，下令说："现在贫穷的人不能自己养活自己，出卖妻子儿女用以偿还债务。骨肉之间爱心，是人心所共有的。从现在起三年不要征收税赋，过三年以后慢慢谋求征收税赋。"众人都听从他的命令，听到的人感动得哭了，从这时起，远近民心都归服他。

岁癸巳十月，康宗梦逐狼，屡发不能中，太祖前射中之。旦日，以所梦问僚佐，众皆曰："吉。兄不能得而弟得之之兆也。"是月，康宗即世，太祖袭位为都勃极烈。

辽使阿息保来，曰："何以不告丧？"太祖曰："有丧不能吊，而乃以为罪乎？"他日，阿息保复来，径骑至康宗殡所，阅赗马，欲取之。太祖怒，将杀之，宗雄谏而止。既而辽命久不至。辽主好畋猎、淫酗，怠于政事，四方奏事，往往不见省。纥石烈阿疏既奔辽，穆宗取其城及其部众。不能归，遂与族弟银术可、辞里罕阴结南江居人浑都仆速、欲与俱亡入高丽。事觉，太祖使夹古撒喝捕之，而银术可、辞里罕先为辽戍所获，浑都仆速已亡去，撒喝取其妻子而还。

二年甲午六月，太祖至江西，辽使使来致袭节度之命。初，辽每岁遣使市名鹰海东青于海上，道出境内，使者贪纵，征索无艺，公私厌苦之。康宗尝以不遣阿疏为言，稍拒其使者。太祖嗣节度，亦遣蒲家奴往索阿疏，故常以此二者为言，终至于灭辽然后已。至是，复遣宗室习古乃、完颜银术可往索阿疏。习古乃等还，具言辽主骄肆废弛之状。于是召官僚耆旧，以伐辽告之，使备冲要，建城堡，修戎器，以听后命。辽统军司闻之，使节度使捏哥来问状，曰："汝等有异志乎？修战具，饬守备，将以谁御？"太祖答之曰："设险自守，又何问哉。"辽复遣阿息保来诘之。太祖谓之曰："我小国也，事大国不敢废礼。大国德泽不施，而逋逃是主，以此字小，能无望乎？若以阿疏与我，请事朝贡。苟不获已，岂能束手受制也。"阿息保还，辽人始为备，命统军萧挞不野调诸军于宁江州。

【译文】

癸巳年十月，康宗梦见自己追杀一只狼，屡射都没有打中，太祖上前射中了。天明以后，把所做梦告诉左右，众人都说："吉祥！这是兄长不能得而弟弟能得到王位的吉祥征兆啊！"就在这个月，康宗就逝世了，太祖承袭了都勃极烈之位。

辽国使者阿息保来见太祖阿骨打，说："你的兄长死了，你为什么不报丧？"太祖说："有丧不能凭吊，你们也认为是罪过吗？"过了些天，阿息保又来，直接骑马到康宗殡仪的场所，看见送葬的马，想取走。太祖发怒了，要杀阿息保，宗雄劝谏止住了他。随之而来的是辽朝的任命令久久不到。辽天祚帝好打猎，荒淫、酗酒怠惰朝政，天下四方送来的奏折往往不予审阅批览。纥石烈阿疏已投奔辽朝，盈歌夺取了他的城池和他属下的兵民众人。他不能回归故地，就和族弟银术可、辞里罕暗地里勾结南江居人浑都仆速，想和他们一起都逃亡到高丽。事情被察觉，太祖派遣夹古撒喝去逮捕他们，然而银术可、辞里罕先被辽国卫戍部队所擒获，浑都仆速已经逃走了，夹古撒喝把他的妻子和儿子抓起来返回。

第二年(1114)六月，太祖到江西，辽国派遣使者来传达要太祖承袭节度使的命令。起初，辽国每年遣派使者在海上购买叫“海东青”的名鹰，来往均要路经境内，使者贪婪放纵，征收索要没有限度，公署或个人对他们的刁难十分厌恶。康宗曾经以辽国不遣阿疏为理由，稍微抗拒了辽国使者。太祖继承了节度使之职，也派蒲家奴到辽国去索要阿疏，经常谈及这两件事，直至灭辽之后。至此，又派宗室习古乃、完颜银术可前往辽朝索要阿疏。习古乃等人回来，详细地述说了辽天祚帝骄奢放肆、荒疏朝政的情况。于是阿骨打召集官僚及年长的旧好，把将要讨伐辽朝的打算告诉他们，让他们守备军事、交通要道，修建城堡，整修兵器，等待听候命令。辽统军司知道了这情况，派节度使捏哥来询问这事，说：“你们是有了反叛的意图吗？修缮作战的装备，整饬城堡营盘，做这些事是为了抵御谁？”阿骨打答复他说：“设备险隘守护自己，又有什么可责问的。”辽朝又派阿息保来责问阿骨打。阿骨打对他说：“我们是小国，侍奉大国不敢废除礼仪。大国不施行德政恩泽，而且容纳包庇叛逃的人，像这样的姑息豢养小人，能没有企图吗？如果把阿疏交给我们，我们仍然侍奉朝贡。假如擒获不了逃贼，难道能束手接受管制吗？”阿息保回去，辽人才开始准备，命令统军萧挞不野往宁江州调集各部军队。

太祖闻之，使仆聒剌复索阿疏，实观其形势。仆聒剌还言：“辽兵多，不知其数。”太祖曰：“彼初调兵，岂能遽集如此。”复遣胡沙保往，还言：“惟四院统军司与宁江州军及渤海八百人耳。”太祖曰：“果如吾言。”谓诸将佐曰：“辽人知我将举兵，集诸路军备我，我必先发制之，无为人制。”众皆曰：“善。”乃入见宣靖皇后，告以伐辽事。

后曰：“汝嗣父兄立邦家，见可则行。吾老矣，无贻我忧，汝必不至是也。”太祖感泣，奉觞为寿。即奉后率诸将出门，举觞东向，以辽人荒肆，不归阿疏，并己用兵之意，祷于皇天后土。酹毕，后命太祖正坐，与僚属会酒，号令诸部。使婆卢火征移懒路迪古乃兵，斡鲁古、阿鲁抚谕斡忽、急赛两路系辽籍女真，实不迭往完睹路执辽障鹰官达鲁古部副使辞列、宁江州渤海大家奴。于是达鲁古部实里馆来告曰：“闻举兵伐辽，我部谁从？”太祖曰：“吾兵虽少，旧国也，与汝邻境，固当从我。若畏辽人，自往就之。”

九月，太祖进军宁江州，次寥晦城。婆卢火征兵后期，杖之，复遣督军。诸路兵皆会于来流水，得二千五百人。致辽之罪，申告于天地曰：“世事辽国，恪修职贡，定乌春、窝谋罕之乱，破萧海里之众，有功不省，而侵侮是加。罪人阿疏，屡请不遣。今将问罪于辽，天地其鉴佑之。”遂命诸将传梃而誓曰：“汝等同心尽力，有功者，奴婢部曲为良，庶人官之，先有官者叙进，轻重视功。苟违誓言，身死梃下，家属无赦。”师次唐括带斡甲之地，诸军禳射，介而立，有光如烈火，起于人足及戈矛之上，人以为兵祥。明日，次扎只水，光见如初。

【译文】

太祖听说辽国备战的消息，派遣仆聒剌再去索要阿疏，实际任务是去观察辽国的形势。仆聒剌回来说：“辽国军队人多，不知道他们的具体数目。”太祖说：“他们刚开始调动军队，哪里能聚集这么多人。”又派遣胡沙保前往辽国打探。胡沙保回来说：“只有四院统军司和宁江州的军队以及渤海军共八百人而已。”太祖说：“果然像我所说的。”又对各位副将说：“辽人知道了我们将要举兵，调集诸路军队防备我们，我们必须先发制人，不要被人家先制。”众人都说：“好！”于是太祖入内堂拜见母亲，把将征伐辽朝的事告诉她。其母说：“你继承父兄的事业建立国家，认为可以做就去进行。我老了，不要带给我忧虑，你一定不至于这样。”太祖感动涕泣，举起酒杯祝她长寿。就侍奉母亲率领诸将出门，举起酒杯向东，用辽人荒淫放肆不归还阿疏，以及自己举兵的用意祈神求福于皇天后土。祭奠完毕，皇后命令太祖端正坐好，和部下干杯，向诸部首领发号施令。太祖派婆卢火去征集移懒路迪古乃的兵士，斡鲁古、阿鲁去安抚斡忽、急赛两路属于辽国籍的女真人，实不迭前往完睹路去逮捕辽国障鹰官达鲁古部的副使辞列、宁江州渤海的大家奴。于是达鲁古部实里馆来报告说："听说举兵伐辽我们这部听从谁？"太祖说："我的兵虽说少，但都是旧时国君的后代，和你们边境相邻，你们本来就应当跟随我。如果惧怕辽人，你们自己前去投奔他们！"

九月，太祖向宁江州进军，到寥晦城。婆卢火征兵拖延了期限，被打了军棍，又被派遣为督军。各路人马会集在来流水，共有两千五百人。太祖罗列辽的罪行，向天地申明禀报："世代侍奉辽国，谨慎、恭敬，按时进贡，平定乌春、窝谋罕的叛乱，打败萧海里纠结的乌合之众。有功劳不省察，反而侵犯侮辱不断增加。罪人阿疏逃到辽国，屡次请求交还却始终不遣送。今天，将向辽国问罪，望皇天后土明察并保佑我们。"继而命令诸将传递梃杖而宣誓说："你们这些人同心尽力，有功的人，是奴婢、部曲的转为平民，是平民的授予官职，原来已有官职的按顺序晋级，晋级大小根据功劳大小而定。假如违背誓言，身死梃杖之下，家属不赦免。"军队到唐括带斡甲这个地方，各军队射箭来祈祷消灾，兵士们有间隔地站立着，突然从他们的脚上和戈矛上发出像烈火似的光，人们认为这是出兵吉祥的象征。第二天，军队行进到扎只水，出现烈火似的光和头一天一样。

将至辽界，先使宗干督士卒夷堑。既度，遇渤海军攻我左翼七谋克，众少却，敌兵直犯中军。斜也出战，哲垤先驱。太祖曰："战不可易也。"遣宗干止之。宗干驰出斜也前，控止哲垤马，斜也遂与俱还。敌人从之，耶律谢十坠马，辽人前救。太祖射救者毙，并射谢十中之。有骑突前，又射之，彻扎洞胸。谢十拔箭走，追射之，中其背，饮矢之半，偾而死，获所乘马。宗干与数骑陷辽军中，太祖救之，免胄战。或自傍射之，矢拂于颡。太祖顾见射者，一矢而毙。谓将士曰："尽敌而止。"众从之，勇气自倍。敌大奔，相蹂践死者十七八。撒改在别路，不及会战，使人以战胜告之，而以谢十马赐之。撒改使其子宗翰、完颜希尹来贺，且称帝，因劝进。太祖曰："一战而胜，遂称大号，何示人浅也。"

进军宁江州，诸军填堑攻城。宁江人自东门出，温迪痕、阿徒罕邀击，尽殪之。十月朔，克其城，获防御使大药师奴，阴纵之，使招谕辽人。铁骊部来送款。次来流城，以俘获赐将士。召渤海梁福、斡答剌使之伪亡去，招谕其乡人曰："女真、渤海本同一家，我兴师伐罪，不滥及无辜也。"使完颜娄室招谕系辽籍女真。

【译文】

快到辽国边界的时候，太祖先派宗干监督士卒平界沟。度过界沟后，遇到辽国渤海的军队攻击左翼部队七谋克，众人稍有退却，敌军直向中军进犯。斜也出战，哲垤却驱马先行。太祖说："交战的时候不可以变换位置。"派遣宗干去阻止他们。宗干纵马驰在斜也前面，控制住哲垤的马，斜也于是和宗干、哲垤一起回来。敌人跟了上来，耶律谢十掉下马来，辽人上前救助他，太祖射死了去救耶律谢十的人，同时还射中了耶律谢十。辽军中有骑马冲在前面的，太祖又瞄准了射他，箭穿透了那个人的胸膛。谢十拔出箭逃跑，太祖又追射一箭，射中了谢十的后背，箭扎进一半，谢十仆倒在地而死，缴获了他所乘的战马。宗干和数名骑兵陷在辽军当中，太祖营救他们，摘去头盔作战。有时敌人的箭就从他旁边射来，箭头擦着他额头而过。太祖扭头看见射箭的人，一箭射去那人就中箭身亡。太祖对将士说："杀尽敌人而停战！"众人跟随他，勇气倍增。敌人大量奔走逃命，自相践踏而死的十有七八。撒改处在其他路上，没有赶上会战，阿骨打派人把打胜仗的消息告诉他，并把耶律谢十的坐骑赏赐给他。撒改派他的儿子完颜宗翰、完颜希尹来祝贺阿骨打，并且称阿骨打为帝，因而劝说阿骨打即皇帝位。阿骨打说："一次战斗胜利，就称大号，让人看这是多么浅薄！"

阿骨打进军宁江州，诸军填平堑沟攻打城池。宁江城中人从东门出来，温迪痕、阿徒罕拦击了他们，全部致他们于死地。十月初，攻克了宁江州城，擒获了防御使大药师奴，暗中又把他放了，让他去招抚辽人。铁骊部来送款。大军到达来流城，把俘获的战利品赐给将士。召集渤海的梁福、斡答剌让他们假装逃走，招抚告谕他们同乡的人说："女真和渤海本来同是一家人，我们兴兵只是讨伐罪人，不会滥杀无辜的百姓。"派完颜娄室去招抚原来是辽国国籍的女真族人。

师还，谒宣靖皇后，以所获颁宗室耆老，以实里馆赀产给将士。初命诸路以三百户为谋克，十谋克为猛安。酬斡等抚定谗谋水女真。鳖古酋长胡苏鲁以城降。

十一月，辽都统萧纠里、副都统挞不野将步骑十万会于鸭子河北。太祖自将击之。未至鸭子河，既夜，太祖方就枕，若有扶其首者三，寤而起，曰："神明警我也！"即鸣鼓举燧而行。黎时及河，辽兵方坏凌道，选壮士十辈击走之。大军继进，遂登岸。甲士三千七百，至者才三之一。俄与敌遇于出河店，会大风起，尘埃蔽天，乘风势击之，辽兵溃。逐至斡论泺，杀获首虏及车马甲兵珍玩不可胜计，遍赐官属将士，燕犒弥日。辽人尝言女真兵若满万则不可敌，至是始满万云。

斡鲁古败辽兵，斩其节度使挞不野。仆虺等攻宾州，拔之。兀惹雏鹘室来降。辽将赤狗兒战于宾州，仆虺、浑黜败之。铁骊王回离保以所部降。吾睹补、蒲察复败赤狗兒、萧乙薛军于祥州东。斡忽、急塞两路降。斡鲁古败辽军于咸州西，斩统军实娄于阵。完颜娄室克咸州。

是月，吴乞买、撒改、辞不失率官属诸将劝进，愿以新岁元日恭上尊号，太祖不许。阿离合懑、蒲家奴、宗翰等进曰："今大功已建，若不称号，无以系天下心。"太祖曰："吾将思之。"

【译文】

大军回还，太祖拜见宣靖皇后，拿所缴获的战利品颁发给宗室老者，把实里馆的资产分给将士。起初命令诸路军队以三百户为一谋克，十谋克为一猛安。酬斡等人安抚平定谗谋水女真族。鳖古的酋长胡苏鲁献出城池投降。

十一月，辽国都统萧纠里、副都统挞不野指挥步兵和骑兵共十万人会集在鸭子河北岸。太祖亲自率领军队去攻击他们。还没到鸭子河，天就黑了，太祖刚要躺下睡觉，好像有三个人抚着他的头，太祖忽然领悟到了什么，赶忙起来，说："神明在警告我啊！"就命令敲响战鼓、举起火把向前进军。黎明时大军到了鸭子河边，辽兵刚要毁坏冰凌道，太祖选壮士十队打跑了他们。大军继续前进，不久登岸。披甲的战士三千七百人，登上对岸的仅剩三分之一。不久与辽军在出河店相遇，正赶上大风骤起，卷起的尘埃遮蔽了天空，阿骨打军乘着风势攻击辽军，辽军大败溃散。追敌到斡论泊，杀死敌人、擒获俘虏以及缴获车马、甲胄、兵器、珍玩不计其数，太祖将这些战利品普遍赏赐下属官员将士，设宴犒劳大军整整一天。辽人曾经说女真兵如果达到一万人则不可抵挡，到现在女真军队开始达到一万人了。

斡鲁古打败辽军，将其节度使挞不野斩首。仆虺等人率军攻打宾州，占领宾州。兀惹的雏鹘室来投降。辽将赤狗兒攻打宾州，仆虺、浑黜打败他。铁骊王回离保率他的部属来投降。吾睹补、蒲察又在祥州东打败赤狗兒、萧乙薛的军队。斡忽、急塞两路军队投降。斡鲁古在咸州西打败了辽军，在阵前斩了辽国统军实娄，完颜娄室攻克咸州。

当月，吴乞买、撒改、辞不失率领官员及诸将领向太祖劝进，表示愿意在新岁元旦那天奉上尊号。阿骨打不准许。阿离合懑、蒲家奴、宗翰等人进言说："现在已建立了大功业，如果不称帝号，就不能维系天下人心。"阿骨打说："我将考虑这问题。"

收国元年正月壬申朔，群臣奉上尊号。是日，即皇帝位。上曰："辽以宾铁为号，取其坚也。宾铁虽坚，终亦变坏，惟金不变不坏。金之色白，完颜部色尚白。"于是国号大金，改元收国。

丙子，上自将攻黄龙府，进临益州。州人走保黄龙，取其余民以归。辽遣都统耶律讹里朵、左副统萧乙薛、右副统耶律张奴、都监萧谢佛留，骑二十万、步卒七万戍边。留娄室、银术可守黄龙，上率兵趋达鲁古城，次宁江州西。辽使僧家奴来议和，国书斥上名，且使为属国。庚子，进师，有火光正圆，自空而坠。上曰："此祥征，殆天助也！"酹白水而拜，将士莫不喜跃。进逼达鲁古城。上登高望辽兵若连云灌木状，顾谓左右曰："辽兵心贰而情怯，虽多不足畏。"遂趋高阜为阵。宗雄以右翼先驰辽左军，左军却。左翼出其阵后，辽右军皆力战。娄室、银术可冲其中坚。凡九陷阵，皆力战而出。宗翰请以中军助之。上使宗干往为疑兵。宗雄已得利，击辽右军，辽兵遂败。乘胜追蹑，至其营，会日已暮，围之。黎明，辽军溃围出，逐北至阿娄冈。辽步卒尽殪，得其耕具数千以给诸军。是役也，辽人本欲屯田，且战且守，故并其耕具获之。

【译文】

收国元年(1115)正月初一，群臣尊奉太祖为皇上称号。当天，太祖即皇帝位。太祖皇帝说："辽国用镔铁为国号，取它坚实的意思。镔铁虽然坚固，最终也变坏了，只有金子不变不坏。金的颜色是白的，完颜部族崇尚白色。"于是定国号大金，改开国年号为收国。

正月初五，太祖皇帝亲自率领大军攻打黄龙府，进军临近益州，州人跑去保卫黄龙府，大军俘获州内余下的人民而归。辽国派遣都统耶律讹里朵、左副统萧乙薛、右副统耶律张奴、都监萧谢佛留，骑兵二十万、步兵七万戍守边疆。把娄室、银术可留下据守黄龙府。皇上率领军队奔向达鲁古城，到达宁江州西面。辽朝派僧家奴来谈判媾和，所带国书直斥太祖名讳，而且要金列为辽的属国。初九日，金国进军，有火光呈正圆状，从天上坠下。太祖说："这是祥瑞的征兆，大概是上天的帮助。"以白水祭奠而拜祭，全军将士没有不欢欣雀跃的。金军前进直逼达鲁古城。太祖登上高处眺望辽营，见其呈连云灌木的形状，环顾左右的下属说："辽国军队有二心而且胆怯，虽然人多却没有什么可畏惧的。"于是急速以高坡摆兵布阵。宗雄作为右翼首先驰入辽军的左军，左军退却。左翼从其阵后冲出，辽右军全体都奋力迎战。娄室、银术可率军冲击辽军中坚，一共九次冲入辽军阵中，都能奋力战斗冲出辽阵。宗翰请准许率中军援助娄室、银术可。太祖派宗干前去虚设以迷惑敌人的兵。宗雄已获胜利，攻击辽国右军，辽军就溃败了。大军乘胜追蹑，到辽军大营，当时太阳已要落下去，大军包围了辽军营盘。黎明时分，辽军冲破包围逃出，大军追到北面的阿娄冈。辽军中的步兵都战死了，大军将缴获的耕具几千种分给了诸路军队。这场战役，辽人本来打算屯垦种田，边战边守，所以一并缴获了他们的耕具。

二月，师还。三月辛未朔，猎于寥晦城。四月，辽耶律张奴以国书来。上以书辞慢侮，留其五人，独遣张奴回报，书亦如之。五月庚午朔，避暑于近郊。甲戌，拜天射柳。故事，五月五日、七月十五日、九月九日拜天射柳，岁以为常。

六月己亥朔，辽耶律张奴复以国书来，犹斥上名。上亦斥辽主名以复之，且谕之使降。七月戊辰，以弟吴乞买为谙班勃极烈，国相撒改为国论勃极烈。辞不失为阿买勃极烈，弟斜也为国论昊勃极烈。甲戌，辽使辞剌以书来，留之不遣。九百奚营来降。

八月戊戌，上亲征黄龙府。次混同江，无舟，上使一人道前，乘赭白马径涉，曰："视吾鞭所指而行。"诸军随之，水及马腹。后使舟人测其渡处，深不得其底。熙宗天眷二年，以黄龙府为济州，军曰利涉，盖以太祖涉济故也。

九月，克黄龙府，遣辞剌还，遂班师。至江，径渡如前。丁丑，至自黄龙府。己卯，黄龙见空中。癸巳，以国论勃极烈撒改为国论忽鲁勃极烈，阿离合懑为国论乙室勃极烈。

十一月，辽主闻取黄龙府，大惧，自将七十万至驼门。驸马萧特末、林牙萧查剌等将骑五万、步四十万至斡邻泺。上自将御之。

【译文】

二月，大军还朝。三月初一，太祖在寥晦城打猎。四月，辽国使臣耶律张奴带着国书晋见太祖皇上。皇上因为辽国国书中语句轻慢侮弄，就留下同来的五个人，只让耶律张奴单独回去汇报，带回的国书也像带来的国书那样措辞。五月一日，太祖皇帝到近郊避暑。五日，拜天射柳。按照过去的习俗，五月五日、七月十五日、九月九日拜天射柳，年年这样做习以为常。

六月己亥初一日，辽使耶律张奴又持国书而来，还是直呼太祖名讳。太祖也直呼辽主天祚帝的名讳，以此回复辽朝，并且告谕他让他投降。七月一日，太祖皇帝命令他的弟弟吴乞买为谙班勃极烈，国相撒改为国论勃极烈，辞不失为阿买勃极烈，另一个弟弟斜也为国论昊勃极烈。七日，辽国使者辞剌带着国书来，被拘留下来不再遣送回去。九百奚营人前来投降。

八月一日，皇上亲自率领军队出征黄龙府。行军到混同江，没有船过河，皇上派一个人在前面开道，骑着赭白色的马涉水过河，皇上说："看我的鞭子所指的地方走。"诸军跟着太祖渡江，江水深及马的肚子。后来派舟兵测量太祖率军渡江的地方，水深得不见江底。金熙宗天眷二年，将黄龙府改为济州，军名为利涉，大概是因太祖在此渡江的缘故。

九月，太祖皇帝率军攻克黄龙府，派遣辞剌先回辽朝，然后班师还朝，到混同江，像来时一样直接涉水渡过去。丁丑十一日，至自黄龙府。己卯十五日，黄龙出现在空中。癸巳十九日，以国论勃极烈撒改为国论忽鲁勃极烈，阿离合懑为国论乙室勃极烈。

十一月，辽主听说太祖皇上取得了黄龙府大为恐惧，亲自率领七十万军队到驼门。辽国驸马萧特末、林牙萧查剌等率骑兵五万、步兵四十万到斡邻泊。太祖皇上准备亲自抵御他们。

十二月己亥，行次爻剌，会诸将议。皆曰："辽兵号七十万，其锋未易当。吾军远来，人马疲乏，宜驻于此，深沟高垒以待。"上从之。遣迪古乃、银术可镇达鲁古。丁未，上以骑兵亲候辽军，获督饷者，知辽主以张奴叛，西还二日矣。是日，上还至熟结泺，有光见于矛端。戊申，诸将曰："今辽主既还，可乘怠追击之。"上曰："敌来不迎战，去而追之，欲以此为勇邪？"众皆愧愧，愿自效。上复曰："诚欲追敌，约赍以往，无事饵馈。若破敌，何求不得。"众皆奋跃，追及辽主于护步答冈。是役也，兵止二万。上曰："彼众我寡，兵不可分。视其中军最坚，辽主必在焉。败其中军，可以得志。"使右翼先战。兵数交，左翼合而攻之。辽兵大溃。我师驰之，横在其中。辽师败绩，死者相属百余里。获舆辇帟幄兵械军资，他宝物马牛不可胜计。是战，斜也援矛杀数十人，阿离本被围，温迪罕、迪忽迭以四谋克兵出之，完颜蒙刮身被数创，力战不已，功皆论最。萧特末等焚营遁去。遂班师。加谷撒喝取开州。娑卢火下特邻城，辞里罕降。

二年正月戊子，诏曰："自破辽兵，四方来降者众，宜加优恤。自今契丹、奚、汉、渤海、系辽籍女真、室韦、达鲁古、兀惹、铁骊诸部官民，已降或为军所俘获，逃遁而还者，勿以为罪，其酋长仍官之，且使从宜居处。"

闰月，高永昌据东京，使挞不野来求援。高丽遣使来贺捷，且求保州。诏许自取之。

【译文】

十二月己亥四日，太祖皇上率大军行进到爻剌，召见各位将领议事。大家都说："辽兵号称有七十万之多，其锋芒不容易抵挡。我军远道而来，人马疲乏，应该驻扎在这里，挖深战壕、垒高城墙来等待他们进攻。"皇上采纳了他们的意见。派遣迪古乃、银术可镇守达鲁古。十二日，皇上带领骑兵亲自守候辽军，擒获了督运粮饷的人，知道辽主因为张奴叛变，已经向西还朝两天了。当天，皇上撤军回到熟结泊，他的矛尖上有光芒闪现。十三日，诸位将领说："现在辽主既然回去了，可以趁辽军懈怠之机去追击他们。"皇上说："敌人来了不迎战，撤去了反而去追击，想用这来表现勇敢吗？"众将都很惶恐惭愧，愿意以身报效国家。皇上又说："真心想追击敌人，就轻装前往，不用运送粮食。如果打败敌人，要什么得不到？"众将都奋勇向前，他们在护步答冈追上了辽主。这场战斗，金兵只有二万。皇上说："敌众我寡，兵力不要分散。看辽军的中军最坚强，辽主一定就在其中。打败他的中军，就可以达到目的。"派右翼部队先去作战。交战几个回合后，左翼配合右翼发动进攻。辽兵大败。金国军队驰骋沙场，横在辽军中间。辽军队大败，死的人相互连接长达一百多里；缴获的车辇幄帐兵器军用物资，其他宝物牛马等不可胜计。这一仗，斜也举着长矛杀死敌军数十人，阿离本被敌军包围，温迪罕、迪忽迭带四谋克兵把他救了出来，完颜蒙刮身上数处受伤，仍拼死力战斗不已，论评功劳大家都认为他功劳最大。辽国驸马萧特末等人焚烧了营盘逃跑了。于是太祖班师回朝。加谷撒喝攻取了开州。婆卢火攻下了特邻城，辞里罕投降。

收国二年正月戊子二十三日，太祖皇帝下诏说："自从大败辽兵以来，四面八方来投降的人很多，应当加以优抚。从现在开始，契丹、奚、汉、渤海、属辽籍的女真、室韦、达鲁古、兀惹、铁骊各部的官民，已归降或被军队所俘虏，逃跑而返回的，都不要因此定其有罪，他们的酋长仍然做官，并且让他们在适宜自己的地方居住。"

闰正月，高永昌据守东京，派挞不野来求援。高丽派遣使节来祝贺胜利，并且请求把保州给予高丽。皇上下诏准许他们自己去攻取。

二月己巳，诏曰："比以岁凶，庶民艰食，多依附豪族，因为奴隶，及有犯法，征偿莫办，折身为奴者，或私约立限，以人对赎，过期则为奴

者，并听以两人赎一为良。若元约以一人赎者，即从元约。”

四月乙丑，以斡鲁统内外诸军，与蒲察、迪古乃会咸州路都统斡鲁古讨高永昌。胡沙补等被害。

五月，斡鲁等败永昌，挞不野擒永昌以献，戮之于军。东京州县及南路系辽女真皆降。诏除辽法，省税赋，置猛安谋克一如本朝之制。以斡鲁为南路都统。迭勃极烈阿徒罕破辽兵六万于照散城。

九月己亥，上猎近郊。乙巳，南路都统斡鲁来见于婆卢买水。始制金牌。

十二月庚申朔，谙班勃极烈吴乞买及群臣上尊号曰大圣皇帝，改明年为天辅元年。

天辅元年正月，开州叛，加古撒喝等讨平之。国论昊勃极烈斜也以兵一万取泰州。

四月，辽秦晋国王耶律捏里来伐，迪古乃、娄室、婆卢火将兵二万，会咸州路都统斡鲁古击之。

五月丁巳，诏自收宁江州已后同姓为婚者，杖而离之。

【译文】

二月五日，皇帝下诏说：“近几年光景恶劣，百姓饥寒，因此多数人依附豪门贵族，去当奴隶，他们中有犯法的，不要对他们惩办;卖身为奴的，有的私自订立条约期限，到时拿人对等赎身，过了期限的，听凭用两个人赎出一人恢复为良民。如果开始约定用一个人赎的，就照原先的约定办。”

四月二日，任用斡鲁统领内外各路军队，和蒲察、迪古乃会合咸州路都统斡鲁古讨伐高永昌。胡沙补等人被杀害。

五月，斡鲁等人率军打败高永昌，挞不野擒获高永昌献来，在军中杀了他。东京州县以及南路属于辽国的女真都投降了金国。皇帝下诏令废除辽国法令，免去税赋，设置猛安谋克类似金朝的制度，任用斡鲁为南路都统。迭勃极烈阿徒罕在照散城打败六万辽军。

九月己亥初九日，太祖皇上在近郊打猎。乙巳十五日，南路都统斡鲁来，在婆卢买水谒见太祖。开始制作金牌。

十二月庚申初一，谙班勃极烈吴乞买以及群臣为太祖加尊号为大圣皇帝，改第二年年号为天辅元年。

天辅元年正月，开州发生叛乱，加古撒喝等人讨伐平定了叛乱。国论昊勃极烈斜也率领一万人马攻取泰州。

四月，辽国秦晋国王耶律捏里来侵犯，迪古乃、娄室、婆卢火率兵二万人，会合咸州路都统斡鲁古还击辽军。

五月三十日，皇上诏令自从收取宁江州以后同姓结婚的，用棍罚让他们分离。

七月戊申，以完颜斡论知东京事。

八月癸亥，高丽遣使来请保州。

十二月甲子，斡鲁古等败耶律捏里兵于蒺藜山，拔显州，乾、懿、豪、徽、成、川、惠等州皆降。

是月，宋使登州防御使马政以国书来，其略曰："日出之分，实生圣人。窃闻征辽，屡破勍敌。若克辽之后，五代时陷入契丹汉地，愿畀下邑。"

二年正月庚寅，辽双州节度使张崇降。使散睹如宋报聘，书曰："所请之地，今当与宋夹攻，得者有之。"

二月癸丑朔，辽使耶律奴哥等来议和。辛酉，孛堇迪古乃、娄室来见。上以辽主近在中京，而敢辄来，皆杖之。劾里保、双古等言，咸州都统斡鲁古知辽主在中京而不进讨，刍粮丰足而不以实闻，攻显州时所获生口财畜多自取。

三月癸未朔，命阇哥代为都统而鞫治之，斡鲁古坐降谋克。壬辰，辽使耶律奴哥以国书来。庚子，以娄室言黄龙府地僻且远，宜重戍守，乃命合诸路谋克，以娄室为万户镇之。

【译文】

七月二十二日，任命完颜斡论知东京事。

八月八日，高丽国派遣使者来请求分给保州。

十二月甲子十一日，斡鲁古等人在蒺藜山打败耶律捏里的辽军，占领显州，乾、懿、豪、徽、成、川、惠等州都投降了。

当月，宋国派登州防御使马政带着国书来朝，国书大意说："日出的时候，实际是有圣人降生。私下听说贵国征讨辽国，屡次战胜劲敌。假如攻克辽国以后，五代时候陷入契丹的汉族领地，请求贵国把这些城邑交付下国。"

天辅二年正月庚寅初七日，辽国双州节度使张崇投降。皇帝派散睹到宋国传报，书上说："所请求交付的地方，今天应当与宋国夹攻，谁得到这些地方就归谁所有。"

二月癸丑初一日，辽国使臣耶律奴哥等人前来议和。辛酉初九日，孛堇迪古乃、娄室来见皇上。皇上因为辽主近在中京，而孛堇迪古乃、娄室竟敢前来，把他们都打了棍子。劾里保、双古等人说，咸州都统斡鲁古知道辽天祚帝在中京却不进攻讨伐，草料军粮丰富充足而不把真实情况报告朝廷知道，攻占显州时所俘虏的人口、缴获的财物牲畜大多私自取用。

三月癸未朔初一日，皇帝命令阇哥代理都统去查问惩治斡鲁古，斡鲁古因此降为谋克。壬辰初十日，辽国使者耶律奴哥带着国书来。庚子十九日，根据娄室说黄龙府地处偏僻而且遥远，应当以重兵戍守，于是命令合并诸路谋克，由娄室为万户镇守黄龙府。

四月辛巳，辽使以国书来。

五月丙申，命胡突衮如辽。

六月甲寅，诏有司禁民凌虐典雇良人，及倍取赎直者。甲戌，辽通、祺、双、辽等州八百余户来归，命分置诸部，择膏腴之地处之。

七月癸未，诏曰："匹里水路完颜术里古、渤海大家奴等六谋克贫乏之民，昔尝给以官粮，置之渔猎之地。今历日已久，不知登耗，可具其数以闻。"胡突衮还自辽。耶律奴哥复以国书来。丙申，胡突衮如辽。辽户二百来归，处之泰州。诏遣阿里骨、李家奴、特里底招谕未降者。仍诏达鲁古部勃堇辞列："凡降附新民，善为存抚。来者各令从便安居，给以官粮，毋辄动扰。"

八月，胡突衮还自辽。耶律奴哥、突迭复以国书来。

九月戊子，诏曰："国书诏令，宜选善属文者为之。其令所在访求博学雄才之士，敦遣赴阙。”

闰月庚戌朔，以降将霍石、韩庆和为千户。九百奚部萧宝、乙辛，北部讹里野，汉人王六兒、王伯龙，契丹特末、高从佑等，各率众来降。辽耶律奴哥以国书来。

十月癸未，以龙化州降者张应古、刘仲良为千户。乙未，咸州都统司言，汉人李孝功、渤海二哥率众来降。命各以所部为千户。

十二月甲辰，遣孛堇术孛以定辽地谕高丽。耶律奴哥以国书来。辽懿州节度使刘宏以户三千并执辽候人来降，以为千户。川州寇二万已降复叛，纥石烈照里击破之。

【译文】

四月辛巳二十九日，辽国使臣来递交国书。

五月丙申十五日，命令胡突衮到辽国去。

六月甲寅初三日，太祖下诏书命令官吏禁止百姓凌辱虐待抵押受雇的平民以及加倍收取赎身资金的人。甲戌二十三日，辽通、祺、双、辽等州的八百余户百姓前来归顺，下令将他们分别安置在各部，挑选肥沃的土地让他们居住。

七月癸未初三日，皇帝下诏说：“匹里水路的完颜术里古、渤海大家奴等六谋克的人民贫乏，往昔曾经拿官粮分给他们，把他们安置在可以打鱼打猎的地方。现在经过的日子久了，是丰收了还是减产了，可以把这些具体数目如实报来让我知道。”胡突衮从辽国回来。耶律奴哥又持国书而来。丙申十六日，胡突衮到辽国。辽国二百户百姓来归顺，被安置在泰州。诏令派遣阿里骨、李家奴、特里底号召告谕没投降的人。太祖还下诏书命令达鲁古部勃堇辞列：“凡新来投降归附的人民，要好好收留安抚。来的人分别让他们选择方便的地方安居，发给官粮，不要动不动就去打扰他们。”

八月，胡突衮从辽国归来。耶律奴哥、突迭又持国书而来。

九月戊子初九日，皇帝下诏说：“国书、诏令，应当推选善于写文章的人来起草。要让各地寻访求得博学雄才的士人，督促遣送他们速来朝廷。”

闰月庚戌初一，任用投降的将领霍石、韩庆和为千户。九百奚部的萧宝、乙辛，北部讹里野，汉人王六兒、王伯龙，契丹的特末、高从佑等人，各自率其部众前来投降。辽国耶律奴哥持国书来。

十月癸未初五日，任用龙化州投降的张应古、刘仲良为千户。乙未十七日，咸州都统司说，汉人李孝功、渤海的二哥率其部众来投降。他们分别被任命为所率部众的千户。

十二月甲辰二十七日，派遣孛董术孛把平定了辽地的消息告诉高丽。辽国的耶律奴哥又来传递国书。辽国懿州节度使刘宏率三千人户并抓获辽在道路上迎宾客的官吏前来投降，被任用为千户。川州敌寇二万人已经投降了又叛变，纥石烈照里击破了他们。

三年正月甲寅，东京人为质者永吉等五人结众叛。事觉，诛其首恶，余皆杖百，没入在行家属资产之半。诏知东京事斡论，继有犯者并如之。丙辰，诏鳖古孛堇酬斡曰："胡鲁古、迭八合二部来送款，若等先时不无交恶，自今毋相侵扰。"

三月，耶律奴哥以国书来。

四月丙子朔，日有食之。

五月壬戌，诏咸州路都统司曰："兵兴以前，曷苏馆、回怕里与系辽籍、不系辽籍女真户民，有犯罪流窜边境或亡入于辽者，本皆吾民，远在异境，朕甚悯之。今既议和，当行理索。可明谕诸路千户、谋克，遍与询访其官称、名氏、地里，具录以上。"

六月辛卯，辽遣太傅习泥烈等奉册玺来，上擿册文不合者数事复之。散睹还自宋。宋使马政及其子宏来聘。散睹受宋团练使，上怒，杖而夺之。宋使还，复遣孛堇辞列、曷鲁等如宋。

七月辛亥，辽人杨询卿、罗子韦各率众来降，命各以所部为谋克。

八月己丑，颁女真字。

九月，以辽册礼使失期，诏诸路军过江屯驻。

十一月，习泥烈等复以国书来。曷懒甸长城，高丽增筑三尺。诏胡剌古、习显慎固营垒。

【译文】

天辅三年正月甲寅初七日，五个当人质的东京人永吉等结伙叛变。事情被发觉以后，诛杀了他们中的首恶分子，其余的各打一百棍，没收他们在外的家属资产的一半。皇帝诏令主持东京行政事务的斡论，再有犯罪的照此办理。丙辰初九日，诏令鳖古孛堇酬斡说：“胡鲁古、迭八合二部来表示归顺，你们这些人以前不是没有相互仇恨，从今以后不要相互侵犯骚扰。”

三月，耶律奴哥持国书来。

四月丙子初一，有日食出现。

五月壬戌十七日，皇帝诏令咸州路都统司说：“兴兵打仗以前，曷苏馆、回怕里和属于辽籍、不属于辽籍的女真族户民，有犯罪流窜到边境或者逃到辽国的，本来都是我国的臣民，他们远在异国，朕很怜悯他们。今天既然讲和，应当按照理数去索要这些人。可以明白地告诉诸路千户、谋克，要普遍去询问查访他们的官职称谓、姓氏名字、居住地址，详细记录送上来。”

六月辛卯十六日，辽国派遣太傅习泥烈等人来奉献表册和玉玺，皇上挑选出册文中不合实际的几件事又退了回去。散睹从宋国回来。宋朝派马政和他的儿子马宏回访金朝。散睹接受宋朝团练使之职，太祖发怒，杖责他并且夺去了他的官职。宋朝使者返回宋朝，太祖又派遣辞列、曷鲁等人到宋朝任使节。

七月辛亥初七日，辽国人杨询卿、罗子韦率领各自部下来投降，被任命为各自所率部众的谋克。

八月己丑十五日，颁行女真文字。

九月，因为辽国册礼使没有按约定期限到来，皇帝诏令各路军队过江屯扎驻守。

十一月，习泥烈等人又来递交国书。曷懒甸长城，高丽又加高修筑三尺。皇帝诏令胡剌古、习显谨慎固守营垒。

四年二月，辞列、曷鲁还自宋。宋使赵良嗣、王晖来议燕京、西京地。

三月甲辰，上谓群臣曰：“辽人屡败，遣使求成，惟饰虚辞，以为缓师之计，当议进讨。其令咸州路统军司治军旅、修器械，具数以闻。”辛酉，诏咸州路都统司曰：“朕以辽国和议无成，将以四月二十五日进师。”令斜葛留兵一千镇守，阇母以余兵来会于浑河。辽习泥烈以国书来。

四月乙未，上自将伐辽。以辽使习泥烈、宋使赵良嗣等从行。

五月甲辰，次浑河西，使宗雄先趋上京，遣降者马乙持诏谕城中。壬子，至上京，诏官民曰："辽主失道，上下同怨。朕兴兵以来，所过城邑负固不服者即攻拔之，降者抚恤之，汝等必闻之矣。今尔国和好之事，反复见欺，朕不欲天下生灵久罹涂炭，遂决策进讨。比遣宗雄等相继招谕，尚不听从。今若攻之，则城破矣。重以吊伐之义，不欲残民，故开示明诏，谕以祸福，其审图之。"上京人恃御备储蓄为固守计。甲寅，亟命进攻。上谓习泥烈、赵良嗣等曰："汝可观吾用兵，以卜去就。"上亲临城，督将士诸军鼓噪而进。自旦及巳，阇母以麾下先登，克其外城，留守挞不野以城降。赵良嗣等奉觞为寿，皆称万岁。是日，赦上京官民。诏谕辽副统余睹。壬戌，次沃黑河。宗干率群臣谏曰："地远时暑，军马罢乏，若深入敌境，粮馈乏绝，恐有后艰。"上从之，乃班师，命分兵攻庆州。余睹袭阇母于辽河，完颜背答、乌塔等战却之，完颜特虎死焉。

【译文】

天辅四年二月，辞列、曷鲁从宋国回来。宋国使臣赵良嗣、王晖来商议燕京、西京两地的归属事宜。

三月甲辰初四日，皇上对群臣说："辽国军队屡次失败，派遣使者来求和，只用虚辞来掩饰自己，作为缓兵之计，应当讨论去进攻征伐他们。命令咸州路统军司整顿军旅，修理兵器，详细数字向我报告。"辛酉二十一日，诏令咸州路都统司说："我因为与辽国求和没有成功，将于四月二十五日进军辽国。"命令斜葛留下一千兵卒镇守，阇母率领其余的兵卒到浑河会合。辽国习泥烈持国书前来。

四月乙未二十五日，太祖亲自率军讨伐辽国。让辽使节习泥烈、宋使节赵良嗣等人随行。

五月甲辰初五日，到达浑河西岸，派宗雄先行奔赴上京，遣派投降过来的马乙拿着皇帝诏书去告诉城中人。壬子十三日，到达上京，诏告官民说："辽主失道，上下同怨。朕兴兵以来，所经过的城邑顽固不服输的，立刻攻打拔了它，对投降的，则安抚慰问他，你们一定听说这情况了。今天同你国和好的事，反复受到欺骗，朕不想让天下生灵长时间蒙受黑暗和苦难，于是决定进行征讨。最近派遣宗雄等人相继招安晓谕，还是不听从诏告。如果今天发动进攻，那么，城早就破了。朕重申怜悯和攻打的用意，不想残害黎民，所以开示明诏，讲明白祸和福，这些大家考虑决定怎么办。”上京人仗着防御设施坚固、储备充分决定采用死守之计。甲寅十五日，太祖急速下令进攻上京城。太祖对习泥烈、赵良嗣等人说：“你们可以观察我用兵的情况，从而选择你们的去从。”太祖亲临上京城下，督促将士各军击鼓喊叫着向上京城逼进。从黎明到上午巳时(九时至十一时)，阇母带领部下先登上上京城，攻占上京城外城，辽上京留守挞不野全城投降。赵良嗣等人举酒杯祝太祖长寿，都称太祖万岁。这一天，太祖赦免上京的官员百姓。下诏书告谕辽国副都统余睹。壬戌二十三日，军队驻扎在沃黑河。宗干率领群臣劝谏说：“走的远了，又逢暑天，军队和战马都很疲乏，如果继续深入敌人境内，粮食缺乏断绝，恐怕往后会更艰难。”皇上听从了他们的意见，于是班师还朝，命令分出部分兵力去攻打庆州。余睹在辽河袭击阇母，完颜背答、乌塔等人边战边退，完颜特虎在战斗中战死。

七月癸卯，上至自伐辽。

九月，烛隈水部实里古达等杀孛堇酬斡、仆忽得以叛。

十月戊辰朔，日有食之。戊寅，命斡鲁分胡剌古、乌春之兵以讨实里古达。

十一月，东京留守司乞本京官民质子增数番代，上不许，曰：“诸质子已各受田庐，若复番代，则往来动摇，可并仍旧。”

十二月，宋复使马政来请西京之地。

五年春正月，斡鲁败实里古达于合挞剌山，诛首恶四人，余悉抚定。

二月，遣昱及宗雄分诸路猛安谋克之民万户屯泰州，以婆卢火统之，赐耕牛五十。

四月乙丑朔，宗翰请伐辽。诏诸路预戒军事。

五月，辽都统耶律余睹等诣咸州降。

闰月辛巳，国论胡鲁勃极烈撒改薨。

六月癸巳，余睹与其将吏来见。丙申，千户胡离答坐擅署部人为蒲里衍，杖一百，罢之。庚子，诏谙版勃极烈吴乞买贰国政。以昊勃极烈斜也为忽鲁勃极烈，蒲家奴为昊勃极烈，宗翰为移赉勃极烈。

【译文】

七月癸卯初五日，皇上伐辽归来。

九月，烛隈水部的实里古达等人杀死孛董酬斡、仆忽得叛变。

十月戊辰初一，出现日食。戊寅十一日，命令斡鲁分出胡剌古、乌春的军队用以征讨实里古达。

十一月，东京留守司乞求增加东京官员百姓人质轮番代替数，太祖不准，说："这些人质已经分别接受了土地房屋，如果又轮番代替，就因往来而产生动摇，一切照旧。"

十二月，宋朝又派马政前来请求归还西京的土地。

天辅五年春天正月，斡鲁在合挞剌山打败了实里古达，杀了首恶分子四人，对其余人员全都给予安抚让他们安定。

二月，派完颜昱和宗雄从各路猛安谋克百姓中分出一万户在泰州屯田，由婆卢火统领他们，赐给他们五十头耕牛。

四月乙丑初一，宗翰请求讨伐辽国。诏令各路预先装备战斗的事宜。

五月，辽国都统耶律余睹等人到咸州投降。

闰月辛巳十七日，国论胡鲁勃极烈撒改逝世。

六月癸巳，余睹和他的部将属员朝见皇帝。丙申初四日，千户胡离答因为擅自任命部下为蒲里衍，被打一百杖，并罢免了千户的职务。庚子初七日，诏令谙版勃极烈吴乞买辅佐国政。任用昊勃极烈斜也为忽鲁勃极烈，蒲家奴为昊勃极烈，宗翰为移赉勃极烈。

七月庚辰，诏咸州都统司曰："自余睹来，灼见辽国事宜，已决议亲征，其治军以俟师期。"寻以连雨罢亲征。命昊勃极烈昱为都统，移赉勃极烈宗翰副之，帅师而西。

十二月辛丑，以忽鲁勃极烈杲为内外诸军都统，以昱、宗翰、宗干、宗望、宗盘等副之。甲辰，诏曰："辽政不纲，人神共弃。今欲中外一统，故命汝率大军以行讨伐。尔其慎重兵事，择用善谋，赏罚必行，粮饷必继，勿扰降服，勿纵俘掠，见可而进，无淹师期。事有从权，毋须申禀。”戊申，诏曰：“若克中京，所得礼乐仪仗图书文籍，并先次津发赴阙。”

六年正月癸酉，都统杲克高、恩、回纥三城。乙亥，取中京，遂下泽州。

二月庚寅朔，日有食之。己亥，宗翰等败辽奚王霞末于北安州，降。奚部西节度使讹里剌以本部降。壬寅，都统杲遣使来奏捷，并献所获货宝。诏曰：“汝等提兵于外，克副所任，攻下城邑，抚安人民，朕甚嘉之。所言分遣将士招降山前诸部，计悉已抚定，续遣来报。山后若未可往，即营田牧马，俟及秋成，乃图大举。更当熟议，见可则行。如欲益兵，具数来上，不可恃一战之胜，辄有弛慢。新降附者当善抚存。宣谕将士，使知朕意。”宗翰驻北安，遣希尹等略地，获辽护卫耶律习泥烈，知辽主猎鸳鸯泺，以其子晋王贤而有人望，恶而杀之，众益离心。虽有西北、西南两路兵马，皆羸弱。遂遣耨碗温都等报都统杲进兵袭之。

三月，都统杲出青岭，宗翰出瓢岭，追辽主于鸳鸯泺。辽主奔西京。宗翰复追至白水泺，不及，获其货宝。己巳，至西京。壬申，西京降。希尹追辽主于乙室部，不及。乙亥，西京复叛。

是月，辽秦晋国王耶律捏里即位于燕。

【译文】

七月庚辰十八日，诏令咸州都统司说：“自从余睹来朝，明确了解辽国事宜以来，朕已经决定亲自去征讨，你们整治军队以等待出兵的时刻。”后来因为天接连下雨而使亲征的事情作罢。任命昊勃极烈昱为都统，移赉勃极烈宗翰为副都统，统率军队向西进发。

十二月辛丑十一日，任命忽鲁勃极烈完颜杲为内外诸军都统，任命昱、宗翰、宗干、宗望、宗盘等为副都统。甲辰十四日，诏书说：“辽国朝政不循纲常，人与神共同抛弃它。现在想中央地方实现一统天下，所以命令你率领大军施行讨伐辽国之事。你对战事要持慎重的态度，采用好的谋略，赏罚一定要分明，粮饷一定要供应及时，不要侵扰已经降服的地方百姓，不要放纵部下俘虏劫掠，看到形势可以就进军，不要延误进攻时间。遇到事情有权自行处分，不必申诉禀报。”戊申十八日，又诏令说：“如果攻克中京，所缴获的礼乐仪仗图书文籍，一并先送到渡口发送回朝廷。”

天辅六年正月癸酉十三日，都统杲攻克高、恩、回纥三座城。乙亥十五日，攻取中京，接着又攻下泽州。

二月庚寅初一日，发生日食。己亥初十日，宗翰等在北安州打败辽奚王霞末，霞末投降。奚部西节度使讹里刺率领本部投降。壬寅十三日，都统完颜杲派使者回朝报捷，并献上所缴获的宝物和财货。皇帝诏说：“你们率兵在外，克尽职守，攻下城邑，安抚人民，朕很赞赏这些。所说的分别派遣将士去山前诸部招降，预计都已经抚定，要陆续派人来汇报。山后如果不能前往，就实行屯田牧马，等到秋季收获时，就可图谋大事。更应当认真仔细议论，看到时机成熟就行动。如果想增加兵力，把所需数目都送来上报，不能凭借一次战争的胜利，就有所松弛怠慢。对新投降归附的人应当好好抚恤。宣布告谕将士，让他们明白我的意思。”宗翰驻扎在北安，派遣希尹等巡视地面，擒获辽国护卫耶律习泥烈，知道辽主在鸳鸯泊打猎，而且辽主儿子晋王的贤德在人们中间有威望，辽主却厌恶他而把他杀了，众人越发和辽主离心了。辽虽然有西北、西南两路兵马护卫，却都很衰弱。于是希尹派耨碗温都等人报告都统完颜杲可以进军攻击天祚帝。

三月，都统完颜杲从青岭出兵，宗翰从瓢岭出兵，追击辽主天祚到鸳鸯泊。天祚帝奔往西京。宗翰又追天祚帝到白水泺，但未追到，缴获了他的财物珍宝。己巳初十日，金军到西京。壬申十三日，金军攻陷西京，西京守军投降。希尹追击辽主天祚帝到乙室部，但未追到。乙亥十六日，西京又叛变。

这个月，辽国秦晋国王耶律捏里在燕即皇帝位。

四月辛卯，复取西京。壬辰，遣徒单吴甲、高庆裔如宋。戊戌，都统杲自西京趋白水泺，昊勃极烈昱袭毗室部于铁吕川，为敌所败。还会察剌兵，追至黄水北，大破之。耶律坦招徕西南诸部，西至夏，其招讨使耶律佛顶降。金肃、西平二郡汉军四千余人叛去，耶律坦等袭取之。阇母、娄室招降天德、云内、宁边、东胜等州，获阿疏而还。是时，山西城邑诸部虽降，人心未固，辽主保阴山，耶律捏里在燕京，都统杲遣宗望入奏，请上临军。

五月辛酉，宗望来奏捷，百官入贺，赐宴欢甚。先是，获辽枢密使得里底、节度使和尚、雅里斯、余里野等，都统杲使阿邻护送赴阙。得里底道亡，阿邻坐诛。耶律捏里遣使请罢兵。戊寅，使杨勉以书谕捏里，使之降。谋葛失遣其子菹泥刮失贡方物。

六月戊子朔，上亲征辽，发自上京。谙班勃极烈吴乞买监国。辛亥，诏谕上京官民曰："朕顺天吊伐，已定三京，但以辽主未获，兵不能已。今者亲征，欲由上京路进，恐抚定新民，惊疑失业，已出自笃密吕。其先降后叛逃入险阻者，诏后出首，悉免其罪。若犹拒命，孥戮无赦。"

是月，耶律捏里卒。斡鲁、娄室败夏人于野谷。

七月甲子，诏诸将无得远迎，以废军务。乙丑，上京汉人毛八十率二千余户降，因命领之。丙寅，以斡答剌招降者众，命领八千户，以忽薛副之。壬午，希尹以阿疏见，杖而释之。

八月己丑，次鸳鸯泺。都统杲率官属来见。癸巳，上追辽主于大鱼泺。昱、宗望追及辽主于石辇铎，与战，败之，辽主遁。己亥，次居延北。辛丑，中京将完颜浑黜败契丹、奚、汉六万于高州，孛堇麻吉死之。得里得满部降。昱、宗望追辽主于乌里质铎，不及。

【译文】

四月辛卯初三日，大军再次攻取西京。壬辰初四日，皇上派遣徒单吴甲、高庆裔到宋国。戊戌初十日，都统完颜杲从西京赶到白水泺，吴勃极烈昱在铁吕川袭击毗室部，被敌兵打败，回兵遇到察剌的军队，追到黄水北岸，把察剌的队伍杀得大败。耶律坦在西南诸部招降，西边直到夏国边境，那里的招讨使耶律佛顶投降。金肃、西平二郡的汉族军队四千多人叛逃了，耶律坦等人前去追击他们。阇母、娄室在天德、云内、宁边、东胜等州招降，擒获了阿疏而还。当时，山西城邑诸部虽然投降了，但是人心不稳定，辽主在保卫阴山，耶律捏里坐阵燕京，于是都统完颜杲派遣宗望回朝禀奏，请皇上亲临前沿大军。

五月辛酉初四日，宗望回朝奏捷，百官入朝祝贺，皇上很是欢喜，赐宴款待。在此之前，擒获了辽国枢密使得里底、节度使和尚、雅里斯、余里野等，都统完颜杲派阿邻护送这些人赴朝廷。得里底在途中死亡，阿邻因此被杀。辽国新主耶律捏里派使者前来请求停止进攻。戊寅二十一日，派杨勉持书信前往燕京告谕耶律捏里，让他投降。谋葛失派他的儿子菹泥刮失前来贡献当地特产。

六月戊子初一日，皇上亲自率军征讨辽国，从上京出发。谙班勃极烈吴乞买代管国事。辛亥二十四日，皇上诏告上京官民说："朕顺应天意，讨伐出征，已经平定三京，但是因为还未擒获辽主，所以战斗不能停止。现在我亲征辽国，想从上京路进军，恐怕新招抚安定的百姓惊惧疑虑而失业，已经从笃密吕出兵。那些先投降后又叛逃到艰险阻塞之地的人，受到诏令告谕之后出来自首的都免去所犯之罪。如果还抗拒命令，诛及子孙无一赦免。"这个月，耶律捏里去世。斡鲁、娄室在野谷打败了夏人。

七月甲子初八日，皇帝诏令诸位将领不得远迎，以免荒废军务。乙丑初九日，上京汉人毛八十率领二千多户投降，所以命令接收下来。丙寅初十日，因为斡答剌招降的人多，任命他统领八千户，让忽薛给他当副将。壬午二十一日，希尹带阿疏来谒见皇帝，杖责阿疏而后释放了他。

八月己丑初三日，皇帝率兵到达鸳鸯泊。都统完颜杲率领官员来朝见。癸巳初七日，皇上追击辽主天祚皇帝到了大鱼泊。昱、宗望在石辇铎追上了辽主，与辽主的军队作战，打败了他们，辽主逃跑。己亥十三日，皇上到达居延以北。辛丑十五日，中京的将领完颜浑黜在高州打败契丹、奚、汉族军队六万人，孛堇麻吉在这场战斗中丧生。得里得满部投降。完颜昱、宗望追袭辽主天祚皇帝到乌里质铎，没有追上。

九月庚申，次草泊。阇母平中京部族之先叛者，及招抚沿海郡县。节度使耶律慎思领诸部入内地。乙丑，诏六部奚曰："汝等既降复叛，扇诱众心，罪在不赦。尚以归附日浅，恐绥怀之道有所未孚，故复令招谕。若能速降，当释其罪，官皆仍旧。"归化州降。戊辰，次归化州。甲戌，宗雄薨。丁丑，奉圣州降。

十月丙戌朔，次奉圣州。诏曰："朕屡敕将臣，安辑怀附，无或侵扰。然愚民无知，尚多逃匿山林，即欲加兵，深所不忍。今其逃散人民，罪无轻重，咸与矜免。有能率众归附者，授之世官。或奴婢先其主降，并释为良。其布告之，使谕朕意。”蔚州降。庚寅，余睹等遣蔚州降臣翟昭彦、徐兴、田庆来见。命昭彦、庆皆为刺史，兴为团练使。诏曰：“比以幽、蓟一方招之不服，今欲帅师以往，故先安抚山西诸部。汝等既已怀服，宜加抚存。官民未附已前，罪无轻重及系官逋负，皆与释免，诸官各迁叙之。”丁酉，蔚州翟昭彦、田庆杀知州事萧观宁等以叛。丙午，复降。

十一月，诏谕燕京官民，王师所至，降者赦其罪，官皆仍旧。

十二月，上伐燕京。宗望率兵七千先之，迪古乃出得胜口，银术哥出居庸关，娄室为左翼，婆卢火为右翼，取居庸关。丁亥，次妫州。戊子，次居庸关。庚寅，辽统军都监高六等来送款。上至燕京，入自南门，使银术哥、娄室阵于城上，乃次于城南。辽知枢密院左企弓、虞仲文，枢密使曹勇义，副使张彦忠，参知政事康公弼，佥书刘彦宗奉表降。辛卯，辽百官诣军门叩头请罪，诏一切释之。壬辰，上御德胜殿，群臣称贺。甲午，命左企弓等抚定燕京诸州县。诏西京官吏曰：“乃者师至燕都，已皆抚定。唯萧妃与官属数人遁去，已发兵追袭，或至彼路，可执以来。”黄龙府叛，宗辅讨平之。

【译文】

九月庚申初四日，到达草泊。阇母平定了中京部族中带头叛乱的人，并招抚沿海郡县。节度使耶律慎思带领诸部进入内地。乙丑初九日，诏令六部奚说：“汝等已经投降却又叛变，煽动诱惑众人离心，罪不容赦。尚且因为归附的天数还少，恐怕我朝绥靖怀柔的政策还有人不太信服，所以还是命令对你们招安，把政策讲给你们知道。如果能速来投降，定当免除罪过，官职仍然照旧保留。”归化州投降。戊辰十二日，驻扎归化州。甲戌十八日，宗雄去世。丁丑二十一日，奉圣州投降。

十月丙戌初一日，皇帝到达奉圣州，诏令说：“朕屡次向将领大臣发令，安抚怀柔归附者，不要有什么侵扰。然而愚民无知，还有许多人逃跑躲藏在山林里，就想使用兵力，又深深有所不忍心。现在那些逃跑散落各处的人民，罪不论轻重，都予以怜惜免罪。有能率领众人归附的，就授给他官职。有奴婢比他主子先投降，释放他让他从良当平民。把此诏公布，让大家知道朕的旨意。”蔚州投降。庚寅初五日，余睹等人派蔚州投降的臣子翟昭彦、徐兴、田庆谒见太祖。太祖任命翟昭彦、田庆都为刺史，徐兴为团练使。诏书说：“近来因幽、蓟一带招抚他们而不归顺，现在想统率军队去征讨，所以先安抚山西诸部。你们既然已经归服，应当加心抚恤。官吏百姓在归附以前，罪责不分轻重以及拖欠的官府的税赋，都予以赦免，诸官吏各自调任、晋升其官职。”丁酉十二日，蔚州翟昭彦、田庆杀了执掌州事务的萧观宁等人而发动叛乱，丙午二十一日，又投降。

十一月，诏令告谕燕京的官员百姓，金军所到之处，投降的人赦免其罪责，官员的官职保持不变。

十二月，皇上率军攻伐燕京。宗望率七千军队作为先行，迪古乃从得胜口出发，银术哥从居庸关出发，娄室的军队作为左翼，婆卢火的军队充当右翼，取道居庸关。丁亥初二日，皇上到妫州。戊子初三日，到居庸关。庚寅初五日，辽国统军都监高六等人来送款。太祖到燕京，自南门入燕京，派银术哥、娄室在城上布阵，就驻扎在城南。辽国知枢密院左企弓、虞仲文，枢密使曹勇义，副使张彦忠，参知政事康公弼，佥书刘彦宗恭敬地举着降表来归顺。辛卯初六日，辽国百官到军门前叩头请罪。下诏令一切都予以赦免。壬辰初七日，皇上御临德胜殿，群臣称颂祝贺。甲午初九日，皇上命令左企弓等安抚平定燕京各州县。诏令西京的官员说：“现在王师到达燕都，已经全都安抚平定了。只有萧妃和官员数人逃遁了，已经发兵去追袭，或者到了别路躲藏，可以绑缚押来。”黄龙府发生叛乱，宗辅讨伐平定了叛乱。

七年正月丁巳，辽奚王回离保僭称帝。甲子，辽平州节度使时立爱降。诏曲赦平州。又诏谙班勃极烈曰：“比遣昂徙诸部民人于岭东，而昂悖戾，骚动烦扰，致多怨叛。其违命失众，当置重典。若或有疑，禁锢以待。”庚午，诏中京都统斡论曰：“闻卿抚定人民，各安其业，朕甚嘉之。回离保聚徒逆命，汝宜计画，无使滋蔓。”壬申，诏招谕回离保。癸酉，以时立爱言招抚诸部。己卯，宋使来议燕京、西京地。庚辰，宜、锦、乾、显、成、川、豪、懿等州皆降。甲申，诏曰：“诸州部族归附日浅，民心未宁。今农事将兴，可遣分谕典兵之官，无纵军士动扰人民，以废农业。”

二月乙酉朔，命撒八诏谕兴中府，降之。辽来州节度使田颢、隰州刺史杜师回、迁州刺史高永福、润州刺史张成皆降。壬辰，诏谙班勃极烈曰：“郡县今皆抚定，有逃散未降者，已释其罪，更宜招谕之。前后起迁户民，去乡未久，岂无怀土之心？可令所在有司，深加存恤，毋辄有骚动。衣食不足者，官赈贷之。”癸巳，诏曰：“顷因兵事未息，诸路关津绝其往来。今天下一家，若仍禁之，非所以便民也。自今显、咸、东京等路往来，听从其便。其间被虏及鬻身者，并许自赎为良。”仍令驰驿布告。兴中、宜州复叛。宋使赵良嗣来，请加岁币以代燕税，及议画疆与遣使贺正旦生辰、置榷场交易，并计议西京等事。癸卯，银术哥、铎剌如宋。乙巳，诏都统杲曰：“新附之民有才能者，可录用之。”戊申，诏平州官与宋使同分割所与燕京六州之地。癸丑，大赦。

是月，改平州为南京，以张觉为留守。

【译文】

天辅七年正月丁巳初三日，辽奚王回离保僭越称帝。甲子初十日，辽平州节度使时立爱投降。皇上诏令赦免平州，又诏令谙班勃极烈说：“最近派遣完颜昂迁徙各部民人到岭东，然而完颜昂违背朕的旨意，骚动烦扰百姓，招致许多人怨恨叛逃。他违抗命令失去民众，应当按典章加重处置。如果还有什么疑问，先囚禁起来待澄清再处置。”庚午十六日，诏令中京都统斡论说：“听说你招抚安定人民，使百姓各安其业，我非常满意你的做法。回离保聚众反叛，你应当认真谋划，不要使它被蔓延。”壬申十八日，诏令招抚告谕回离保。癸酉十九日，按时立爱所言招抚诸部。己卯二十五日，宋朝使来商议燕京、西京土地的归属。庚辰二十六日，宜、锦、乾、显、成、川、豪、懿等州都投降了。甲申三十日，皇上诏令：“诸州部族归附时间短，民心不安宁。现在农事将要繁忙，可以派人分别告诉典兵的官员，不要纵容兵士骚扰人民，以致荒废农业。”

二月乙酉初一日，皇上命令撒八去兴中府传达皇上的旨意，使兴中府投降。辽国来州节度使田颢、隰州刺史杜师回、迁州刺史高永福、润州刺史张成都投降了。壬辰初八日，皇上诏令谙班勃极烈说：“郡县现在全部抚定，有逃散没有投降的，已经开释了他们的罪过，更应该招抚告诉他们。前后迁移的户民，离开家乡不久，怎么能没有怀念故土的想法？可以让他们所在地的有司，深入地加以安慰和抚恤，不要动不动就发生骚乱，衣食不足的，官府要赈济借贷给他们。”癸巳初九日，皇帝下诏说：“近来因为战事没有停息，各路的关隘、渡口都断绝了往来。现在天下一家，如果仍然禁止通行，不能用来方便人民。从今天起，显、咸、东京等路之间往来，完全听从他们方便。他们中间被俘虏和卖身的，容许他们自己赎身，仍做平民。”还命令官员靠沿途驿站提供夫马粮食，日夜兼程前往外地布告官民。兴中、宜州又叛变。宋朝派赵良嗣入朝，请允许增加每年进贡的银两用以代替燕京的税收，以及议论划定疆界和派遣使者庆贺新年生日、设置征收专卖税的交易场所进行交易，并且计划商议有关西京等事宜。癸卯十九日，银术哥、铎剌到宋朝。乙巳二十一日，诏令都统完颜杲说：“新归附的百姓中有才能的人，可以录用他们。”戊申二十四日，诏令平州官员和宋朝使者共同分割燕京六州的土地。癸丑二十九日，大赦天下。

当月，把平州改为南京，任命张觉为留守。

三月甲寅朔，将诛昂，以习不失谏，杖之七十，仍拘泰州。戊午，都统杲等言耶律麻哲告余睹、吴十、铎剌等谋叛，宜早图之。上召余睹等，从容谓之曰：“朕得天下，皆我君臣同心同德以成大功，固非汝等之力。今闻汝等谋叛，若诚然耶，必须鞍马甲胄器械之属，当悉付汝，朕不食言。若再为我擒，无望免死。欲留事朕，无怀异志，吾不汝疑。”余睹等皆战栗不能对。命杖铎剌七十，余并释之。宋使卢益、赵良嗣、马宏以国书来。

四月丁亥，遣斡鲁、宗望袭辽主于阴山。壬辰，复书于宋。师初入燕，辽兵复犯奉圣州，林牙大石壁龙门东二十五里。都统斡鲁闻之，遣照立、娄室、马和尚等率兵讨之，生获大石，悉降其众。癸巳，诏曰：“自今军事若皆中覆，不无留滞。应此路事务申都统司，余皆取决枢密院。”契丹九斤聚党兴中府作乱，擒之，九斤自杀。命习古乃、婆卢火监护长胜军，及燕京豪族工匠，由松亭关徙之内地。己亥，次儒州。斡鲁、宗望等袭辽权六院司喝离质于白水泺，获之。其宗属秦王、许王等十五人降。闻辽主留辎重青冢，以兵万人往应州，遣照里、背答、宗望、娄室、银术哥等追袭之。宗望追及辽主，决战，大败之，获其子赵王习泥烈及传国玺。

五月甲寅，南京留守张觉据城叛。丙寅，次野狐岭。己巳，次落藜泺。斡鲁等以赵王习泥烈、林牙大石、驸马乳奴等来献，并上所获国玺。宗隽以所俘辽主子秦王、许王，女奥野等来见。奚路都统挞懒攻速古、啜里、铁尼所部十三岩，皆平之。又遣奚马和尚攻下达鲁古并五院司诸部，执其节度乙列。回离保为其下所杀。辛巳，诏谕南京官民。

【译文】

三月甲寅初一日，打算诛杀完颜昂，因为习不失劝谏，打了完颜昂七十棍，仍然把他拘禁在泰州。戊午初五日，都统杲等人禀报，说耶律麻哲报告余睹、吴十、铎剌等人阴谋叛变，应该早点研究对策。皇上召见余睹等人，从容地对他们说："朕得到天下，都是因为我们君臣同心同德而建成大功，本来不是你们的力量。现在听说汝等谋划造反，如果真的是这样，那么你们必需的鞍马、甲胄、器械之类的东西，朕当全部提供给你们，朕绝不食言。如果这样再让我抓到，没有希望免死。想留下为朕做事，不怀二心，我也不会怀疑你们。"余睹等人都吓得战栗不止，不能对答。命令杖责铎剌七十，其余的人都赦免。宋朝派卢益、赵良嗣、马宏持国书来。

四月丁亥初四日，派遣斡鲁、宗望到阴山袭击辽主。壬辰初九日，给宋国回复国书一封。王师刚进入燕地的时候，辽国军队又侵犯奉圣州，林牙大石在龙门东二十五里的地方修筑营垒。都统斡鲁听到消息，派遣照立、娄室、马和尚等人率领军队去征讨，活捉了大石，全部收降他的兵众。癸巳初十日，诏令说："从现在开始战争中如果遭受埋伏，没有不停滞不前的。应当将此路的事务申报到都统司，其余的事务都取决于枢密院。"契丹的九斤聚集其党羽在兴中府搞叛乱，抓获九斤，九斤自杀身亡。皇上命令习古乃、婆卢火监护长胜军，以及燕京的豪族、工匠，从松亭关迁徙到内地。己亥十六日，皇上到儒州。斡鲁、宗望在白水泺袭击了辽国权六院司喝离质，并擒获了他。喝离质的宗室亲属秦王、许王等十五人投降。闻知辽主天祚帝的辎重留在青冢，发一万兵马前往应州，派照里、背答、宗望、娄室、银术哥等人追击天祚帝。宗望追到天祚帝，与之决战，大败天祚帝，擒获他的儿子赵王习泥烈以及传国玉玺。

五月甲寅初二日，南京留守张觉依据南京城起兵叛变。丙寅十四日，皇上到野狐岭。己巳十七日，到落藜泊。斡鲁等人带着赵王习泥烈、林牙大石、驸马乳奴等人来朝见皇上，献上这些俘虏，并献上了所缴获的辽国的传国玉玺。宗隽带着所俘获的辽主的儿子秦王、许王、女儿奥野等人来拜见皇上。奚路都统挞懒攻打速古、啜里、铁尼所统领的十三岩，把它们都平定了。又派奚部马和尚攻下达鲁古以及五院司各部，擒获它的节度使乙列。回离保被他的部下所杀。辛巳二十九日，皇上诏告南京官民。

六月壬午朔，次鸳鸯泺。是日，阇母败张觉于营州。丙申，上不豫，将还上京，命移赉勃极烈宗翰为都统，昊勃极烈昱、迭勃极烈斡鲁副之，驻兵云中，以备边。己酉，次斡独山驿，召谙班勃极烈吴乞买。

七月辛酉，次牛山。宗翰还军中。

八月辛巳朔，日有食之。乙未，次浑河北。谙班勃极烈吴乞买率宗室百官上谒。戊申，上崩于部堵泺西行宫，年五十六。

九月癸丑，梓宫至上京。乙卯，葬宫城西南，建宁神殿。丙辰，谙班勃极烈即皇帝位。

天会三年三月，上尊谥曰武元皇帝，庙号太祖，立原庙于西京。天会十三年二月辛酉，改葬和陵，立《开天启祚睿德神功之碑》于燕京城南尝所驻跸之地。皇统四年，改和陵曰睿陵。五年十月，增谥应乾兴运昭德定功睿神庄孝仁明大圣武元皇帝。贞元三年十一月，改葬于大房山，仍号睿陵。

【译文】

六月壬午初一日，皇帝驾临鸳鸯泊。当天，阇母在营州打败张觉。丙申十五日，皇上觉得身体不安适，将要返回上京，命令移赉勃极烈宗翰当都统，昊勃极烈完颜昱、迭勃极烈斡鲁当他的副都统，把军队驻扎在云中，用来防备边事。己酉二十八日，皇上到达斡独山驿站，召见谙班勃极烈吴乞买。

七日辛酉初十日，太祖驻在牛次山。宗翰回到军中。

八月辛巳初一日，出现日食。乙未十五日，驻在浑河北。谙班勃极烈吴乞买率领宗室成员及百官向上谒见太祖。戊申二十八日，太祖在部堵泊西行宫逝世，享年五十六岁。

九月癸丑初三日，皇上的灵柩运到上京。乙卯初五日，将太祖葬在宫城西南，建造宁神殿。丙辰初六日，谙班勃极烈吴乞买即皇帝位。

天会三年三月，太宗皇帝尊谥太祖皇帝叫武元皇帝，定庙号太祖，在西京另外又建立一座祭庙。天会十三年二月辛酉，又将太祖灵柩改葬在和陵，在燕京城南，太祖曾经停留暂住的地方立下一座石碑，上写“开天启祚睿德神功之碑”。 皇统四年，把和陵改叫睿陵。五年十月，增谥为应乾兴运昭德定功睿神庄孝仁明大圣武元皇帝。贞元三年十一月，改葬太祖于大房山，仍称之为睿陵。

赞曰：太祖英谟睿略，豁达大度，知人善任，人乐为用。世祖阴有取辽之志，是以兄弟相授，传及康宗，遂及太祖。临终以太祖属穆宗，其素志盖如是也。初定东京，即除去辽法，减省租税，用本国制度。辽主播越，宋纳岁币，以幽、蓟、武、朔等州与宋，而置南京于平州。宋人终不能守燕、代，卒之辽主见获，宋主被执。虽功成于天会间，而规摹运为实自此始。金有天下百十有九年，太祖数年之间算无遗策，兵无留行，底定大业，传之子孙。呜呼，雄哉。

【译文】

史臣赞说：太祖具有杰出的计谋，高明的韬略，豁达大度，知人善任，人人都乐于为他效用。劾里钵就暗中有夺取辽国的志向，所以以兄弟相继承，传给乌雅束，于是再传给太祖。劾里钵临终时把阿骨打托付给盈歌，他长时期以来的志向也就是这样的。阿骨打刚平定东京，就废除了辽国法令，减免租税，采用本国的制度。辽主天祚帝流亡，宋朝每年贡纳钱币，把幽、蓟、武、朔等州交与宋朝，而在平州设置南京。宋人最终不能守住燕、代之地，其结果是辽主天祚帝被擒获，宋主徽、钦二帝被拘押至北国。虽然成功在天会年间，然而其制度实际是从太祖开始运作的。金有天下一百一十九年，太祖数年之间计谋没有失算，军队没有在行进中受阻滞或停滞不前，终于成就大业，传给子孙。啊，真是英雄。

完颜希尹列传

完颜希尹本名谷神，欢都之子也。自太祖举兵，常在行阵，或从太祖、或从撒改，或与诸将征伐，比有功。

金人初无文字，国势日强，与邻国交好，乃延用契丹字。太祖命希尹撰本国字，备制度。希尹乃依仿汉人楷字，因契丹字制度，合本国语，制女真字。天辅三年八月，字书成，太祖大悦，命颁行之。赐希尹马一匹、衣一袭。其后熙宗亦制女真字，与希尹所制字俱行用。希尹所撰谓之女真大字，熙宗所撰谓之小字。

【译文】

完颜希尹本名叫谷神，他是欢都的儿子。自从太祖举兵，他常常在军队，或跟从太祖，或跟从撒改，或与其他将领一起征讨，都立有功劳。

金人最初没有文字，随着国势日益强盛，与邻国交往友好，就采用契丹文字。太祖命令希尹编撰本国字，完备各项制度。希尹于是依仿着汉人的楷书字，因袭契丹字的规律，结合本国语的特点，制定女真字。天辅三年八月，字书撰成，太祖非常高兴，命令颁布推行。赏赐给希尹马一匹，衣服一袭。在这之后熙宗也制定女真字，与希尹所制的字一起通行使用。希尹所编撰的称为女真大字，熙宗所编撰的称为小字。

辽人迪六、和尚、雅里斯弃中京走，希尹与迪古乃、娄室、余睹袭之。迪六等闻希尹兵，复走。遂降其旁近人民而还。奚人落虎来降，希尹使落虎招其父西节度使讹里剌。讹里剌以本部降。

宗翰驻军北安，使希尹经略近地，获辽护卫耶律习泥烈，知辽主猎于鸳鸯泺。宗翰遂请进兵。宗翰将会都统杲于奚王岭。辽兵屯古北口。使婆卢火将兵二百击之，浑黜亦将二百人为后援。浑黜闻辽兵众，请益兵。宗翰欲亲往，希尹、娄室曰："此小寇，请以千兵为公破之。"浑黜至古北口，遇辽游兵，逐之入谷中。辽步骑万余迫战，死者数人。浑黜据关口，希尹等至，大破辽兵，斩馘甚众，尽获甲胄辎重。复败其伏兵，杀千余人，获马百余匹。遂与宗翰至奚王岭，期会于羊城泺。

【译文】

辽人迪六、和尚、雅里斯放弃中京逃走，希尹与迪古乃、娄室、余睹袭击他们。迪六等听到希尹军队追击的消息，又逃跑了。希尹于是降服了旁近的百姓就返回了。奚人落虎来投降，希尹使落虎招他的父亲西节度使讹里剌，讹里剌率本部投降。

宗翰把军队驻扎在北安州，派希尹经营宣谕附近各地，俘获辽护卫耶律习泥烈，知道辽帝在鸳鸯泺游猎。宗翰于是请求进兵。宗翰将与都统杲在奚王岭会合。辽兵屯驻在古北口。宗翰派婆卢火将兵二百人袭击他们，浑黜也带领二百人为后面的援军。浑黜听说辽兵众多，于是请求增加兵力。宗翰想亲自前往，希尹、娄室说："这是小盗贼，请用一千兵为您击败他。"浑黜到古北口，碰到辽的巡逻兵，就追赶他们，进入了山谷中。辽步兵和骑兵一万多急忙出战，死了好几个人。浑黜据守关口，希尹等赶到，大败辽兵，斩杀特别多，全部缴获了辽兵的甲胄和物资。接着又打败了辽的伏兵，杀了一千多人，获得马一百多匹。于是和宗翰到奚王岭，计划会合于羊城泺。

宗翰袭辽帝于五院司，希尹为前驱，所将才八骑，与辽主战，一日三败之。明日，希尹得降人麻哲，言辽主在漠，委辎重，将奔西京。几及辽主于白水泺南。辽主以轻骑遁去。尽获其内库宝物，遂至西京。西京降，使蒲察守之。希尹至乙室部，不及辽主而还。及宗翰入朝，希尹权西南、西北两路都统。

是时，夏人已受盟，辽主已获，耶律大石自立，而夏国与娄室书责诸帅弃盟，军入其境，多掠取者。希尹上其书，且奏曰："闻夏使人约大石取山西诸郡，以臣观之，夏盟不可信也。"上曰："夏事酌宜行之。军入其境，不知信与否也。大石合谋，不可不察，其严备之。"

及大举伐宋，希尹为元帅右监军。再伐宋，执二主以归。师还，赐希尹铁券，除常赦不原之罪，余释不问。宗翰伐康王，希尹追之于扬州，康王遁去。后与宗翰俱朝京师，请立熙宗为储嗣，太宗遂以熙宗为谙班勃极烈。

【译文】

宗翰袭击辽帝于五院司，希尹为前驱，所率领的才八名骑兵，与辽帝交战，一天三次打败了他。第二天，希尹得到投降的人麻哲，说辽帝在沙漠抛弃军用物资，将要逃奔西京。希尹几乎在白水泺南追到辽帝，辽帝率轻装快速的骑兵逃走。希尹全部获得了他内廷仓库的宝物，于是赶到西京。西京投降，使蒲察守卫。希尹到乙室部，没有追上辽帝就回来了。宗翰入朝朝见天子的时候，希尹暂时代理西南、西北两路的都统。

这个时候，夏人已接受盟约，辽帝已经被俘获，耶律大石自己立国，而夏国给娄室文书谴责各将帅背弃盟约，军队进入了他的边界，多有抢掠夺取的。希尹呈上这件文书，并上奏说："听说夏派人相约大石夺取山西各郡，在臣下看来，夏国的盟誓不可信。"皇上说："夏国的事可斟酌情况适当地施行。军队进入他的边境，不知是可信还是不可信。与大石合谋，不可不仔细核查，这件事要严格防备。"

大规模讨伐宋朝的时候，希尹任元帅右监军。再一次讨伐宋朝，俘获两个皇帝归来。回师后，皇帝赐给希尹铁券，除了一般赦免不能宽恕的罪过外，其他都除免不予置问。宗翰讨伐康王，希尹追康王到扬州，康王逃走。希尹后来与宗翰在京师一起朝见皇帝，请求立熙宗为皇位继承人，太宗于是以熙宗为谙班勃极烈。

熙宗即位，希尹为尚书左丞相兼侍中，加开府仪同三司。希尹为相，有大政皆身先执咎。天眷元年，乞致仕，不许，罢为兴中尹。二年，复为左丞相兼侍中，俄封陈王。与宗干共诛宗磐、宗隽。三年，赐希尹诏曰："帅臣密奏，奸状已萌，心在无君，言宣不道。逮燕居而窃议，谓神器以何归，稔于听闻，遂致章败。"遂赐死，并杀右丞萧庆并希尹子同修国史把答、符宝郎漫带。是时，熙宗未有皇子，故嫉希尹者以此言谮之。

皇统三年，上知希尹实无他心，而死非其罪，赠希尹仪同三司、邢国公，改葬之，萧庆银青光禄大夫。天德三年，追封豫王。正隆二年，例降金源郡王。大定十五年，谥贞宪。孙守道、守贞、守能。守道自有传。

【译文】

熙宗即位，希尹为尚书左丞相兼侍中，加官开府仪同三司。希尹为丞相，有大的改正都是自身先行认错。天眷元年，希尹请求退休，皇帝不允许，罢朝职改任兴中尹。二年，重新为左丞相兼侍中，不久封陈王。与宗干共同诛杀宗磐、宗隽。三年，赐希尹诏令说："帅臣秘密上奏说，你奸恶的罪状已经萌生，你心中没有君主，言论宣扬非理。居住在家就偷偷议论，说帝位将归属何人，朕久已听到传闻，现在你终于败露了。"于是赐希尹死，并杀了右丞相萧庆和希尹的儿子同修国史把答、符宝郎漫带。这时，因为熙宗没有皇子，所以嫉妒希尹的人就用这种话来诬陷他。

皇统三年，皇上知道希尹实际没有别的用心，死得非罪，就追赠希尹官仪同三司、邢国公，并且改葬了他，追赠萧庆为银青光禄大夫。天德三年，追封希尹为豫王。正隆二年，按例降为金源郡王。大定十五年，谥希尹号贞宪。孙子守道、守贞、守能。守道自己有传。

宗弼列传

宗弼，本名斡啜，又作兀术，亦作斡出，或作晃斡出，太祖第四子也。

希尹获辽护卫习泥烈，问知辽帝猎鸳鸯泺。都统杲出青岭，宗望、宗弼率百骑与马和尚逐越卢孛古、野里斯等，驰击败之。宗弼矢尽，遂夺辽兵士枪，独杀八人，生获五人，遂审得辽主在鸳鸯泺畋猎，尚未去，可袭取者。

及宗望伐宋，宗弼从军，取汤阴县，降其卒三千人。至御河，宋人已焚桥，不得渡，合鲁索以七十骑涉之，杀宋焚桥军五百人。宗望遣吴孝民先入汴谕宋人，宗弼以三千骑薄汴城，宋上皇出奔，选百骑追之，弗及，获马三千而还。

【译文】

宗弼，原名叫斡啜，又叫兀术，也叫斡出，或者叫晃斡出，是太祖的第四个儿子。

希尹俘获了辽的护卫习泥烈，审问得知辽帝在鸳鸯泺游猎。都统杲出兵青岭，宗望、宗弼率领一百骑兵与马和尚追击越卢孛古、野里斯等，打败了他们。宗弼的箭用完了，就夺过辽兵士的枪，一个人杀死了八个人，生擒了五个人，于是审问得知辽主在鸳鸯泺畋猎还没有离开，可以乘机袭击并抓住他。

宗望讨伐宋朝的时候，宗弼跟随军队，夺取了汤阴县，降服宋兵三千来人。到了御河，宋人已焚烧桥梁，不能渡过，合鲁索带七十名骑兵涉水而过，斩杀宋烧桥的士兵五百来人。宗望派吴孝民先行进入汴京宣谕宋人，宗弼用三千骑兵逼近汴城。宋太上皇出逃，宗弼选一百名骑兵追他，没有追上，获得马三千匹而回。

宗望薨，宗辅为右副元帅，徇地淄、青。宗弼败宋郑宗孟数万众，遂克青州。复破贼将赵成于临朐，大破黄琼军，遂取临朐。宗辅军还，遇敌三万众于河上，宗弼击败之，杀万余人。

诏伐宋康王，宗辅发河北，宗弼攻开德府，粮乏，转攻濮州。前锋乌林答泰欲破王善二十万众，遂克濮州，降旁近五县。攻开德府，宗弼以其军先登，奋击破之。攻大名府，宗弼军复先登，破其城。河北平。

【译文】

宗望去世，宗辅为右副元帅，在淄、青二州攻占土地。宗弼打败了宋郑宗孟的军队好几万人，于是攻克了青州。又在临朐击溃贼将赵成，大破黄琼的军队，夺取了临朐。宗辅军队撤回，在黄河遇到敌军三万人，宗弼打败了他们，斩杀一万多人。

皇帝下令讨伐宋康王，宗辅从河北出发，宗弼攻打开德府，粮食缺乏，转攻濮州。前锋乌林答泰欲打败王善二十万军队，于是攻克濮州，降服旁近五个县。攻打开德府时，宗弼使自己的军队首先登上城墙，奋力打破开德城。攻打大名府时，宗弼的军队又先行登上了城墙，攻破了这座城池。河北平定了。

宋主自扬州奔于江南，宗弼等分道伐之。进兵归德，城中有自西门北门出者，当海复败之。乃绝隍筑道，列炮隍上，将攻之，城中人惧，遂降。先遣阿里、蒲卢浑至寿春，宗弼军继之。宋安抚使马世元率官属出降。进降庐州，再降巢县王善军。当海等破郦琼万余众于和州，遂自和州渡江。将至江宁西二十里，宋杜充率步骑六万来拒战，鹘卢补、当海、迪虎、大抃合击破之。宋陈邦光以江宁府降。留长安奴、斡里也守江宁。使阿鲁补、斡里也别将兵徇地，下太平州、濠州及句容、溧阳等县，溯江而西，屡败张永等兵，杜充遂降。

宗弼自江宁取广德军路，追袭宋主于越州。至湖州，取之。先使阿里、蒲卢浑趋杭州，具舟于钱塘江。宗弼至杭州，官守巨室皆逃去，遂攻杭州，取之。宋主闻杭州不守，遂自越奔明州。宗弼留杭州，使阿里、蒲卢浑以精兵四千袭之。讹鲁补、术列速降越州。大抃破宋周汪军，阿里、蒲卢浑破宋兵三千，遂渡曹娥江，去明州二十五里，大破宋兵，追至其城下。城中出兵，战失利，宋主走入于海。宗弼中分麾下兵，会攻明州，克之。阿里、蒲卢浑泛海至昌国县，执宋明州守赵伯谔，伯谔言“宋主奔温州，将自温州趋福州矣”。遂行海追三百余里，不及，阿里、蒲卢浑乃还。

【译文】

宋帝从扬州出奔江南，宗弼等分道讨伐他。进兵归德时，城中有从西门、北门出来的军队，当海又打败了他们。于是断绝无水的城壕修筑道路，在城壕上架起大炮，将要攻打的时候，城中的人害怕，就投降了。先遣阿里、蒲卢浑到了寿春，宗弼的军队接着开到。宋安抚使马世元率领官属出来投降。接着宗弼降服了庐州，再一次降服了巢县王善的军队。当海等人在和州打败了郦琼一万多军队，于是从和州渡过长江。将要到江宁以西二十里的地方，宋朝杜充率领步兵和骑马将士六万人来阻挡，鹘卢补、当海、迪虎、大抃联合击败了他。宋陈邦光以江宁府投降。留下长安奴、斡里也镇守江宁。派遣阿鲁补、斡里也另外率领军队夺取土地，拿下了太平州、濠州及句容、溧阳等县，沿着长江向西前进，屡次打败张永等人的军队，杜充于是投降。

宗弼从江宁夺取广德军路，在越州追击宋朝皇帝。到了湖州，夺取了这个地方。先派阿里、蒲卢浑奔赴杭州，在钱塘江上准备船只。宗弼到杭州，官守和富户都逃跑了，就攻打杭州，夺取了这个地方。宋帝听说杭州失守，于是从越州逃奔明州。宗弼留在杭州，派遣阿里、蒲卢浑用精兵四千袭击明州。讹鲁补、术列速降服越州，大抃击溃宋周汪的军队，阿里、蒲卢浑打败了宋兵三千人，于是渡曹娥江，离明州二十五里，大破宋兵，追到明州城下。城中出兵，交战失利，宋帝奔逃到海中。宗弼平分手下的士兵，协同攻打明州，打胜了。阿里、蒲卢浑由海上到达昌国县，拘捕了宋明州守官赵伯谔，伯谔说：“宋帝奔逃温州，将从温州奔赴福州。”他们于是走海路追赶了三百多里，没有追上，阿里、蒲卢浑才回来。

宗弼还自杭州，遂取秀州。赤盏晖败宋军于平江，遂取平江。阿里率兵先趋镇江，宋韩世忠以舟师扼江口，宗弼舟小，契丹、汉军没者二百余人，遂自镇江溯流西上。世忠袭之，夺世忠大舟十艘，于是宗弼循南岸，世忠循北岸，且战且行。世忠艨艟大舰数倍宗弼军，出宗弼军前后数里，击柝之声，自夜达旦。世忠以轻舟来挑战，一日数接。将至黄天荡，宗弼乃因老鹳河故道开三十里通秦淮，一日一夜而成，宗弼乃得至江宁。挞懒使移剌古自天长趋江宁援宗弼，乌林答泰欲亦以兵来会，连败宋兵。

宗弼发江宁，将渡江而北。宗弼军渡自东，移剌古渡自西，与世忠战于江渡。世忠分舟师绝江流上下，将左右掩击之。世忠舟皆张五緉，宗弼选善射者，乘轻舟，以火箭射世忠舟上五緉，五緉著火箭，皆自焚，烟焰满江，世忠不能军，追北七十里，舟军歼焉，世忠仅能自免。

【译文】

宗弼从杭州撤回，夺取了秀州。赤盏晖在平江打败宋军，于是夺取了平江。阿里率兵先行奔赴镇江，宋韩世忠以船队扼守着长江口，宗弼的船小，契丹、汉军淹死了有二百多人，于是从镇江逆江水向西行。世忠攻打他们，被宗弼夺取了大船十艘，于是宗弼沿着南岸，世忠沿着北岸，一边战斗一边行进。世忠的战船大舰比宗弼的军队多好几倍，出没在宗弼军的前后数里，敲打木梆的声音从夜晚一直响到天亮。世忠用轻便的船来挑战，一天好几次相遭遇。将要到黄天荡的时候，宗弼沿着老鹳河的故道打通了三十里通秦淮河，一天一宿就完成了，他才得以到了江宁。挞懒派遣移剌古从天长奔赴江宁援助宗弼，乌林答泰欲也带兵前来会合，连连击败宋兵。

宗弼自江宁出发，要渡长江向北去。宗弼的军队从东渡，移剌古的军队从西渡，与世忠战于长江渡口。世忠分船队断绝了上下游，准备从左右乘虚攻打。世忠的每条船上都摆放有五双草鞋，宗弼挑选善于射箭的，乘着轻快的小船，用火箭射世忠船上的草鞋，草鞋被火箭击中，都自己燃烧起来，烟焰满江，世忠不能成军，败退七十里，舟师被消灭，韩世忠仅仅能够自免一死。

宗弼渡江北还，遂从宗辅定陕西。与张浚战于富平，宗弼陷重围中，韩常流矢中目，怒拔去其矢，血淋漓，以土塞创，跃马奋呼搏战，遂解围，与宗弼俱出。既败张浚军于富平，遂与阿卢补招降熙河、泾原两路。及攻吴玠于和尚原，抵险不可进，乃退军，伏兵起，且战且走，行三十里，将至平地，宋军阵于山口，宗弼大败，将士多战没。明年，复攻和尚原，克之。天会十五年，为右副元帅，封沈王。

天眷元年，挞懒、宗磐执议以河南之地割赐宋，诏遣张通古等奉使江南。明年，宋主遣端明殿学士韩肖胄奉表谢，遣王伦等乞归父丧及母韦氏兄弟。宗弼自军中入朝，进拜都元帅。宗弼察挞懒与宋人交通赂遗，遂以河南、陕西与宋，奏请诛挞懒，复旧疆。是时，宗磐已诛，挞懒在行台，复与鹘懒谋反。会置行台于燕京，诏宗弼为太保，领行台尚书省，都元帅如故，往燕京诛挞懒。挞懒自燕京南走，将亡入于宋，追至祁州，杀之。

【译文】

宗弼渡过长江北还，于是跟从宗辅平定陕西。与张浚在富平交战，宗弼陷于重重包围之中。韩常被乱飞的箭射中眼睛，他愤怒地拔去箭，鲜血淋漓，就用土堵塞伤口，飞马大喊着与敌人格斗，于是解除了包围，与宗弼一起撤出。在富平打败了张浚的军队之后，就与阿卢补招降熙河、泾原两路。在和尚原攻打吴玠的时候，遇到险阻不能前进，于是退军，谁知伏兵出现，只好边战边走，走了三十里，将要到平地的时候，遇宋军在山口列阵待机，宗弼大败，将官和士兵多战死。第二年，又攻打和尚原，取得了胜利。天会十五年，宗弼任右副元帅，封沈王。

天眷元年，挞懒、宗磐坚持把河南割赐给宋朝，皇帝派张通古等出使江南。第二年，宋帝派端明殿学士韩肖胄献表致谢，派遣王伦等请求归还父亲的殡丧及母亲韦氏兄弟。宗弼从军队中入朝，进拜为都元帅。宗弼了解到挞懒与宋人往来、互赠礼物、接受贿赂，把河南、陕西送给宋，就上奏请求斩杀挞懒，恢复原来的疆域。这个时候，宗磐已处斩，挞懒在行台，又与鹘懒谋划反叛。恰好在燕京设置行台，皇帝命宗弼为太保，统领行台尚书省，都元帅仍旧，前往燕京诛杀挞懒。挞懒从燕京南逃，将要逃入宋境的时候，宗弼追到祁州，杀了他。

诏"诸州郡军旅之事，决于帅府。民讼钱谷，行台尚书省治之"。宗弼兼总其事，遂议南伐。太师宗干以下皆曰："构蒙再造之恩，不思报德，妄自鸱张，祈求无厌，今若不取，后恐难图。"上曰："彼将谓我不能奄有河南之地。且都元帅久在方面，深究利害，宜即举兵讨之。”遂命元帅府复河南疆土，诏中外。

宗弼由黎阳趋汴，右监军撒离喝出河中趋陕西。宋岳飞、韩世忠分据河南州郡要害，复出兵涉河东，驻岚、石、保德之境，以相牵制。宗弼遣孔彦舟下汴、郑两州，王伯龙取陈州，李成取洛阳，自率众取亳州及顺昌府，嵩、汝等州相次皆下。时暑，宗弼还军于汴，岳飞等军皆退去，河南平，时天眷三年也。上使使劳问宗弼以下将士，凡有功军士三千，并加忠勇校尉。攻岚、石、保德皆克之。

【译文】

皇帝下令：“各州郡的军旅之事，决定于元帅府。民间诉讼及钱谷之事，由行台尚书省治理。”宗弼兼任总掌其事，于是商议南伐。太师宗干以下的官员都说：“赵构承蒙再造的恩德，不想报德，妄自嚣张，祈求没有个满足，现在要是不取缔他，以后恐怕就难以图谋了。”皇上说：“他们将说我们不能占有河南这块地方。况且都元帅长久独当一面，深深推寻过利与害，应该马上举兵讨伐他们。”于是命令元帅府恢复河南的疆土，并将皇帝的命令宣示朝廷内外。

宗弼从黎阳奔赴汴京，右监军撒离喝从河中出兵奔陕西。宋朝岳飞、韩世忠分别据守着河南州郡的要害之处，又出兵经河东，驻扎在岚州、石州、保德的边境，以此互相牵制。宗弼派孔彦舟攻下汴、郑两州，王伯龙攻取陈州，李成攻取洛阳。自己率领军队攻取亳州及顺昌府，嵩、汝等州相继被攻下。当时正热，宗弼退还军队到汴京，岳飞等人的军队都已退走，河南平定，那时是天眷三年。皇上派使者慰劳抚问宗弼以下的将官和士兵，有功劳的军士三千人，全都加官忠勇校尉。攻打岚州、石州、保德州的军队全都取得了胜利。

宗弼入朝，是时，上幸燕京，宗弼见于行在所。居再旬，宗弼还军，上起立酌酒饮之，赐以甲胄弓矢及马二匹。宗弼已启行四日，召还。至日，希尹诛。越五日，宗弼还军，进伐淮南，克庐州。

上幸燕京。宗弼朝燕京，乞取江南，上从之。制诏都元帅宗弼比还军与宰臣同入奏事。俄为尚书左丞相兼侍中，太保、都元帅、领行台如故。诏以燕京路隶尚书省，西京及山后诸部族隶元帅府。乃还军，遂伐江南。既渡淮，以书责让宋人，宋人答书乞加宽宥。宗弼令宋主遣信臣来禀议，宋主乞"先敛兵，许敝邑拜表阙下"，宗弼以便宜约以画淮水为界。上遣护卫将军撒改往军中劳之。

【译文】

宗弼入朝，当时，皇帝巡幸燕京，宗弼在行在拜见了皇帝。宗弼住了二十天，打算返回军队，皇上起立斟酒给他喝，赏赐给甲胄、弓箭和马两匹。宗弼已经启程走了四天，皇帝又把他召回。宗弼到的那天，希尹被杀。过了五天，宗弼回到军队，进军讨伐淮南，攻克庐州。

皇上巡幸燕京。宗弼到燕京朝见，请求攻取江南，皇上听从了这一主意。皇帝下令都元帅宗弼等到回军之后与宰辅大臣一同入朝奏事。不久宗弼为尚书左丞相兼侍中，太保、都元帅、统领行台职务仍旧。皇帝下令燕京路隶属尚书省，西京及山后各部族隶属元帅府。宗弼回到军队，随即讨伐江南。渡过淮河之后，宗弼发文书责难宋人，宋人回信请求予以宽恕。宗弼命令宋帝派遣可靠的大臣前来禀告商议，宋帝请求："先收兵，允许敝邑拜表阙下。"宗弼以不奏禀可自行处理的特权与宋人相约划淮水为边界。皇上派护卫将军撒改到军队中慰劳他们。

皇统二年二月，宗弼朝京师，兼监修国史。宋主遣端明殿学士何铸等进誓表，其表曰："臣构言，今来画疆，合以淮水中流为界，西有唐、邓州割属上国。自邓州四十里并南四十里为界，属邓州。其四十里外并西南尽属光化军，为敝邑。沿边州城，既蒙恩造，许备藩方，世世子孙，谨守臣节。每年皇帝生辰并正旦，遣使称贺不绝。岁贡银、绢二十五万两、匹，自壬戌年为首，每春季差人般送至泗州交纳。有渝此盟，明神是殛，坠命亡氏，踣其国家。臣今既进誓表，伏望上国蚤降誓诏，庶使敝邑永有凭焉。"

宗弼进拜太傅。乃遣左宣徽使刘筈使宋，以衮冕圭宝珮璲玉册册康王为宋帝。其册文曰："皇帝若曰：咨尔宋康王赵构。不吊，天降丧于尔邦，亟渎齐盟，自贻颠覆，俾尔越在江表。用勤我师旅，盖十有八年于兹。朕用震悼，斯民其何罪。今天其悔祸，诞诱尔衷，封奏狎至，愿身列于藩辅。今遣光禄大夫、左宣徽使刘筈等持节册命尔为帝，国号宋，世服臣职，永为屏翰。呜呼钦哉，其恭听朕命。”仍诏天下。赐宗弼人口牛马各千、驼百、羊万，仍每岁宋国进贡内给银、绢二千两、匹。

【译文】

皇统二年二月，宗弼赴京师朝见，兼任监修国史。宋帝派遣端明殿学士何铸等进奏誓表，表文说：“臣构禀奏：今来划分疆界，以淮水中流为界限比较合适，界西有唐州、邓州割属给贵国。从邓州以西四十里并向南四十里为界限，属于邓州。在这四十里以外和西南全部属于光化军，属于敝邑。沿边界的州城，既已承蒙恩造，请允许为一方藩属，世世子孙，谨慎地恪守为臣的操守。每年皇帝的生辰以及正月旦日，派遣使臣称贺不绝。每年贡献银、绢二十五万两、匹，从壬戌年为开始，每年春季派人搬送到泗州交纳。有违背这个盟约的，明神即加诛戮，丢性命亡家族，颠覆他的国家。臣今天既已奏进誓表，俯首待望贵国早早降下誓诏，希望使敝邑永远有个凭据。”

宗弼晋升拜任为太傅。于是派左宣徽使刘筈出使宋朝，用衮冕、圭宝、珮璲、玉册册封康王为宋朝的皇帝。册文说：“皇帝说：宋康王赵构听命。你没有善心，天给你的国家降下了死亡，你多次背弃两国的盟约，自己招致颠覆，使你流落在大江以南，让我的军队受辛劳，到现在大概十又八年了。使我震惊悲伤，这里的老百姓有什么罪？现今皇天不愿再有祸乱，宽大地诱导你的忠诚，才使你密缄的奏章常常送来，愿意自身列为藩辅之国。今派遣光禄大夫、左宣徽使刘筈等拿着符节册命你为皇帝，国号为宋，世世履行为臣的职守，永远为大国的屏藩。一定要谨慎啊，你要恭敬地听取我的命令。”皇帝把这件事诏告了天下。赏赐给宗弼人口、牛马各一千，骆驼一百，羊一万，还从每年宋国进贡的岁币之内给银、绢两千两、匹。

宗弼表乞致仕，不许，优诏答之，赐以金券。皇统七年，为太师，领三省事，都元帅、领行台尚书省事如故。皇统八年，薨。大定十五年，谥忠烈，十八年，配享太宗庙廷。子孛迭。

赞曰：宗弼蹙宋主于海岛，卒定画淮之约。熙宗举河南、陕西以与宋人，矫而正之者，宗弼也。宗翰死，宗磐、宗隽、挞懒湛溺富贵，人人有自为之心，宗干独立，不能如之何，时无宗弼，金之国势亦曰殆哉。世宗尝有言曰："宗翰之后，惟宗弼一人。"非虚言也。

【译文】

宗弼上表请求退休，皇帝不允许，对他特别优待，用诏书回答了他，赏赐给金券。皇统七年，宗弼任太师，领三省事，都元帅、领行台尚书省事仍旧。他在皇统八年去世。大定十五年，谥称忠烈，十八年，陪位太宗庙廷分享祭祀。儿子叫孛迭。

评论说：宗弼在海岛逼迫宋朝皇帝，终于定立了划淮为界的盟约。熙宗把河南、陕西送给宋人，纠正这一过错的人，就是宗弼。宗翰死后，宗磐、宗隽、挞懒等人深深沉溺于富贵，人人有为自己打算的私心，宗干只是不同流合污，不能对他们这些人怎么样，当时没有宗弼，金朝的国势也可以说危险了。世宗曾有话说："宗翰之后，只有宗弼一个人。"不是虚妄的话啊。

〔元史〕

太祖本纪

太祖法天启运圣武皇帝，讳铁木真，姓奇渥温氏，蒙古部人。

其十世祖孛端叉儿，母曰阿兰果火，嫁脱奔咩哩犍，生二子，长曰博寒葛答黑，次曰博合睹撒里直。既而夫亡，阿兰寡居，夜寝帐中，梦白光自天窗中入，化为金色神人，来趋卧榻。阿兰惊觉，遂有娠，产一子，即孛端叉儿也。孛端叉儿状貌奇异，沉默寡言，家人谓之痴。独阿兰语人曰："此儿非痴，后世子孙必有大贵者。"阿兰没，诸兄分家赀不及之。孛端叉儿曰："贫贱富贵，命也，赀财何足道。"独乘青白马，至八里屯阿懒之地居焉。食饮无所得，适有苍鹰搏野兽而食，孛端叉儿以缗设机取之，鹰即驯狎。乃臂鹰猎兔禽以为膳，或阙即继，似有天相之。居数月，有民数十家自统急里忽鲁之野逐水草来迁，孛端叉儿结茅与之居，出入相资，自此生理稍足。一日，仲兄忽思之，曰："孛端叉儿独出而无赍，近者得无冻馁乎？"即自来访，邀与俱归。孛端叉儿中路谓其兄曰："统急里忽鲁之民无所属附，若临之以兵，可服也。"兄以为然。至家，即选壮士，令孛端叉儿帅之前行，果尽降之。

【译文】

太祖法天启运圣武皇帝，名铁木真，姓奇渥温氏，蒙古部人。

太祖的十世祖名叫孛端叉儿。他的母亲阿兰果火，嫁给脱奔咩哩犍，生有两个儿子，长子名博寒葛答黑，次子名博合睹撒里直。既而丈夫去世，阿兰成为寡妇独自居住，晚上在帐房中睡，梦见白光从帐房的天窗中进来，变成金色的神人，来到她躺着的床边。阿兰惊醒过来，便怀孕了，生下一个儿子，就是孛端叉儿。孛端叉儿的相貌很奇怪，沉默寡言，家中人都说他笨。只有阿兰跟其他人说："这个孩子不笨，他的后代子孙中一定有大贵人。"阿兰去世，兄长们把财产分了，没有分给孛端叉儿。孛端叉儿说："人的贫贱富贵，都是命里注定的，财产算得了什么。”独自骑着一匹青白马，到名叫八里屯阿懒的地方住了下来。得不到饮食，正好有鹰抓取野兽在吃，孛端叉儿便用绳子做成机关擒住了它，这头鹰很快便被驯服了。于是便臂上架鹰猎取兔子和鸟类作为食物，有时食物缺少立即又有所获，似乎天在保佑他。这样过了几个月，有数十家百姓从统急里忽鲁的旷野追随水草迁到当地，孛端叉儿盖造简陋的房屋给他们住，进出互相帮助，因此生活还算过得去。有一天，二哥忽然想起他，说：“孛端叉儿独自出去没有带什么东西，近来会不会挨冻受饥呢？”立即前来访问，要他一起回去。半路上孛端叉儿对他的哥哥说：“统急里忽鲁的百姓没有隶属于他人，如果用武力来加以威胁，是会屈服的。”哥哥以为有道理。回家以后，立即选派强壮的战士，命令孛端叉儿带领前去，果然全都投降了。

孛端叉儿殁，子八林昔黑剌秃合必畜嗣，生子曰咩撚笃敦。咩撚笃敦妻曰莫挐伦，生七子而寡。莫挐伦性刚急。时押剌伊而部有群小儿掘田间草根以为食，莫挐伦乘车出，适见之，怒曰：“此田乃我子驰马之所，群儿辄敢坏之邪。”驱车径出，辗伤诸儿，有至死者。押剌伊而忿怨，尽驱莫挐伦马群以去。莫挐伦诸子闻之，不及被甲，往追之。莫挐伦私忧曰：“吾儿不甲以往，恐不能胜敌。”令子妇载甲赴之，已无及矣。既而果为所败，六子皆死。押剌伊而乘胜杀莫挐伦，灭其家。惟一长孙海都尚幼，乳母匿诸积木中，得免。先是，莫挐伦第七子纳真，于八剌忽民家为赘婿，故不及难。闻其家被祸，来视之，见病妪十数与海都尚在，其计无所出。幸驱马时，兄之黄马三次掣套竿逸归，纳真至是得乘之。乃伪为牧马者，诣押剌伊而。路逢父子二骑先后行，臂鹰而猎。纳真识其鹰，曰：“此吾兄所擎者也。”趋前绐其少者曰：“有赤马引群马而东，汝见之乎？”曰：“否。”少者乃问曰：“尔所经过有凫雁乎？”曰：“有。”曰：“汝可为吾前导乎？”曰：“可。”遂同行。转一河隈，度后骑相去稍远，刺杀之。絷马与鹰，趋迎后骑，绐之如初。后骑问曰：“前射凫雁者吾子也，何为久卧不起耶？”纳真以鼻衄对。骑者方怒，纳真乘隙刺杀之。复前行至一山下，有马数百，牧者唯童子数人，方击髀石为戏。纳真熟视之，亦兄家物也。绐问童子，亦如之。于是登山四顾，悄无来人，尽杀童子，驱马臂鹰而还，取海都并病妪，归八剌忽之地止焉。海都稍长，纳真率八剌忽怯谷诸民，共立为君。海都既立，以兵攻押剌伊而，臣属之，形势浸大。列营帐于八剌合黑河上，跨河为梁，以便往来。由是四傍部族归之者渐众。

【译文】

孛端叉儿死，其子八林昔黑剌秃合必畜继承家世，生下儿子名叫咩撚笃敦。咩撚笃敦的妻子叫作莫挐伦，生下七个儿子后成为寡妇。莫挐伦的脾气刚强而急躁，当时押剌伊而部有一群孩子挖掘田间的草根作为食物，莫挐伦乘车出门，正好看见，发怒说："这块土地是我儿子跑马的地方，这群孩子胆敢破坏吗？"赶车前去，将一群孩子辗伤，有的因此而死。押剌伊而人愤怒怨恨，将莫挐伦的马群全都赶走。莫挐伦的儿子们听到这一消息，来不及穿上铠甲，便追上去。莫挐伦私下感到忧虑说："我的儿子不穿铠甲前去，恐怕不能战胜敌人。"便叫儿媳妇载着铠甲前去，已经来不及了。果然吃了败仗，六个儿子都战死。押剌伊而人乘胜杀死莫挐伦，把全家都杀光。只有长孙海都年纪还小，奶妈将他藏在一堆木头中，才得免于难。在此以前莫挐伦第七个儿子纳真在八剌忽的百姓家中当上门女婿，因此灾难发生时与他无关。他听说家中遭遇大祸，前来察看，只见十几位有病的老年妇女与海都还在，他不知怎么办才好。幸亏押剌伊而人驱赶马群时，纳真哥哥的黄马三次摆脱套竿逃了回来，纳真才得到马骑。于是便伪装成牧马人，前往押剌伊而人住处。路上碰到父子二人先后骑马行驰，臂上架着鹰打猎。纳真看见鹰，心中说："这正是我哥哥常常托着的鹰。"赶上前去哄骗年少的儿子说："有一匹红马带领一群马往东去了，你看见了吗？"少年回答说："没有。"接着少年问："你经过的地方有水鸟吗？"纳真说："有。"少年说："你能当我们向导吗？"纳真说："可以。"于是便同行。转过一处河弯，纳真估计后面骑马人距离稍远，便将少年刺死。他将马匹与鹰用绳捆住，然后前去迎接后面的骑手，同样加以哄骗。后面的骑手问道："前面射水鸟的是我的儿子，为什么老躺着不起来呢？"纳真回答说因为鼻子出血。骑手正要发怒，纳真利用这一空子将他刺死。又向前去到一座山下，有几百匹马，放牧的只有几个孩子，正在拿动物的骨关节做游戏。纳真仔细看，也是哥哥家中的东西。用话向孩子们套问，也像先前一样。于是爬上山顶四面张望，到处静悄悄没有人影，他便将孩子们全都杀死，驱赶马群架着鹰回来，带上海都和有病的老年妇女，一起回到八剌忽地方住下。海都长大了，纳真率领八剌忽怯谷的百姓们拥立他为首领。海都当上首领后，攻打押剌伊而，使之成为自己的属民，势力逐渐壮大。他的营帐排列在八剌合黑河边，在河上造起了桥梁，便于往来。由此周围的部族前来归附的日益增多。

海都殁，子拜姓忽儿嗣。拜姓忽儿殁，子敦必乃嗣。敦必乃殁，子葛不律寒嗣。葛不律寒殁，子八哩丹嗣。八哩丹殁，子也速该嗣，并吞诸部落，势愈盛大。也速该崩，至元三年十月，追谥烈祖神元皇帝。

初，烈祖征塔塔儿部，获其部长铁木真。宣懿太后月伦适生帝，手握凝血如赤石。烈祖异之，因以所获铁木真名之，志武功也。

族人泰赤乌部旧与烈祖相善，后因塔儿不台用事，遂生嫌隙，绝不与通。及烈祖崩，帝方幼冲，部众多归泰赤乌。近侍有脱端火儿真者亦将叛，帝自泣留之。脱端曰："深池已乾矣，坚石已碎矣，留复何为！"竟帅众驰去。宣懿太后怒其弱己也，麾旗将兵，躬自追叛者，驱其太半而还。

【译文】

海都死，儿子拜姓忽儿继位。拜姓忽儿死，儿子敦必乃继位。敦必乃死，儿子葛不律寒继位。葛不律寒死，儿子八哩丹继位。八哩丹死，儿子也速该继位，吞并各部落，势力愈来愈大。也速该死，至元三年十月，追谥烈祖神元皇帝。

当初，也速该出征塔塔儿部，捉住了塔塔儿部的首领铁木真。这时正好宣懿太后月伦生下太祖，手中握着凝固的血块如同红色石头一般。也速该很奇怪，便以抓住的俘虏铁木真为之命名，用来纪念自己的军事胜利。

同族的泰赤乌部原来和也速该关系很好，后来因为塔塔儿不台管事，便产生了隔阂，互不往来。也速该死时，太祖年纪还小，部众大多归附泰赤乌部。侍从脱端火儿真也要叛变，太祖哭着挽留他。脱端说："深深的池水已经干涸了，坚硬的石头已经碎裂了，留下干什么！"竟然带着众人骑马离去。太后月伦对于他看不起自己感到愤怒，亲自打着旗带着兵追上前去，将大部分企图叛变的部众追了回来。

时帝麾下搠只别居萨里河。札木合部人秃台察儿居玉律哥泉，时欲相侵凌，掠萨里河牧马以去。搠只麾左右匿群马中，射杀之。札木合以为怨，遂与泰赤乌诸部合谋，以众三万来战。帝时驻军答阑版朱思之野，闻变，大集诸部兵，分十有三翼以俟。已而札木合至，帝与大战，破走之。

当是时，诸部之中，唯泰赤乌地广民众，号为最强。其族照烈部，与帝所居相近。帝尝出猎，偶与照烈猎骑相属，帝谓之曰："今夕可同宿乎？"照烈曰："同宿固所愿，但从者四百，因糗粮不具，已遣半还矣，今将奈何？"帝固邀与宿，凡其留者，悉饮食之。明日再合围，帝使左右驱兽向照烈，照烈得多获以归。其众感之，私相语曰："泰赤乌与我虽兄弟，常攘我车马，夺我饮食，无人君之度。有人君之度者，其惟铁木真太子乎？"照烈之长玉律，时为泰赤乌所虐，不能堪，遂与塔海答鲁领所部来归，将杀泰赤乌以自效。帝曰："我方熟寐，幸汝觉我，自今车辙人迹之途，当尽夺以与汝矣。"已而二人不能践其言，复叛去。塔海答鲁至中路，为泰赤乌部人所杀，照烈部遂亡。

【译文】

当时太祖部下的搠只另外居住在萨里河。札木合部的秃合察儿居住在玉律哥泉，时常想要加以欺侮，终于将萨里河放牧的马群抢走。搠只指挥身边的人藏在马群中，将秃合察儿射死。札木合因此产生怨恨，便和泰赤乌各部共同商议，发动三万人前来打仗。太祖这时屯驻在答阑版朱思草原上，听到消息后，大规模征集各部的军队，分成十三翼等待对方的到来。后来札木合的军队果然前来，太祖和他们激烈交锋，终于将对方打败。

在那个时候，各部之中只有泰赤乌的土地广大人口众多，号称最强大。泰赤乌部中的照烈部，住处与太祖相接近。太祖有一次出去打猎，偶然和照烈的打猎队伍相遇。太祖对照烈说："今天晚上可以在一起宿营吗？"照烈说："一起宿营当然是我的愿望，但是跟从出来打猎的有四百人，因为带的食物不够，已经让一半回去了，现在将怎么办才好？"太祖坚持邀请他们一同宿营，凡是留下的，一概供应饮食。第二天一起打猎，太祖让身边的人将野兽都赶到照烈一方，照烈得到许多猎物回去。他的部众都感激太祖，私下里相互说："泰赤乌和我们虽是兄弟，却常常抢我们的车马，夺我们的饮食，没有君主的度量。有君主度量的，看来只有铁木真太子了。"照烈的首领玉律这时正遭到泰赤乌部的虐待，难以忍受，便和塔海答鲁带领部众来归，愿意以杀泰赤乌人来表示自己的诚心。太祖说："我正在熟睡，幸亏你们使我醒过来了，自今以后凡是有车辙和人行痕迹的道路，我将全部夺过来给你们。"没有多久二人不能实践自己的诺言，又叛变离去。塔海答鲁行至中途被泰赤乌部众所杀，照烈部就此灭亡了。

时帝功德日盛，泰赤乌诸部多苦其主非法，见帝宽仁，时赐人以裘马，心悦之。若赤老温、若哲别、若失力哥也不干诸人，若朵郎吉、若札剌儿、若忙兀诸部，皆慕义来降。

帝会诸族薛彻、大丑（及薛彻别吉）等，各以旄车载湩酪，宴于斡难河上。帝与诸族及薛彻别吉之母忽儿真之前，共置马湩一革囊；薛彻别吉次母野别该之前，独置一革囊。忽儿真怒曰："今不尊我，而贵野别该乎？"疑帝之主膳者失丘儿所为，遂笞之。于是颇有隙。时皇弟别里古台掌帝乞列思事。播里掌薛彻别吉乞列思事。播里从者因盗去马靷，别里古台执之。播里怒斫别里古台，伤其背。左右欲斗，别里古台止之，曰："汝等欲即复雠乎？我伤幸未甚，姑待之。"不听，各持马乳橦疾斗，夺忽儿真、火里真二哈敦以归。薛彻别吉遣使请和，因令二哈敦还。会塔塔儿部长蔑兀真笑里徒背金约，金主遣丞相完颜襄帅兵逐之北走。帝闻之，发近兵自斡难河迎击，仍谕薛彻别吉帅部人来助。候六日不至，帝自与战，杀蔑兀真笑里徒，尽虏其辎重。

【译文】

这时太祖的功业与德行愈来愈盛，泰赤乌各部对于他们首领的暴虐行为深感痛苦，看到太祖待人宽厚仁爱，经常拿皮衣和马匹赏赐给别人，心中都很向往。像赤老温、哲别、失力哥也不干等人，以及朵郎吉、札剌儿、忙兀诸部，都仰慕太祖的恩义，前来投降。

太祖约会各族首领薛彻别吉、大丑等，各自用牛车载着马奶和奶酪，在斡难河边举行宴会。太祖和各族首领以及薛彻别吉的母亲忽儿真面前，共同放着一皮囊马奶，而薛彻别吉的次母野别该面前，却单独放着一个皮囊。忽儿真发怒说："现在不尊敬我，却要抬高野别该吗？"怀疑是太祖手下管理饮食的失丘儿干的事，就揍他，这样便产生了隔阂。这时太祖兄弟别里古台负责管理太祖的乞列思（乞列思，用汉语来说就是君主营帐外面系马的场所），播里管理薛彻别吉的乞列思。播里手下人偷盗马车用的革带，被别里古台抓住。播里发怒，用刀砍伤别里古台的背。手下人要打架，别里古台制止他们说："你们要报仇吗？我伤得不重，姑且等一等再说。"手下人不听，各自拿着撞马奶的木棒大打出手，将忽儿真、火里真两位夫人抢了回来。薛彻别吉派遣使者请求和好，太祖便让两位夫人回去。恰好塔塔儿部首领蔑兀真笑里徒违背与金朝之间的盟约，金朝皇帝派丞相完颜襄带领军队将他们驱赶到北方。太祖听说此事，便派遣近处的军队从斡难河迎头痛击塔塔儿部，又通知薛彻别吉带部众前来相助。等了六天不来，太祖独自与塔塔儿部作战，杀死蔑兀真笑里徒，将他们的全部辎重全都缴获了。

帝之麾下有为乃蛮部人所掠者，帝欲讨之，复遣六十人征兵于薛彻别吉。薛彻别吉以旧怨之故，杀其十人，去五十人衣而归之。帝怒曰："薛彻别吉曩笞我失丘儿，斫伤我别里古台，今又敢乘敌势以陵我耶！"因帅兵逾沙碛攻之，杀虏其部众，唯薛彻、大丑仅以妻孥免。越数月，帝复伐薛彻、大丑，追至帖烈徒之隘，灭之。

克烈部札阿绀孛来归。札阿绀孛者，部长汪罕之弟也。汪罕名脱里，受金封爵为王，番言音重，故称王为汪罕。

【译文】

太祖的部下有人遭到乃蛮部人抢劫，太祖准备加以讨伐，又派六十人到薛彻别吉处去征兵。薛彻别吉因为过去的怨仇，将其中的十人杀死，剥去其余五十人的衣服让他们回来。太祖发怒说："薛彻别吉过去揍我的失丘儿，砍伤我的别里古台，现在又敢利用敌人的势力来欺侮我。"于是便统率军队越过沙漠发起进攻，杀死和俘虏了他的部众，只有薛彻别吉和大丑带着妻儿得免此难。过了几个月，太祖又发兵讨伐薛彻别吉和大丑，追到帖烈徒隘口，将他们歼灭。

克烈部的札阿绀孛前来归附。札阿绀孛是克烈部首领汪罕的弟弟。汪罕原名脱里，金朝封他为王，北方民族语音重，所以称王为汪罕。

初，汪罕之父忽儿札胡思盃禄既卒，汪罕嗣位，多杀戮昆弟。其叔父菊儿〔罕〕帅兵与汪罕战，逼于哈剌温隘败之；仅以百余骑脱走，奔于烈祖。烈祖亲将兵逐菊儿〔罕〕走西夏，复夺部众归汪罕。汪罕德之，遂相与盟，称为按答。烈祖崩，汪罕之弟也力可哈剌，怨汪罕多杀之故，复叛归乃蛮部。乃蛮部长亦难赤为发兵伐汪罕，尽夺其部众与之。汪罕走河西、回鹘、回回三国，奔契丹。既而复叛归，中道粮绝，捋羊乳为饮，刺橐驼血为食，困乏之甚。帝以其与烈祖交好，遣近侍往招之。帝亲迎抚劳，安置军中振给之。遂会于土兀剌河上，尊汪罕为父。

未几，帝伐蔑里乞部，与其部长脱脱战于莫那察山，遂掠其资财、田禾，以遗汪罕。汪罕因此部众稍集。

居亡何，汪罕自以其势足以有为，不告于帝，独率兵复攻蔑里乞部。部人败走，脱脱奔八儿忽真之隘。汪罕大掠而还，于帝一无所遗，帝不以屑意。

【译文】

起初，汪罕的父亲忽儿札胡思盃禄去世，汪罕嗣位，杀死不少自己的兄弟。他的叔父菊儿罕带着军队与他作战，追逼到哈剌温隘将他打败，汪罕只剩下一百多名骑兵逃脱，投奔烈祖也速该。也速该亲自带兵将菊儿罕赶走，菊儿罕逃往西夏，也速该夺回部众还给汪罕。汪罕感恩戴德，就与也速该结盟，称为按答（按答，汉语是交换物品的朋友）。也速该死，汪罕的弟弟也力可哈剌怨恨汪罕杀人太多，又叛离了他，投向乃蛮部。乃蛮部首领亦难赤为之发兵讨伐汪罕，将他的部众都夺过来给了也可力哈剌。汪罕经过河西、回鹘、回回三国，投奔契丹。接着又叛变逃回，途中粮食没有了，挤羊奶为饮料，拉出骆驼血来吃，困乏到了极点。太祖因为汪罕与烈祖也速该之间交情很好，派遣侍从去招他。太祖亲自迎接慰劳，安置于军中，给他资助。于是在土兀剌河边聚会，太祖遵汪罕为父。

没过多久，太祖讨伐蔑里乞部，与蔑里乞部的首领脱脱在莫那察山交战，夺得他们的资财、粮食，送给汪罕。汪罕因此逐步将部众收集起来。

又过了一些日子，汪罕以为自己势力壮大，足以有所作为，没有告诉太祖，独自领兵又去攻打蔑里乞部，对方败走，脱脱逃往八儿忽真的险要之地。汪罕大肆抢掠然后回来，没有给太祖一点东西，太祖根本不在意。

会乃蛮部长不（鲁欲）〔欲鲁〕罕不服，帝复与汪罕征之，至黑辛八石之野，遇其前锋也的脱孛鲁者，领百骑来战，见军势渐逼，走据高山，其马鞍转坠，擒之。曾未几何，帝复与乃蛮骁将曲薛吾撒八剌二人遇，会日暮，各还营垒，约明日战。是夜，汪罕多燃火营中，示人不疑，潜移部众于别所。及旦，帝始知之，因颇疑其有异志，退师萨里河。既而汪罕亦还至土兀剌河，汪罕子亦剌合及札阿绀孛来会。曲薛吾等察知之，乘其不备，袭虏其部众于道。亦剌合奔告汪罕，汪罕命亦剌合与卜鲁忽䴙共追之，且遣使来曰："乃蛮不道，掠我人民，太子有四良将，能假我以雪耻乎？"帝顿释前憾，遂遣博尔术、木华黎、博罗浑、赤老温四人，帅师以往。师未至，亦剌合已追及曲薛吾，与之战，大败，卜鲁忽䴙成擒。流矢中亦剌合马胯，几为所获。须臾四将至，击乃蛮走，尽夺所掠归汪罕。已而与皇弟哈撒儿再伐乃蛮，拒斗于忽阑盏侧山，大败之，尽杀其诸将族众，积尸以为京观。乃蛮之势遂弱。

时泰赤乌犹强，帝会汪罕于萨里河，与泰赤乌部长沆忽等大战斡难河上，败走之，斩获无算。

【译文】

这时乃蛮部首领不欲鲁罕不服，太祖与汪罕又发兵讨伐。到黑辛八石的旷野，遇到乃蛮的前锋也的脱孛鲁带领一百骑兵前来作战，看到太祖的军队逐渐逼近，也的脱孛鲁退到高山上据守，途中因马鞍脱落而掉了下来，太祖抓住了他。没有多久，太祖又与乃蛮的猛将曲薛吾、撒八剌二人相遇，正好这一天时间已晚，于是约定明日交战，各回自己的营垒。当天晚上，汪罕在营垒中到处点火，使人不怀疑他有什么动作，实际上偷偷将部众转移到其他地方。等到天亮，太祖才发现，因而怀疑他打有别的主意，也带着军队退到萨里河。接着汪罕也回到土兀剌河，汪罕的儿子亦剌合和札阿绀孛都来会合。曲薛吾等侦察到这种情况，乘其不备，在半路上加以袭击，俘虏了不少人。亦剌合逃走告诉汪罕，汪罕命令亦剌合和卜鲁忽鹏一起追上前去，一面派人来说："乃蛮不讲信义，抢掠我的百姓，太子您有四名优秀将领，能借给我洗雪这番耻辱吗？"太祖立即消除了以前的不满，派遣博尔术、木华黎、博罗浑、赤老温四人带军队前去。军队还没有到，亦剌合已经追上曲薛吾，与他交锋，结果大败，卜鲁忽鹏也被俘。飞箭射中了亦剌合的马股，差一点也成了俘虏。一会儿四将来到，打败乃蛮，将他们抢掠的百姓全部夺回还给汪罕。接着太祖与兄弟哈撒儿再吹讨伐乃蛮，在忽阑盏侧山交战，大败对方，将对方的将领和部众全都杀光，将尸首堆积起来封土成为冢丘。乃蛮的势力因此削弱了。

这时泰赤乌还相当强大，太祖和汪罕在萨里河会合，一起与泰赤乌首领沆忽等在斡难河边大战，将对方击败，杀死的和俘获的不可计数。

哈答斤部、散只兀部、朵鲁班部、塔塔儿部、弘吉剌部闻乃蛮、泰赤乌败，皆畏威不自安，会于阿雷泉，斩白马为誓，欲袭帝及汪罕。弘吉剌部长迭夷恐事不成，潜遣人告变。帝与汪罕自虎图泽逆战于盃亦烈川，又大败之。

汪罕遂分兵，自由〔怯〕绿连河而行。札阿绀孛谋于按敦阿述、燕火脱儿等曰："我兄性行不常，既屠绝我昆弟，我辈又岂得独全乎？"按敦阿述泄其言，汪罕令执燕火脱儿等至帐下，解其缚，且谓燕火脱儿曰："吾辈由西夏而来，道路饥困，其相誓之语，遗忘之乎？"因唾其面。坐上之人皆起而唾之。汪罕又屡责札阿绀孛，至于不能堪。札阿绀孛与燕火脱儿等俱奔乃蛮。

帝驻军于彻彻儿山，起兵伐塔塔儿部。部长阿剌兀都儿等来逆战，大败之。

【译文】

哈答斤部、散只兀部、朵鲁班部、塔塔儿部、弘吉剌部听说乃蛮、泰赤乌已经战败，都感到不安，在阿雷泉相会，杀白马做祭牲立下誓言，要对太祖和汪罕发动突然袭击。弘吉剌部首领迭夷害怕此事难以成功，就偷偷派人前来告密，太祖和汪罕从虎图泽出发，迎战于盃亦烈川，又将对方打得大败。

汪罕于是分兵，自己沿怯绿连河行动。札阿绀孛和按敦阿述、燕火脱儿等商议说："我的哥哥性格做事都很古怪，他既能将我的兄弟都杀光，我们又怎么能单单活命呢？"按敦阿述将这些话泄露了，汪罕下令将燕火脱儿等人抓到自己的营帐前，将燕火脱儿解绑，对他说："我们从西夏回来，在道路上饥饿困乏，一起立有誓言，你难道忘记了吗？"便向他脸上吐唾沫。边上坐着的人也都起来向他吐唾沫。汪罕又多次责备札阿绀孛，到了无法忍受的地步。札阿绀孛与燕火脱儿等一起逃往乃蛮。

太祖在彻彻儿山驻军，发兵讨伐塔塔儿部。塔塔儿部首领阿剌兀都儿等前来迎战，将他们打得大败。

时弘吉剌部欲来附，哈撒儿不知其意，往掠之。于是弘吉剌归札木合部，与朵鲁班、亦乞剌思、哈答斤、火鲁剌思、塔塔儿、散只兀诸部，会于犍河，共立札木合为局儿罕，盟于秃律别儿河岸，为誓曰："凡我同盟，有泄此谋者，如岸之摧，如林之伐。"誓毕，共举足蹋岸，挥刀斫林，驱士卒来侵。塔海哈时在众中，与帝麾下抄吾儿连姻，抄吾儿偶往视之，具知其谋，即还至帝所，悉以其谋告之。帝即起兵，逆战于海剌儿、帖尼火鲁罕之地，破之。札木合脱走，弘吉剌部来降。

岁壬戌，帝发兵于兀鲁回失连真河，伐按赤塔塔儿、察罕塔塔儿二部。先誓师曰："苟破敌逐北，见弃遗物，慎无获，俟军事毕散之。"既而果胜，族人按弹、火察儿、答力台三人背约，帝怒，尽夺其所获，分之军中。

【译文】

这时弘吉剌部想要前来归附，哈撒儿不知道他们的意图，前去抢劫了他们的东西。于是弘吉剌部归附了札木合，和朵鲁班、亦乞剌思、哈答斤、火鲁剌思、塔塔儿、散只兀诸部在犍河会合，共同推举札木合为局儿罕。众人在秃律别儿河岸盟誓，誓言是："凡是我们同盟中人，如有泄露商议内容的，其下场如同河岸的崩塌，森林的砍伐。"说完誓言以后，大家一起举足蹬塌河岸，挥刀砍伐森林，驱赶士兵前来进攻。塔海哈当时在众人中间，他与太祖部下抄吾儿是亲家。抄吾儿偶然前去看他，了解到他们的密谋，赶紧回到太祖居住的地方，将这些情况报告了。太祖立即起兵，迎战于海剌儿、帖尼火鲁罕之地，打败了他们。札木合逃走，弘吉剌部前来投降。

壬戌年，太祖在兀鲁回失连真河发兵，讨伐按赤塔塔儿、察罕塔塔儿两部。出发以前誓师说："如果打败敌人驱赶他们，见到他们丢下的东西，注意不要拾取，等战争结束后再分配。"后来果然取得胜利，太祖同族按弹、火察儿、答力台三人违背了誓师时的言语，太祖发怒，将他们俘获的东西都加以没收，在军中分配。

初，脱脱败走八儿忽真隘，既而复出为患，帝帅兵讨走之。至是，又会乃蛮部不（鲁欲）〔欲鲁〕罕约朵鲁班、塔塔儿、哈答斤、散兄兀诸部来侵。帝遣骑乘高四望，知乃蛮兵渐至，帝与汪罕移军入塞。亦剌合自北边来据高山结营，乃蛮军冲之不动，遂还。亦剌合寻亦入塞。将战，帝迁辎重于他所，与汪罕倚阿兰塞为壁，大战于阙奕坛之野。乃蛮使神巫祭风雪，欲因其势进攻。既而反风，逆击其阵。乃蛮军不能战，欲引还。雪满沟涧，帝勒兵乘之，乃蛮大败。是时札木合部起兵援乃蛮，见其败，即还。道经诸部之立己者，大纵掠而去。

帝欲为长子术赤求昏于汪罕女抄儿伯姬，汪罕之（子）〔孙〕秃撒合亦欲尚帝女火阿真伯姬，俱不谐。自是颇有违言。初，帝与汪罕合军攻乃蛮，约明日战。札木合言于汪罕曰："我于君是白翎雀，他人是鸿雁耳。白翎雀寒暑常在北方，鸿雁遇寒则南飞就暖耳。"意谓帝心不可保也。汪罕闻之疑，遂移部众于别所。及议昏不成，札木合复乘隙谓亦剌合曰："太子虽言是汪罕之子，尝通信于乃蛮，将不利于君父子。君若能加兵，我当从傍助君也。"亦剌合信之。会答力台、火察儿、按弹等叛归亦剌合，亦说之曰："我等愿佐君讨宣懿太后诸子也。"亦剌合大喜，遣使言于汪罕。汪罕曰："札木合，巧言寡信人也，不足听。"亦剌合力言之，使者往返者数四。汪罕曰："吾身之存，实太子是赖。髭须已白，遗骸冀得安寝，汝乃喋喋不已耶？汝善自为之，毋贻吾忧可也。"札木合遂纵火焚帝牧地而去。

【译文】

原来，脱脱逃往八儿忽真隘口之后，又出来骚扰，太祖带领军队将他赶走。到此时，他又与乃蛮部的不欲鲁罕会合，联合朵鲁班、塔塔儿、哈答斤、散只兀诸部一起来进攻。太祖派骑兵登高四望，知道乃蛮军队快要到了，便与汪罕一起将军队移入险要之处。汪罕的儿子亦剌合从北边过来占领高山立下阵势，乃蛮军前来冲击，阵势不动，退了回去。亦剌合接着也进入险要之处。将要交战以前，太祖将辎重转移到其他地方，和汪罕一起，背靠阿兰塞，与乃蛮军队在名叫阙奕坛的旷野上大战。乃蛮人让神巫祈祷风雪，想要利用风雪之势进攻，后来风向逆转，反过来刮向乃蛮人的兵阵。乃蛮人不能作战，想退兵。这时大雪塞满了沟涧，太祖指挥军队利用有利形势进攻，乃蛮大败。此时札木合起兵支援乃蛮，看见乃蛮已经失败，立即退还。路上遇见拥立自己的各部，大肆抢劫而去。

太祖求婚于汪罕，希望自己的长子术赤娶汪罕女儿抄儿伯姬，汪罕的孙子秃撒合想娶太祖女儿火阿真伯姬，都没有成功，从此以后颇有隔阂。起初，太祖与汪罕合兵攻乃蛮，约定明日作战。札木合对汪罕说："我对你就像白翎雀一样，别人则像鸿雁。白翎雀无论冷热都在北方，鸿雁每逢天气寒冷就飞到南方暖和的地方去了。"意思是说太祖的心是靠不住的。汪罕听了这番话果然生疑，就将部众迁移到其他地方。等到议婚不成，札木合又利用这一机会对亦剌合说："铁木真太子虽然自己说是汪罕的儿子，实际上曾和乃蛮有来往，这对您父子是不利的。您如果对铁木真采取军事行动的话，我一定在旁边帮助您。"亦剌合相信他的话。正好答力台、火察儿、按弹等都背叛了太祖前来归附，也对亦剌合说："我们愿意帮助您去攻打月伦的儿子们。"亦剌合非常高兴，派遣使者去告诉汪罕。汪罕说："札木合是一个嘴上说得好听但没有信用的人，他的话不能听。"亦剌合坚持自己的意见，使者来回了好几次。汪罕说："我之所以能生存下来，靠的是铁木真太子。我现在胡子已经白了，死后希望有一个安葬的地方。你怎么说个没有完呢？你好自为之，不要给我添麻烦就行了。"札木合于是焚烧了太祖的牧地扬长而去。

岁癸（丑）〔亥〕，汪罕父子谋欲害帝，乃遣使者来曰："向者所议姻事，今当相从，请来饮布浑察儿。"帝以为然，率十骑赴之。至中道，心有所疑，命一骑往谢，帝遂还。汪罕谋既不成，即议举兵来侵。圉人乞（力失）〔失力〕闻其事，密与弟把带告帝。帝即驰军阿兰塞，悉移辎重于他所，遣折里麦为前锋，俟汪罕至即整兵出战。先与朱力斤部遇，次与董哀部遇，又次与火力失烈门部遇，皆败之；最后与汪罕亲兵遇，又败之。亦剌合见势急，突来冲阵，射之中颊，即敛兵而退。怯里亦部人遂弃汪罕来降。

汪罕既败而归，帝亦将兵还至董哥泽驻军，遣阿里海致责于汪罕曰："君为叔父菊儿〔罕〕所逐，困迫来归，我父即攻菊儿〔罕〕败之于河西，其土地人民尽收与君。此大有功于君一也。君为乃蛮所攻，西奔日没处。君弟札阿绀孛在金境，我亟遣人召还。比至，又为蔑里乞部人所逼，我请我兄薛彻别吉及我弟大丑往杀之。此大有功于君二也。君困迫来归时，我过哈丁里，历掠诸部羊、马、资财，尽以奉君，不半月间，令君饥者饱，瘠者肥。此大有功于君三也。君不告我往掠蔑里乞部，大获而还，未尝以毫发分我，我不以为意。及君为乃蛮所倾覆，我遣四将夺还尔民人，重立尔国家。此大有功于君四也。我征朵鲁班、塔塔儿、哈答斤、散只兀、弘吉剌五部，如海东鸷禽之于鹅雁，见无不获，获则必致于君。此大有功于君五也。是五者皆有明验，君不报我则已，今乃易恩为仇，而遽加兵于我哉。"汪罕闻之，语亦剌合曰："我向者之言何如？吾儿宜识之。"亦剌合曰："事势至今日，必不可已，唯有竭力战斗。我胜则并彼，彼胜则并我耳。多言何为。"

【译文】

癸亥年，汪罕父子策划要谋害太祖，派遣使者来说："以前商量的婚事，现在愿意听从您的意见，请您前来喝布浑察儿。"（布浑察儿，汉语即订婚酒）太祖以为是真的，带着十名骑兵前去。在途中产生了怀疑，派一名骑兵前去表示谢意，自己回来。汪罕的阴谋不曾得逞，便商量发兵来攻。养马人乞失力听说这件事，偷偷和他的弟弟把带前来告诉太祖。太祖立即带着军队驰奔阿兰塞，将辎重全部转移到其他地方，派折里麦为前锋，等汪罕一到立即整好队伍出战。先遇到的是朱力斤部，接着是董哀部，后面是火力失烈门部，都击败了他们，最后与汪罕贴身亲兵交锋，也打败了他们。亦剌合看见形势危急，亲自前来冲阵，被箭射中脸颊，立即收兵退走。怯里亦部人离开汪罕前来投降。

汪罕战败回去，太祖也带着军队回到董哥泽屯驻。派遣阿里海前去责备汪罕说："您过去遭到您的叔父菊儿罕驱逐，困难交加前来投奔，我父亲立即发兵攻打菊儿罕，在河西将他打败，他的土地、百姓都拿了过来给您。这是有大功于您的第一件事。您遭到乃蛮人的攻击，逃往西边太阳降落的地方。您的兄弟札阿绀孛在金朝国境，我立即派人召他回来。等他回来时，又遭到蔑里乞部的威胁，我请我的同族哥哥薛彻别吉和兄弟大丑去杀掉他们。这是有大功于您的第二件事。您为困难所迫前来投奔时，我经过哈丁里，将各部的羊、马和财产都夺了来给您，不到半月的时间，使您饥饿的部众吃得饱饱的，瘦子都长胖了。这是有大功于您的第三件事。您不告诉我就去抢劫蔑里乞部，收获很大，回来以后，没有分给我一点点，我都不计较。等到您被乃蛮人颠覆，我派四将夺回你的百姓，重立你的国家。这是有大功于您的第四件事。我征伐朵鲁班、塔塔儿、哈答斤、散只兀、弘吉剌五部，如同凶猛的海东青对付鹅雁一样，看见必有收获，有收获必定送给您。这是有大功于您的第五件事。这五件事都是有明白证据的，您对我不报恩也就罢了，现在怎么能变恩为仇，突然对我发动战争呢！"汪罕听到这些话，对亦剌合说："我以前说的话怎么样？我的儿子你应该知道。"亦剌合说："事情已经发展到今天这样，没有法子了结，只有尽力去战斗。我们打赢了就将他们并合过来。他们赢了就吞并我们，多说干什么。"

时帝诸族按弹、火察儿皆在汪罕左右。帝因遣阿里海诮责汪罕，就令告之曰："昔者吾国无主，以薛彻、太丑二人实我伯祖八剌哈之裔，欲立之。二人既已固辞，乃以汝火察儿为伯父聂坤之子，又欲立之，汝又固辞。然事不可中辍，复以汝按弹为我祖忽都剌之子，又欲立之，汝又固辞。于是汝等推戴吾为之主，初岂我之本心哉，不自意相迫至于如此也。三河，祖宗肇基之地，毋为他人所有。汝善事汪罕，汪罕性无常，遇我尚如此，况汝辈乎。我今去矣，我今去矣。"按弹等无一言。

帝既遣使于汪罕，遂进兵虏弘吉（利）〔剌〕别部溺儿斤以行。至班朱尼河，河水方浑，帝饮之以誓众。有亦乞烈部人孛徒者，为火鲁剌部所败，因遇帝，与之同盟。哈撒儿别居哈剌浑山，妻子为汪罕所虏，挟幼子脱虎走，粮绝，探鸟卵为食，来会于河上。时汪罕形势盛强，帝微弱，胜败未可知，众颇危惧。凡与饮河水者，谓之饮浑水。言其曾同艰难也。汪罕兵至，帝与战于哈阑真沙陀之地，汪罕大败。其臣按弹、火察儿、札木合等谋弑汪罕，弗克，往奔乃蛮。答力台、把怜等部稽颡来降。

【译文】

当时和太祖同族的按弹、火察儿都在汪罕身边。太祖派遣阿里海去挖苦责备汪罕时，命令阿里海告诉他们说："过去我国没有君主，以为薛彻别吉、太丑二人是我伯祖八剌合的后代，准备立他们为主。因为二人坚决推辞，又以你火察儿是伯父聂坤之子，准备立为主，你又坚决推辞。但是此事不能这样中途而废，又以你按弹是我祖父忽都剌的儿子，想立为主，你又坚决推辞。于是你们推戴我为君主，这并非我的本来想法，是形势所逼造成的。三河是我们祖先创业的地方，不要被他人所据有。你们要好好为汪罕服务，汪罕的本性反复无常，待我尚且这样，何况是你们呢？我现在走了，我现在走了。"按弹等没有说一句话。

太祖既已派遣使者去汪罕那里，便进兵俘虏弘吉剌的别部溺儿斤，队伍行进到班朱尼河，河水正浑，太祖带着部众共饮河水立下誓言。亦乞烈部的孛徒被火鲁剌部打败，遇到太祖，双方建立同盟。太祖的兄弟哈撒儿另外居住在哈剌浑山，妻子被汪罕俘虏，自己带着小儿子脱虎逃走，粮食断绝，打寻鸟蛋充饥，前来河边相会。这时汪罕的势力强大，太祖微弱，胜败还不可知，部众颇为担心害怕。凡是一起饮过河水的，称为"饮浑水"。意思是曾经同患难。汪罕的军队前来，太祖在哈阑真沙陀与他们交战，汪罕大败。属臣按弹、火察儿、札木合等密谋杀害汪罕，没有成功，便逃往乃蛮。答力台、把怜等部前来叩头投降。

帝移军斡难河源，谋攻汪罕，复遣二使往汪罕，伪为哈撒儿之言曰："我兄太子今既不知所在，我之妻孥又在王所，纵我欲往，将安所之耶？王傥弃我前愆，念我旧好，即束手来归矣。"汪罕信之，因遣人随二使来，以皮囊盛血与之盟。及至，即以二使为向导，令军士衔枚夜趋折折运都山，出其不意，袭汪罕，败之。尽降克烈部众。汪罕与亦剌合挺身遁去。汪罕叹曰："我为吾儿所误，今日之祸悔将何及！"汪罕出走，路逢乃蛮部将，遂为其所杀。亦剌哈走西夏，日剽掠以自资。既而亦为西夏所攻走，至龟兹国，龟兹国主以兵讨杀之。

帝既灭汪罕，大猎于帖麦该川，宣布号令，振凯而归。时乃蛮部长太阳罕心忌帝能，遣使谋于白达达部主阿剌忽思曰："吾闻东方有称帝者。天无二日，民岂有二王邪？君能益吾右翼，吾将夺其弧矢也。"阿剌忽思即以是谋报帝，居无何，举部来归。

【译文】

太祖将军队移到斡难河的源头，策划攻打汪罕，又派二名使者前往汪罕那里，假装传达哈撒儿的话，说："我的哥哥铁木真太子现在不知下落，我的妻子老小又在大王您那里，即使我想走，能走到哪里去呢！大王如果能够宽恕我以前的错误，想念我过去的好处，我立即就来投奔您。"汪罕相信这番话，就派人跟着两名使者前来。用皮囊盛血准备与哈撒儿订立盟约。到了以后，太祖立即以两名使者为向导，下令兵士衔枚禁止说话，连夜赶往折折运都山，出其不意，袭击汪罕，将他打得大败。克烈部百姓都投降了。汪罕和亦剌合脱身逃走。汪罕叹气说："我被儿子害了，今天的祸事后悔也来不及了。"汪罕逃走的路上，遇到乃蛮部的将领，被杀。亦剌合逃到西夏，靠抢劫维持生活，很快便为西夏打败逃到龟兹国，龟兹国君主动发兵讨伐，将他杀死。

太祖消灭汪罕以后，在帖麦该川举行盛大的狩猎活动，发布各种命令，凯旋而归。这时乃蛮部君主太阳罕心里妒忌太祖的才能，派人去和白达达部首领阿剌忽思商量说："我听说东方有称帝的人。天上没有两个太阳，百姓难道能有两个君主吗？您能增加我右翼的力量，我将夺过敢于称帝者的弓箭。"阿剌忽思立即将这个情况报告太祖，没有多久，他带着全部百姓前来归附。

岁甲子，帝大会于帖麦该川，议伐乃蛮。群臣以方春马瘦，宜俟秋高为言。皇弟斡赤斤曰："事所当为，断之在早，何可以马瘦为辞。"别里古台亦曰："乃蛮欲夺我弧矢，是小我也，我辈义当同死。彼恃其国大而言夸，苟乘其不备而攻之，功当可成也。"帝悦，曰："以此众战，何忧不胜。"遂进兵伐乃蛮。驻兵于建忒该山，先遣虎必来、哲别二人为前锋。太阳罕至自按台，营于沆海山，与蔑里乞部长脱脱、克烈部长阿怜太石、猥剌部长忽都花别吉，暨秃鲁班、塔塔儿、哈答斤、散只兀诸部合，兵势颇盛。时我队中羸马有惊人乃蛮营中者，太阳罕见之，与众谋曰："蒙古之马瘦弱如此，今当诱其深入，然后战而擒之。"其将火力速八赤对曰："先王战伐，勇进不回，马尾人背，不使敌人见之。今为此迁延之计，得非心中有所惧乎？苟惧之，何不令后妃来统军也。"太阳罕怒，即跃马索战。帝以哈撒儿主中军。时札木合从太阳罕来，见帝军容整肃，谓左右曰："乃蛮初举兵，视蒙古军若羸羖羔儿，意谓蹄皮亦不留。今吾观其气势，殆非往时矣。"遂引所部兵遁去。是日，帝与乃蛮军大战至晡，禽杀太阳罕。诸部军一时皆溃，夜走绝险，坠崖死者不可胜计。明日，余众悉降。于是朵鲁班、塔塔儿、哈答斤、散只兀四部亦来降。

【译文】

甲子年，太祖在帖麦该川举行大聚会，商议讨伐乃蛮。许多人都认为现在是春天马正瘦，应该等待秋高气爽马长膘再出兵。皇弟斡赤斤说："应该做的事，要早下决心，怎么能用马瘦做理由呢！"别里古台也说："乃蛮要夺我们的弓箭，是看不起我们，我等理当共生死。他倚仗国大而吹牛，如果乘其不备发起攻势，可以成功。"太祖很高兴，说："以这样的人去作战，还愁打不赢吗！"便出动军队讨伐乃蛮，驻军于建忒该山，先派虎必来、哲别二人为前锋。太阳罕从按台来，驻军于沆海山，和蔑里乞部首领脱脱、克烈部首领阿怜太石、猥剌部首领忽都花别吉，以及秃鲁班、塔塔儿、哈答斤、散只兀等部会合，兵势相当盛大。这时我方队伍中的瘦马因受惊跑到乃蛮营中，太阳罕看见，与大家商议说："蒙古的马如此瘦弱，现在应该引诱他们深入，然后和他们交战将他们俘虏。"将领火力速八赤对他说："去世了的国王作战，一往直前，不让敌人看见自己的背和马的尾巴。现在您提出这样拖延的方针，是不是心中害怕呢？如果害怕，为什么不让后妃来统领军队！”太阳罕很生气，立即拍马往前要与太祖交战。太祖让哈撒儿负责中军。这时札木合跟随太阳罕前来，看见太祖的军队整齐肃静，对身边的人说：“乃蛮刚出兵时，看待蒙古军如同羊羔，意思是说连蹄皮也留不下。现在我观察他们的气势，恐怕已不同于过去了。”就带领自己部下的军队逃走了。这一天，太祖与乃蛮大战一直到日落，擒杀太阳罕。各部军一时都溃散，夜间在非常危险的地方奔走，从山崖掉下去死掉的不可计数。第二天，剩余下来的都投降了。于是朵鲁班、塔塔儿、哈答斤、散只兀四部也都前来投降。

已而复征蔑里乞部。其长脱脱奔太阳罕之兄卜欲鲁罕；其属带儿兀孙献女迎降，俄复叛去。帝至泰寒寨，遣孛罗欢、沈白二人领右军往平之。

岁乙丑，帝征西夏，拔力吉里寨，经落思城，大掠人民及其橐驼而还。

元年丙寅，帝大会诸王群臣，建九游白旗，即皇帝位于斡难河之源。诸王群臣共上尊号曰成吉思皇帝。是岁实金泰和之六年也。

帝既即位，遂发兵复征乃蛮。时卜欲鲁罕猎于兀鲁塔山，擒之以归。太阳罕子屈出律罕与脱脱奔也儿的石河上。

帝始议伐金。初，金杀帝宗亲咸补海罕，帝欲复仇。会金降俘等具言金主璟肆行暴虐，帝乃定议致讨，然未敢轻动也。

二年丁卯秋，再征西夏，克斡罗孩城。

是岁，遣按弹、不兀剌二人使乞力吉思。既而野牒亦纳里部、阿里替也儿部，皆遣使来献名鹰。

【译文】

接着又出征蔑里乞部，该部首领脱脱逃往太阳罕的哥哥卜欲鲁罕那里，他的部下带儿兀孙献上自己的女儿求降，很快又叛变了。太祖到泰寒寨，派孛罗欢、沈白二人带着右军前去将带儿兀孙平定了。

乙丑年，太祖出征西夏，攻克力吉里寨，经过落思城，掠取了大量百姓和骆驼回来。

元年丙寅，太祖大会诸王和群臣，树起九游的白旗，在斡难河头登上了皇帝的位置。诸王、群臣一起尊称为成吉思皇帝。这一年正是金朝泰和六年。

太祖即帝位后，就发兵再去打乃蛮。这时卜欲鲁罕正在兀鲁塔山打猎，将他捉住带了回来。太阳罕的儿子屈出律罕和脱脱一起逃到也儿的石河边。

太祖开始谈论讨伐金朝之事。以前金朝杀害太祖同族咸补海罕，太祖想报仇。恰巧金朝投降的俘虏陈述金朝皇帝完颜璟任意施行暴虐的统治，太祖于是决定加以讨伐，但是没有敢轻举妄动。

二年丁卯的秋天，太祖再征西夏，攻克斡罗孩城。

这一年，派遣按弹、不兀剌二人出使乞力吉思。不久野牒亦纳里部、阿里替也儿部都派遣使者来贡献名贵的鹰。

三年戊辰春，帝至自西夏。

夏，避暑龙庭。

冬，再征脱脱及屈出律罕。时斡亦剌部等遇我前锋，不战而降，因用为向导。至也儿的石河，讨蔑里乞部，灭之。脱脱中流矢死。屈出律奔契丹。

四年己巳春，畏吾儿国来归。帝入河西。夏主李安全遣其世子率师来战，败之，获其副元帅高令公。克兀剌海城，俘其太傅西壁氏。进至克夷门，复败夏师，获其将嵬名令公。薄中兴府，引河水灌之。堤决，水外溃，遂撤围还。遣太傅讹答入中兴，招谕夏主，夏主纳女请和。

五年庚午春，金谋来伐，筑乌沙堡。帝命遮别袭杀其众，遂略地而东。

【译文】

三年戊辰的春天，太祖从西夏回来。

夏天，在龙庭避暑。

冬天，再次讨伐脱脱和屈出律罕。斡亦剌部等和我军前锋遭遇，没有交战就投降了，便以他们做向导。到也儿的石河，讨伐蔑里乞部，将它消灭了。脱脱被飞箭射死。屈出律罕逃往契丹。

四年己巳的春天，畏吾儿国前来归附。太祖进军河西。西夏国王李安全派长子率领军队前来作战，被我军击败，副元帅高令公成了俘虏。攻克兀剌海城，俘虏西夏的太傅西壁氏。进至克夷门，又击败西夏军队，俘获其将领嵬名令公。包围中兴府，引黄河水来冲灌这座城池。但是水堤决口，水往外流，只好撤围还师。太祖派遣太傅讹答进入中兴府，向西夏国王招降，西夏国王献女儿请求和好。

五年庚午的春天，金朝打算来进攻，建造乌沙堡。太祖命遮别进行突然袭击，杀死筑堡的人，接着向东掠取土地。

初，帝贡岁币于金，金主使卫王允济受贡于（静）〔净〕州。帝见允济不为礼。允济归，欲请兵攻之。会金主璟殂，允济嗣位，有诏至国，传言当拜受。帝问金使曰："新君为谁？"金使曰："卫王也。"帝遽南面唾曰："我谓中原皇帝是天上人做，此等庸懦亦为之耶，何以拜为！"即乘马北去。金使还言，允济益怒，欲俟帝再入贡，就进场害之。帝知之，遂与金绝，益严兵为备。

六年辛未春，帝居怯绿连河。西域哈剌鲁部主阿昔兰罕来降。畏吾儿国主亦都护来觐。

二月，帝自将南伐，败金将定薛于野狐岭，取大水泺、丰利等县。金复筑乌沙堡。

秋七月，命遮别攻乌沙堡及乌月营，拔之。

八月，帝及金师战于宣平之会河川，败之。

九月，拔德兴府，居庸关守将遁去。遮别遂入关，抵中都。

冬十月，袭金群牧监，驱其马而还。耶律阿海降，入见帝于行在所。皇子术赤、察合台、窝阔台分徇云内、东胜、武、朔等州，下之。

【译文】

原来，太祖向金朝进献每年固定的贡品，金朝皇帝派卫王允济到净州接受。太祖见到允济，不行礼。允济回去，准备请求发兵讨伐。正好金朝皇帝完颜璟死了，允济嗣位，即位的诏书送到蒙古，派人传话要太祖跪拜接受。太祖问金朝使节说："新皇帝是谁？"金使说："是卫王。"太祖立即向南方吐了一口唾沫，说："我以为中原的皇帝是天上的神才能做的，这等无用胆小之人也能做吗！拜他干什么！"便骑马往北走了。金使回来报告，允济更加恼怒，想趁太祖下一次进贡时，在边境贸易的场所加以杀害。太祖知道了这一情况，便与金朝断绝关系，进一步整顿军队做好准备。

六年辛未的春天，太祖居住在怯绿连河。西域哈剌鲁部首领阿昔兰罕来投降。畏吾儿国君主亦都护前来相见。

二月，太祖亲自带兵南征，在野狐岭打败金朝将领定薛，攻取大水泺、丰利等县。金朝又建造乌沙堡。

秋七月，太祖命遮别攻乌沙堡和乌月营，占领了二地。

八月，太祖和金军在宣平的会河川交战，取得胜利。

九月，攻占德兴府，居庸关的守将逃跑。遮别接着入关，直抵中都。

冬十月，我军袭击金朝的群牧监，将群牧监管理的马匹都赶了回来。耶律阿海投降，到太祖临时屯驻的地方来谒见。皇子术赤、察合台、窝阔台分别夺取云内、东胜、武、朔等州，都占领了。

是冬，驻跸金之北境。刘伯林、夹谷长哥等来降。

七年壬申春正月，耶律留哥聚众于隆安，自为都元帅，遣使来附。帝破昌、桓、抚等州。金将纥石烈九斤等率兵三十万来援，帝与战于獾儿嘴，大败之。

秋，围西京。金元帅左都监奥屯襄率师来援，帝遣兵诱至密谷口逆击之，尽殪。复攻西京，帝中流矢，遂撤围。

九月，察罕克奉圣州。

冬十二月甲申，遮别攻东京不拔，即引去，夜驰还，袭克之。

八年癸酉春，耶律留哥自立为辽王，改元元统。

秋七月，克宣德府，遂攻德兴府。皇子拖雷、驸马赤驹先登，拔之。帝进至怀来，及金行省完颜纲、元帅高琪战，败之，追至北口。金兵保居庸，诏可忒、薄刹守之。遂趋涿鹿。金西京留守忽沙虎遁去。帝出紫荆关，败金师于五回岭，拔涿、易二州。契丹讹鲁不儿等献北口，遮别遂取居庸，与可忒、薄刹会。

【译文】

这一年冬天，太祖屯驻在金朝的北部边境。刘伯林、夹谷长哥等前来投降。

七年壬申，春正月，耶律留哥在隆安聚合众人，自称都元帅，派遣使者前来归附。太祖攻破昌、桓、抚等州。金朝将领纥石烈九斤等带领三十万军队前来援救，太祖与他们在獾儿觜交战，金兵大败。

秋天，包围西京。金朝元帅左都监奥屯襄率领军队前来援救，太祖派兵把金军引诱到密谷口，在那里迎击他们，全部加以消灭。再攻西京，太祖为飞箭所伤，便撤围而去。

九月，察罕攻克奉圣州。

冬十二月甲申，遮别攻东京，不下，立即退去。夜间驰还，突然袭击，占领了东京。

八年癸酉的春天，耶律留哥自封为辽王，改元元统。

秋七月，攻占宣德府，接着攻打德兴府，皇子拖雷、驸马赤驹先登城，攻克了它。太祖前进到怀来，和金朝行省完颜纲、元帅高琪交战，金军败，追到居庸关北口。金兵占据居庸关自保，太祖命可忒、薄刹守在北口前，自己前往涿鹿。金朝西京留守忽沙虎逃走。太祖出紫荆关，在五回岭击败金军，攻占涿、易二州。契丹讹鲁不儿献北口，遮别于是占领居庸关，与可忒、薄刹会师。

八月，金忽沙虎弑其主允济，迎丰王珣立之。

是秋，分兵三道：命皇子术赤、察合台、窝阔台为右军，循太行而南，取保、遂、安肃、安、定、邢、洺、磁、相、卫、辉、怀、孟，掠泽、潞、辽、沁、平阳、太原、吉、隰，拔汾、石、岚、忻、代、武等州而还；皇弟哈撒儿及斡陈那颜、拙赤鹏、薄刹为左军，遵海而东，取蓟州、平、滦、辽西诸郡而还；帝与皇子拖雷为中军，取雄、霸、莫、安、河间、沧、景、献、深、祁、蠡、冀、恩、濮、开、滑、博、济、泰安、济南、滨、棣、益都、淄、潍、登、莱、沂等郡。复命木华黎攻密州，屠之。史天倪、萧勃迭率众来降，木华黎承制并以为万户。帝至中都，三道兵还，合屯大口。

是岁，河北郡县尽拔，唯中都、通、顺、真定、清、沃、大名、东平、德、邳、海州十一城不下。

【译文】

八月，金朝忽沙虎杀害他的君主完颜允济，迎接丰王珣立为皇帝。

这一年秋天，太祖分兵三路。命皇子术赤、察合台、窝阔台为右军，沿着太行山往南，攻取保、遂、安肃、安、定、邢、洺、磁、相、卫、辉、怀、孟，抢掠了泽、潞、辽、沁、平阳、太原、吉、隰，占领汾、石、岚、忻、代、武等地，然后回军。皇弟哈撒儿和斡陈那颜、拙赤䴙、薄刹为左军，沿海向东去，攻取蓟州、平、滦、辽西等地然后回军。太祖与皇子拖雷为中军，攻取雄、霸、莫、安、河间、沧、景、献、深、祁、蠡、冀、恩、濮、开、滑、博、济、泰安、济南、滨、棣、益都、淄、潍、登、莱、沂等地。又命木华黎攻密州，城下后进行大屠杀，史天倪、萧勃迭率领队伍来降，木华黎以皇帝的名义授他们以万户之职。太祖到中都，三路军都回来会合在一起，屯驻在大口。

这一年，河北郡县都被蒙古军攻克，坚守不下的只有中都、通、顺、真定、清、沃、大名、东平、德、邳、海州等十一城。

九年甲戌春三月，驻跸中都北郊。诸将请乘胜破燕，帝不从。乃遣使谕金主曰："汝山东、河北郡县悉为我有，汝所守惟燕京耳。天既弱汝，我复迫汝于险，天其谓我何。我今还军，汝不能犒师以弭我诸将之怒耶？"金主遂遣使求和，奉卫绍王女岐国公主及金帛、童男女五百、马三千以献，仍遣其丞相完颜福兴送帝出居庸。

夏五月，金主迁汴，以完颜福兴及参政抹撚尽忠辅其太子守忠，留守中都。

六月，金乣军斫答等杀其主帅，率众来降。诏三摸合、石抹明安与斫答等围中都。帝避暑鱼儿泺。

秋七月，金太子守忠走汴。

冬十月，木华黎征辽东，高州卢琮、金（扑）〔朴〕等降。锦州张鲸杀其节度使，自立为临海王，遣使来降。

【译文】

九年甲戌，春三月，太祖屯驻在中都的北郊。将领们请求乘胜攻破燕京，太祖没有同意。于是派遣使节告知金朝皇帝说："你的山东、河北郡县都已被我占有，你剩下的只有燕京城。天既然已使你衰弱，我又逼迫你走上绝路，天将说我什么！我的军队现在要回去，你难道不能来犒劳我的军队，借此消除我手下将领的愤怒吗？"金帝于是遣使求和，献上卫绍王的女儿岐国公主，以及金帛、五百名童男女、三千匹马，还派丞相完颜福兴送太祖出居庸关。

夏五月，金帝迁都于汴，命完颜福兴和参政抹撚尽忠辅助太子守忠，留守中都。

六月，金朝乣军的斫答等人杀死统帅，率领队伍前来投降。太祖命三摸合、石抹明安和斫答等包围中都。太祖自己在鱼儿泺避暑。

秋七月，金朝太子守忠逃往汴京。

冬十月，木华黎征辽东，高州卢琮、金朴等人投降。锦州张鲸杀死节度使，自号临海王，派遣使者前来投降。

十年乙亥春正月，金右副元帅蒲察七斤以通州降，以七斤为元帅。

二月，木华黎攻北京，金元帅寅答虎、乌古伦以城降，以寅答虎为留守，吾也而权兵马都元帅镇之。兴中府元帅石天应来降，以天应为兴中府尹。

三月，金御史中丞李英等率师援中都，战于霸州，败之。

夏四月，克清、顺二州。诏张鲸总北京十提控兵从南征。鲸谋叛伏诛。鲸弟致遂据锦州，僭号汉兴皇帝，改元兴龙。

五月庚申，金中都留守完颜福兴仰药死，抹撚尽忠弃城走，明安入守之。是月，避暑桓州凉泾。遣忽都忽等籍中都帑藏。

【译文】

十年乙亥春正月，守通州的金右副元帅蒲察七斤投降，授七斤以元帅之职。

二月，木华黎攻北京，金军元帅寅答虎、乌古伦开城投降。便以寅答虎为留守，吾也而代理兵马都元帅，镇守该地。兴中府元帅石天应来降，以天应为兴中府尹。

三月，金朝御史中丞李英等率领军队前来援救中都，在霸州发生战斗，金军失败。

夏四月，攻克清、顺二州。太祖命张鲸统帅北京十提控的军队跟随南征，张鲸谋反处死。他的兄弟张致便占据锦州，自称汉兴皇帝，改元兴龙。

五月庚申，金朝中都留守完颜福兴服毒自杀，抹撚尽忠丢下中都城逃走，石抹明安便进入中都镇守。这年一月，太祖在桓州凉泾避暑，派忽都忽等前往中都查收金朝国库的收藏物品。

秋七月，红罗山寨主杜秀降，以秀为锦州节度使。遣乙职里往谕金主以河北、山东未下诸城来献，及去帝号为河南王，当为罢兵。不从。诏史天倪南征，授右副都元帅，赐金虎符。

八月，天倪取平州，金经略使乞住降。木华黎遣史进道等攻广宁府，降之。

是秋，取城邑凡八百六十有二。

冬十月，金宣抚蒲鲜万奴据辽东，僭称天王，国号大真，改元天泰。

十一月，耶律留哥来朝，以其子斜阇入侍。史天祥讨兴州，擒其节度使赵守玉。

十一年丙子春，还庐朐河行宫。张致陷兴中府，木华黎讨平之。

秋，撒里知兀䚟三摸合拔都鲁率师由西夏趋关中，遂越潼关，获金西安军节度使尼庞古蒲鲁虎，拔汝州等郡，抵汴京而还。

【译文】

秋七月，红罗山寨主杜秀投降，授杜秀以锦州节度使之职。太祖派遣使者前去通知金朝皇帝，要他献出河北、山东没有被攻下的各城，去掉帝号改称河南王，这样的话可以停战。金帝不同意。太祖下令命史天倪向南进军，授以右副都元帅之职，赐给他金虎符。

八月，史天倪攻取平州，金朝经略使乞住投降。木华黎派遣史进道等攻打广宁府，守城者投降。

这一年秋天，攻取的城市共八百六十二处。

冬十月，金朝宣抚蒲鲜万奴占据辽东自称天王，国号大真，改元天泰。

十一月，耶律留哥前来朝觐，留下他的儿子斜阇充当太祖的侍从。史天祥讨伐兴州,俘获兴州节度使赵守玉。

十一年丙子的春天，太祖回到庐朐河边的行宫。张致攻陷兴中府，木华黎将他消灭。

秋天，撒里知兀鹏、三摸合拔都鲁带领军队由西夏前往关中，越过潼关，俘获金朝西安军节度使尼庞古蒲鲁虎，攻克汝州等地，抵达汴京然后还师。

冬十月，蒲鲜万奴降，以其子帖哥入侍。既而复叛，僭称东夏。

十二年丁丑夏，盗祁和尚据武平，史天祥讨平之，遂擒金将巢元帅以献。察罕破金监军夹谷于霸州，金求和，察罕乃还。

秋八月，以木华黎为太师，封国王，将蒙古、乣、汉诸军南征，拔遂城、蠡州。

冬，克大名府，遂东定益都、淄、登、莱、潍、密等州。

是岁，秃满部民叛，命钵鲁完、朵鲁伯讨平之。

十三年戊寅秋八月，兵出紫荆口，获金行元帅事张柔，命还其旧职。木华黎自西京入河东，克太原、平阳及忻、代、泽、潞、汾、霍等州。金将武仙攻满城，张柔击败之。

是年，伐西夏，围其王城，夏主李遵顼出走西凉。契丹六哥据高丽江东城，命哈真、札剌率师平之；高丽王瞰遂降，请岁贡方物。

【译文】

冬十月，蒲鲜万奴投降，送他的儿子帖哥入朝充当侍从。不久又叛变，自称东夏。

十二年丁丑的夏天，强盗祁和尚占据武平，史天祥平定了这起叛乱，并擒获金朝将领巢元帅献给太祖。察罕在霸州击败金朝监军夹谷，金方求和，察罕才回军。

秋八月，太祖授木华黎以太师之职，封他为国王，统领蒙古、乣、汉各路军马南征。木华黎攻克遂城、蠡州。

冬天，攻克大名府，接着向东攻取了益都、淄、登、莱、潍、密等州。

这一年，秃满部百姓叛乱，派钵鲁完、朵鲁伯前去平定。

十三年戊寅，秋八月，军队出紫荆口，俘获金朝行元帅事张柔，命他继续保持原来的职务。木华黎从西京进入河东，攻克太原、平阳以及忻、代、泽、潞、汾、霍等州。金朝将领武仙向满城进攻，张柔将他打败。

这一年，讨伐西夏，包围西夏的王城。西夏国王李遵顼逃往西凉。契丹人六哥占据高丽江东城，太祖命哈真、札剌带军队将他消灭，高丽王瞰于是投降，请求每年进贡本地特产。

十四年己卯春，张柔败武仙，降祁阳、曲阳、中山等城。

夏六月，西域杀使者，帝率师亲征，取讹答剌城，擒其酋哈只儿只兰秃。

秋，木华黎克岢、岚、吉、隰等州，进攻绛州，拔其城，屠之。

十五年庚辰春三月，帝克蒲华城。

夏五月，克寻思干城，驻跸也儿的石河。

秋，攻斡脱罗儿城，克之。木华黎徇地至真定，武仙出降。以史天倪为河北西路兵马都元帅、行府事，仙副之。东平严实籍彰德、大名、磁、洺、恩、博、滑、浚等州户三十万来归，木华黎承制授实金紫光禄大夫、行尚书省事。

冬，金邢州节度使武贵降。木华黎攻东平不克，留严实守之，撤围趋洺州，分兵徇河北诸郡。

是岁，授董俊龙虎卫上将军、右副都元帅。

【译文】

十四年己卯的春天，张柔击败武仙，祁阳、曲阳、中山等城投降。

夏六月，西域杀害使者，太祖带领军队亲自出征，攻克讹答剌城，活捉城中首脑哈只儿只兰秃。

秋天，木华黎攻克岢、岚、吉、隰等州，又向绛州进攻，占领以后将城中百姓全部屠杀。

十五年庚辰，春三月，太祖攻克蒲华城。

夏五月，攻克寻思干城，太祖的营帐屯驻在也儿的石河。

秋天，攻克斡脱罗儿城。木华黎攻取土地，来到真定，武仙投降。木华黎便以史天倪为河北西路兵马都元帅，管理真定府的事务，以武仙做他的副手。东平严实带着彰德、大名、磁、洺、恩、博、滑、浚等三十万户前来投降，木华黎以太祖的名义授予严实金紫光禄大夫、行尚书省事。

冬天。金朝邢州节度使武贵投降。木华黎攻打东平城，未能攻下，便留下严实看守，撤出围城军队前往洺州，分兵攻取河北诸郡。

这一年，授与董俊龙虎卫上将军、右副都元帅之职。

十六年辛巳春，帝攻卜哈儿、薛迷思干等城，皇子术赤攻养吉干、八儿真等城，并下之。

夏四月，驻跸铁门关，金主遣乌古孙仲端奉国书请和，称帝为兄。不允。金东平行省事忙古弃城遁，严实入守之。宋遣苟梦玉来请和。

夏六月，宋（连）〔涟〕水忠义统辖石珪率众来降，以珪为济、兖、单三州总管。

秋，帝攻班勒纥等城，皇子术赤、察合台、窝阔台分攻玉龙杰赤等城，下之。

冬十月，皇子拖雷克马鲁察叶可、马鲁、昔剌思等城。木华黎出河西，克葭、绥德、保安、鄜、坊、丹等州，进攻延安，不下。

十一月，宋京东安抚使张琳以京东诸郡来降，以琳为沧、景、滨、棣等州行都元帅。

是岁，诏谕德顺州。

【译文】

十六年辛巳，春天，太祖进攻卜哈儿、薛迷思干等城，皇子术赤进攻养吉干、八儿真等城，都占领了。

夏季四月，太祖屯驻在铁门关，金朝皇帝派遣乌古孙仲端带着国书来请求和好，称太祖为兄，不许。金东平行省事忙古丢掉城池逃跑，严实入城镇守。宋朝派遣苟梦玉前来请求和好。

夏季六月，宋朝涟水忠义统辖石珪率领部众投降，以石珪为济、兖、单三州总管。

秋天，太祖进攻班勒纥等城，皇子术赤、察合台、窝阔台分兵攻打玉龙杰赤等城，都占领了。

冬季十月，皇子拖雷攻克马鲁察叶可、马鲁、昔剌思等城。木华黎出河西，攻克葭、绥德、保安、鄜、坊、丹等州，进攻延安，未能占领。

十一月，宋朝京东安抚使张琳以京东诸郡前来投降，授与张琳沧、景、滨、棣等州行都元帅之职。

这一年，太祖下诏告谕德顺州。

十七年壬午春，皇子拖雷克徒思、匿察兀儿等城。还经木剌夷国，大掠之。渡搠搠阑河，克也里等城。遂与帝会，合兵攻塔里寒寨，拔之。木华黎军克乾、泾、邠、原等州，攻凤翔不下。

夏，避暑塔里寒寨。西域主札阑丁出奔，与灭里可汗合，忽都忽与战不利。帝自将击之，擒灭里可汗；札阑丁遁去，遣八剌追之，不获。

秋，金复遣乌古孙仲端来请和，见帝于回鹘国。帝谓曰："我向欲汝主授我河朔地，令汝主为河南王，彼此罢兵，汝主不从。今木华黎已尽取之，乃始来请耶？"仲端乞哀，帝曰："念汝远来，河朔既为我有，关西数城未下者，其割付我。令汝主为河南王，勿复违也。"仲端乃归。金平阳公胡天作以青龙堡降。

【译文】

十七年壬午，春天，皇子拖雷攻克徒思、匿察兀儿等城。还军途中经过木剌夷国，进行大规模虏掠。渡过搠搠阑河，攻克也里等城。随即与太祖相会，合兵攻打塔里寒寨，攻下了。木华黎的军队连克乾、泾、邠、原等州，进攻凤翔，但没有成功。

夏天，太祖在塔里寒寨避暑。西域君主札阑丁出逃，与灭里可汗会合，忽都忽与他们交战，失败。太祖自己带兵进攻，捉住了灭里可汗，札阑丁逃走。太祖派八剌追捕，没有抓住。

秋天，金朝又派乌古孙仲端前来请和，在回鹘国觐见太祖。太祖对他说："我过去要你的君主将河朔地区都给我，让你的君主当河南王，彼此罢兵停战，你的君主不肯。现在木华黎已经夺取了全部河朔地区，你这时才来请求不是太晚了吗？"仲端苦苦哀求，太祖说："念你远来不易，河朔既然都已为我所有，关西还有几座没有攻下的城，都割付给我，这样可以让你的君主当河南王。不要再违背我的意思。"仲端于是回去。金朝平阳公胡天作以青龙堡来降。

冬十月，金河中府来附，以石天应为兵马都元帅守之。

十八年癸未春三月，太师国王木华黎薨。

夏，避暑八鲁弯川。皇子术赤、察合台、窝阔台及八剌之兵来会，遂定西域诸城，置达鲁花赤监治之。

冬十月，金主珣殂，子守绪立。

是岁，宋复遣苟梦玉来。

十九年甲申夏，宋大名总管彭义斌侵河北。史天倪与战于恩州，败之。

是岁，帝至东印度国，角端见，班师。

【译文】

冬季十月，金朝河中府归附，授石天应为兵马都元帅镇守该地。

十八年癸未，春三月，太师国王木华黎去世。

夏天，在八鲁弯川避暑。皇子术赤、察合台、窝阔台和八剌的军队都来会合，遂即平定西域各处城市，设置达鲁花赤进行监督治理。

冬季十月，金朝皇帝完颜珣死，其子完颜守绪继位。

这一年，宋朝又派苟梦玉前来。

十九年甲申的夏天，宋朝大名总管彭义斌侵犯河北，史天倪与他在恩州交战，打败了他。

这一年，太祖到东印度国，角端出现，于是班师。

二十年乙酉春正月，还行宫。

二月，武仙以真定叛，杀史天倪。董俊判官李全亦以中山叛。

三月，史天泽击仙走之，复真定。

夏六月，彭义斌以兵应仙，天泽御于赞皇，擒斩之。

二十一年〔丙戌〕春正月，帝以西夏纳仇人亦腊喝翔昆及不遣质子，自将伐之。

二月，取黑水等城。

夏，避暑于浑垂山。取甘、肃等州。

秋，取西凉府搠罗、河罗等县，遂逾沙陀，至黄河九渡，取应里等县。

九月，李全执张琳，郡王带孙进兵围全于益都。

【译文】

二十年乙酉，春季正月，回到行宫。

二月，武仙在真定叛变，杀死史天倪。董俊手下的判官李全也在中山叛变。

三月，史天泽向武仙发起攻击，武仙逃走，收复真定。

夏季六月，彭义斌以军队响应武仙，史天泽在赞皇防御，将他捉住杀死。

二十一年丙戌，春正月，太祖因为西夏收留仇人亦腊喝翔昆以及不遣质子，亲自带领军队去讨伐。

二月，攻取黑水等城。

夏天，在浑垂山避暑。攻取甘、肃等州。

秋天，攻取西凉府搠罗、河罗等县，于是越过沙漠，到黄河九渡，攻取应里等县。

九月，李全捉住张琳，带孙郡王指挥军队将李全围困于益都。

冬十一月庚申，帝攻灵州，夏遣嵬名令公来援。丙寅，帝渡河击夏师，败之。丁丑，五星聚见于西南。驻跸盐州川。

十二月，李全降。授张柔行军千户、保州等处都元帅。

是岁，皇子窝阔台及察罕之师围金南京。遣唐庆责岁币于金。

二十二年丁亥春，帝留兵攻夏王城，自率师渡河攻积石州。

二月，破临洮府。

三月，破洮、河、西宁二州。遣斡陈那颜攻信都府，拔之。

夏四月，帝次龙德，拔德顺等州，德顺节度使爱申、进士马肩龙死焉。

五月，遣唐庆等使金。

闰月，避暑六盘山。

【译文】

冬季十一月庚申，太祖攻打灵州，西夏派嵬名令公前来援救。丙寅，太祖渡过黄河攻击西夏军，取得胜利。丁丑，五星相聚，出现在西南，太祖屯驻在盐州川。

十二月，李全投降。授予张柔行军千户、保州等处都元帅之职。

这一年，皇子窝阔台和察罕的军队包围金南京，派遣唐庆前往金朝责问为什么不交纳每年的钱币。

二十二年丁亥，春天，太祖留下一部分部队攻打西夏王城，自己带领军队渡过黄河攻打积石州。

二月，破临洮府。

三月，破洮、河、西宁三州。派遣斡陈那颜攻打信都府，占领了那里。

夏季四月，太祖到龙德，攻取德顺等州，德顺节度使爱申、进士马肩龙战死。

五月，派唐庆等出使金朝。

闰五月，太祖在六盘山避暑。

六月，金遣完颜合周、奥屯阿虎来请和。帝谓群臣曰："朕自去冬五星聚时，已尝许不杀掠，遽忘下诏耶。今可布告中外，令彼行人亦知朕意。"是月，夏主李晛降。帝次清水县西江。

秋七月壬午，不豫。己丑，崩于萨里川哈老徒之行宫。临崩谓左右曰："金精兵在潼关，南据连山，北限大河，难以遽破。若假道于宋，宋、金世仇，必能许我，则下兵唐、邓，直捣大梁。金急，必征兵潼关。然以数万之众，千里赴援，人马疲弊，虽至弗能战，破之必矣。"言讫而崩，寿六十六。葬起辇谷。至元三年冬十月，追谥圣武皇帝。至大二年冬十一月庚辰，加谥法天启运圣武皇帝。庙号太祖。在位二十二年。

帝深沉有大略，用兵如神，故能灭国四十，遂平西夏。其奇勋伟迹甚众，惜乎当时史官不备，或多失于纪载云。

戊子年。是岁，皇子拖雷监国。

【译文】

六月，金朝派遣完颜合周、奥屯阿虎前来请求和好。太祖对群臣说："我在去年冬天五星聚会时，已经许愿不再杀掠，急促中忘记下诏书了。现在可以向中外发布告示，让他们的使者也了解我的意思。"这个月，夏国王李晛投降。太祖到清水县西江。

秋季七月壬午，太祖身体不适。己丑，在萨里川哈老徒的行宫去世。临死前对身边的人说："金朝精锐部队都在潼关，南边有连绵的山脉可以据守，北边有广阔的黄河为界，很难迅速攻破。如果向宋朝借路，宋金是世代的仇敌，一定能答应我们的要求，于是我军攻占唐、邓，直捣金朝都城汴梁。金朝着急，必然从潼关征调军队。然而他们数万军队，从千里外前来援救，人马疲乏，即使到了也不能打仗，我们一定能取得胜利。"说完就死了，年六十六岁。葬于起辇谷。至元三年冬十月，追谥为圣武皇帝。至大二年冬十一月庚辰，加谥法天启运圣武皇帝。庙号太祖，在位二十二年。

太祖为人深沉，有伟大的志向，用兵如神，所以能灭四十国，并且平定西夏。他的奇勋伟迹很多，可惜的是当时没有设置史官，可能不少事迹都没有记载下来。

戊子年。这一年，由皇子拖雷监理国事。

耶律楚材传

耶律楚材，字晋卿，辽东丹王突欲八世孙。父履，以学行事金世宗，特见亲任，终尚书右丞。

楚材生三岁而孤，母杨氏教之学。及长，博极群书，旁通天文、地理、律历、术数及释老、医卜之说，下笔为文，若宿构者。金制，宰相子例试补省掾。楚材欲试进士科，章宗诏如旧制。问以疑狱数事，时同试者十七人，楚材所对独优，遂辟为掾。后仕为开州同知。

贞祐二年，宣宗迁汴，完颜福兴行尚书事，留守燕，辟为左右司员外郎。太祖定燕，闻其名，召见之。楚材身长八尺，美髯宏声。帝伟之，曰："辽、金世仇，朕为汝雪之。"对曰："臣父祖尝委质事之，既为之臣，敢仇君耶！"帝重其言，处之左右，遂呼楚材曰"吾图撒合里"而不名，"吾图撒合里"，盖国语长髯人也。

【译文】

耶律楚材，字晋卿，辽朝东丹王耶律突欲的八世孙。父亲耶律履，因学问品行出众得以奉事金世宗，特别受到亲近和信任，去世时官至尚书右丞。

楚材三岁时父亲去世，母亲杨氏教他读书。长大后，博览群书，兼通天文、地理、律历、术数以及佛、道、医、卜等学问，下笔写文章，好像早就做好了似的。金朝制度，宰相之子可以按惯例通过考试担任尚书省属官。耶律楚材想参加进士科考试，章宗诏令按原有的制度办。考官用几个疑难案件进行提问，当时一起参加考试的有十七个人，唯独楚材的回答特别好，于是被征召为尚书省属官。此后又担任过开州同知。

贞祐二年，金宣宗迁都汴梁，完颜福兴为行尚书省事，留守燕京，征召耶律楚材为左右司员外郎。太祖成吉思汗攻取燕京，听说楚材的名字，于是召见他。耶律楚材身高八尺，胡须漂亮，声音宏亮，太祖很看重他，说："辽和金是世代的仇敌，我为你报仇雪恨。"楚材回答说："我的父亲和祖父都曾委身奉事金朝，既然做了金朝的臣民，怎敢仇恨自己的君主呢？"太祖很敬重他这番话，把他安排在自己身边，于是称呼楚材为“吾图撒合里”而不叫他的名字，“吾图撒合里”在蒙语中的意思是胡须很长的人。

己卯夏六月，帝西讨回回国。祃旗之日，雨雪三尺，帝疑之，楚材曰：“玄冥之气，见于盛夏，克敌之征也。”庚辰冬，大雷，复问之，对曰：“回回国主当死于野。”后皆验。夏人常八斤，以善造弓，见知于帝，因每自矜曰：“国家方用武，耶律儒者何用？”楚材曰：“治弓尚须用弓匠，为天下者岂可不用治天下匠耶？”帝闻之甚喜，日见亲用。西域历人奏五月望夜月当蚀。楚材曰：“否。”卒不蚀。明年十月，楚材言月当蚀，西域人曰不蚀，至期果蚀八分。壬午八月，长星见西方，楚材曰：“女真将易主矣。”明年，金宣宗果死。帝每征讨，必命楚材卜，帝亦自灼羊胛，以相符应。指楚材谓太宗曰：“此人，天赐我家。尔后军国庶政，当悉委之。”甲申，帝至东印度，驻铁门关，有一角兽，形如鹿而马尾，其色绿，作人言，谓侍卫者曰：“汝主宜早还。”帝以问楚材，对曰：“此瑞兽也，其名‘角端’，能言四方语，好生恶杀，此天降符以告陛下。陛下天之元子，天下之人，皆陛下之子，愿承天心，以全民命。”帝即日班师。

丙戌冬，从下灵武，诸将争取子女金帛，楚材独收遗书及大黄药材。既而士卒病疫，得大黄辄愈。帝自经营西土，未暇定制，州郡长吏，生杀任情，至孥人妻女，取货财，兼土田。燕蓟留后长官石抹咸得卜尤贪暴，杀人盈市。楚材闻之泣下，即入奏，请禁州郡，非奉玺书，不得擅征发，囚当大辟者必待报，违者罪死，于是贪暴之风稍戢。燕多剧贼，未夕，辄曳牛车指富豪，取其财物，不与则杀之。时睿宗以皇子监国，事闻，遣中使偕楚材往穷治之。楚材询察得其姓名，皆留后亲属及势家子，尽捕下狱。其家赂中使，将缓之，楚材示以祸福，中使惧，从其言，狱具，戮十六人于市，燕民始安。

【译文】

己卯年夏六月，太祖向西讨伐回回国。祭旗的那一天，雪下了有三尺厚，太祖心中疑惑，耶律楚材说：“盛夏季节出现水汽，这是战胜敌人的预兆。”庚辰年冬天，雷声很大，太祖又问他，他回答说：“回回国王将死在野外。”后来这些话都应验了。西夏人常八斤，因为善于制造弓箭，得到太祖的赏识，所以经常自夸道：“国家正在兴兵打仗，耶律楚材这个书生有什么用！”楚材说：“造弓尚且要用弓匠，取天下的人怎能不用治理天下的工匠呢？”太祖听到后十分高兴，越来越信任和重用他。西域懂得历法的人上奏说五月十五日晚将出现月蚀。楚材说：“不对。”果然没有出现月蚀。第二年十月，耶律楚材说将有月蚀，西域人说没有，到时间果然月蚀八分。壬午年八月，彗星出现在西方，楚材说：“女真将改换皇帝了。”第二年，金宣宗果然去世。太祖每次出师征讨，必定要让耶律楚材占卜吉凶，太祖自己也炙烧羊胛骨，判断天意和人事是否相符。指着楚材对太宗说：“这个人是上天赐给我家的。以后军国大事都要交给他处理。”甲申年，太祖到达东印度，驻扎在铁门关，有一只头上长角的野兽，形状像鹿却长着马的尾巴，绿颜色，会讲人话，对侍卫说：“你的主人应早点回去。”太祖向耶律楚材询问这件事，楚材回答说：“这是吉祥的动物，名叫角端，能说各个地方的语言，喜欢生灵而厌恶杀戮，这是上天降下符瑞以告诫陛下。陛下是上天的大儿子，天下的人都是陛下的子女，希望陛下顺应上天的心意，保全百姓的生命。”太祖当天就班师回去了。

丙戌年冬天，跟随太祖攻克灵武，将领们都争着掠取子女金帛，唯独耶律楚材专门收集失落的书籍和大黄等药材。不久士兵们染上疫病，用大黄一治就好了。太祖亲自经营西方的疆土，来不及制定有关制度。州郡长官，任意生杀，甚至把老百姓的妻子强迫变为奴隶，掠夺财物，兼并土地。燕蓟留后长官石抹咸得卜尤其贪婪暴虐，杀人满市。楚材听说后流下眼泪，随即向太祖上奏，请求向各州郡发布禁令，如果没有皇帝的圣旨，不得随便向百姓征税调役，囚犯应处死刑的必须上报，违反者处以死罪，于是贪暴的风气有所收敛。燕京一带有许多厉害的盗贼，光天化日之下就拉着牛车到富人家索取财物，不给就杀人。当时睿宗拖雷以皇子的身份监理国事，听说这些情况，便派遣宫中使臣和耶律楚材一起前去严厉查办。楚材查问到盗贼的姓名，都是留后长官的亲属和有权势人家的子弟，将他们全部逮捕入狱。盗贼的家里贿赂宫中使臣，使臣企图拖延处理，楚材向他讲明这样做将带来的后果，使臣惧怕，听从了耶律楚材的意见，定案后，在集市上处死十六人，燕京的百姓才得以安定下来。

己丑秋，太宗将即位，宗亲咸会，议犹未决。时睿宗为太宗亲弟，故楚材言于睿宗曰："此宗社大计，宜早定。"睿宗曰："事犹未集，别择日可乎？"楚材曰："过是无吉日矣。"遂定策，立仪制，乃告亲王察合台曰："王虽兄，位则臣也，礼当拜。王拜，则莫敢不拜。"王深然之。及即位，王率皇族及臣僚拜帐下，既退，王抚楚材曰："真社稷臣也。"国朝尊属有拜礼自此始。时朝集后期应死者众，楚材奏曰："陛下新即位，宜宥之。"太宗从之。

中原甫定，民多误触禁网，而国法无赦令。楚材议请肆宥，众以之迂，楚材独从容为帝言。诏自庚寅正月朔日前事勿治。且条便宜一十八事颁天下，其略言："郡宜置长吏牧民，设万户总军，使势均力敌，以遏骄横。中原之地，财用所出，宜存恤其民，州县非奉上命，敢擅行科差者罪之。贸易借贷官物者罪之。蒙古、回鹘、河西诸人，种地不纳税者死。监主自盗官物者死。应犯死罪者，具由申奏待报，然后行刑。贡献礼物，为害非轻，深宜禁断。"帝悉从之，唯贡献一事不允，曰："彼自愿馈献者，宜听之。"楚材曰："蠹害之端，必由于此。"帝曰："凡卿所奏，无不从者，卿不能从朕一事耶？"

太祖之世，岁有事西域，未暇经理中原，官吏多聚敛自私，资至巨万，而官无储偫。近臣别迭等言："汉人无补于国，可悉空其人以为牧地。"楚材曰："陛下将南伐，军需宜有所资，诚均定中原地税、商税、盐、酒、铁冶、山泽之利，岁可得银五十万两、帛八万匹、粟四十余万石，足以供给，何谓无补哉？"帝曰："卿试为朕行之。"乃奏立燕京等十路征收课税使，凡长贰悉用士人，如陈时可、赵昉等，皆宽厚长者，极天下之选，参佐皆用省部旧人。辛卯秋，帝至云中，十路咸进廪籍及金帛陈于庭中，帝笑谓楚材曰："汝不去朕左右，而能使国用充足，南国之臣，复有如卿者乎？"对曰："在彼者皆贤于臣，臣不才，故留燕，为陛下用。"帝嘉其谦，赐之酒。即日拜中书令，事无巨细，皆先白之。

【译文】

己丑年秋天，太宗将要即位，宗室皇亲都聚集在一起，讨论还没有做出决定。当时睿宗拖雷是太宗窝阔台的亲弟弟，所以耶律楚材对睿宗说：“这是宗庙社稷的大事，应该尽早确定。”睿宗说：“事情还没有完结，另外选个日子怎么样？”楚材说：“过了今天就没有吉日了。”于是确定下来，耶律楚材建立礼仪制度，进而对亲王察合台说：“亲王虽然是兄长，但地位则是臣子，按礼节应当跪拜皇帝。您跪拜了，那么就没人敢不拜了。”察合台很赞同他的意见。等到太宗即位，察合台率领全体皇族成员和大臣们在宫帐下跪拜。礼毕退下，察合台手抚着耶律楚材说：“您真是安邦定国的大臣啊！”蒙古国君臣间有跪拜之礼从这时候开始。当时朝会迟到应处死刑的人很多，楚材上奏道：“陛下刚刚即位，应该赦免他们。”太宗听从了他的意见。

中原刚刚平定，老百姓误犯法律的人很多，而国家法令中没有赦免的说法。耶律楚材请求对他们宽大处理，众人都认为这不切实际，唯独楚材严肃地向皇帝建议。皇帝发布诏令，凡是庚寅年正月初一以前犯的事情都不予追究。他还拟订了十八项应办的事情，建议颁行天下。大致是说：“州郡要设置长官以管理百姓，设置万户以统率军队，使文、武双方势均力敌，以防止骄横的作风。中原地区，是国家财富的来源，应该保存和照顾这里的百姓，州县如果没有上司的命令，胆敢擅自科征赋税的要判罪。借贷官府财物做买卖的，也要判罪。蒙古、回鹘、河西等地的人，种地不交税的处以死刑。负责管理的官员自己盗窃官府财物的也要处死。凡是犯死罪的，要将理由上奏朝廷等待批复，然后行刑。各地上贡和进献礼物，为害不小，必须严禁。”太宗全部同意，只有禁止贡献礼物这件事不答应，说：“那些自愿贡献的，应该允许。”楚材说：“腐败的祸端，必然从这里开始。”太宗说：“凡是你奏请的事情，我没有一件不答应，你难道不能顺从我一件事吗？”

太祖在世的时候，每年都要用兵西域，没有时间来经营治理中原，很多官吏都聚敛财物为自己打算，家中财物多得不得了，而官府却没有什么储备。近臣别迭等人说：“汉人对国家没什么用处，可以把他们的土地全部空出来做牧场。”耶律楚材说：“陛下即将向南征伐，军需物资要有来源，如果能均衡地确定中原地区的田税、商税以及盐、酒、铁冶和山林河湖等业的赋税，每年可以得到五十万两白银、八万匹绢帛和四十多万石粟子，足以供给军队需要，怎么能说没什么用处呢？”太宗说：“你为我试着办。”于是奏请设立燕京等十路征收课税使，凡正、副长官都任用读书人，如陈时可、赵昉等都是宽厚的长者、天下第一流的人物，属官都用金朝尚书省六部的原班人员。辛卯年秋天，太宗来到云中，十路都送来储存粮食的簿册和黄金、绢帛，陈列在庭院中，太宗笑着对楚材说：“你没有离开过我的身边，却能使国家经费充裕，南方金国还有像你这样的大臣吗？”楚材回答说：“在那里的人都比我贤明能干，我没什么本事，所以才留在燕京，为陛下所用。”太宗赞赏他的谦虚，赐酒给他。当即任命他为中书令，事无大小，都要先跟他通报商议。

楚材奏：“凡州郡宜令长吏专理民事，万户总军政，凡所掌课税，权贵不得侵之。”又举镇海、粘合，均与之同事，权贵不能平。咸得卜以旧怨，尤嫉之，谮于宗王曰：“耶律中书令率用亲旧，必有二心，宜奏杀之。”宗王遣使以闻，帝察其诬，责使者，罢遣之。属有讼咸得卜不法者，帝命楚材鞫之，奏曰：“此人倨傲，故易招谤。今将有事南方，他日治之未晚也。”帝私谓侍臣曰：“楚材不较私仇，真宽厚长者，汝曹当效之。”中贵可思不花奏采金银役夫及种田西域与栽蒲萄户，帝令于西京宣德徙万余户充之。楚材曰：“先帝遗诏，山后民质朴，无异国人，缓急可用，不宜轻动。今将征河南，请无残民以给此役。”帝可其奏。

壬辰春，帝南征，将涉河，诏逃难之民，来降者免死。或曰：“此辈急则降，缓则走，徒以资敌，不可宥。”楚材请制旗数百，以给降民，使归田里，全活甚众。旧制，凡攻城邑，敌以矢石相加者，即为拒命，既克，必杀之。汴梁将下，大将速不台遣使来言：“金人抗拒持久，师多死伤，城下之日，宜屠之。”楚材驰入奏曰：“将士暴露数十年，所欲者土地人民耳。得地无民，将焉用之？”帝犹豫未决，楚材曰：“奇巧之工，厚藏之家，皆萃于此，若尽杀之，将无所获。”帝然之，诏罪止完颜氏，余皆勿问。时避兵居汴者得百四十七万人。

楚材又请遣人入城，求孔子后，得五十一代孙元措，奏袭封衍圣公，付以林庙地。命收太常礼乐生，及召名儒梁陟、王万庆、赵著等，使直释九经，进讲东宫。又率大臣子孙，执经解义，俾知圣人之道。置编修所于燕京、经籍所于平阳，由是文治兴焉。

【译文】

耶律楚材上奏："凡是地方州郡应该让行政长官专门管理民事，万户统管军政，凡是地方所掌管的征收赋税的事务，权贵不能干预。"又推荐镇海、粘合二人，与他共同工作，权贵们都不服气。咸得卜因为过去跟耶律楚材有仇，尤其忌恨他，在宗王面前诬陷道："耶律中书令专门任用自己的亲信故旧，必定怀有叛逆之心，应该奏请皇帝杀掉他。"宗王派人告诉了皇帝，太宗觉察到这是诬陷，就斥责了来人，把他打发回去。接着有人控告咸得卜有犯法行为，太宗命楚材审理此事，耶律楚材上奏说："此人骄傲自大，因而容易招来别人的攻击。现在正要对南方用兵，以后再做处理也不晚。"太宗私下对侍臣说："楚材不计较私仇，真是宽厚长者，你们应当效法他。"宫中显贵可思不花奏请召募采金银的役夫以及到西域种田、栽葡萄的人户，太宗下令在西京宣德迁移一万多户来充当。楚材说："先帝遗诏中说，山后的百姓质朴，和蒙古人没有区别，遇到危难时可以利用，不应轻易迁移他们。如今即将征讨河南，请不要分散山后百姓，以便在这次军事行动中使用他们。"太宗同意了他的请求。

壬辰年春天，太宗南下征讨，将要渡黄河，诏令逃难的百姓，前来投降的可以免死。有人说："这些人危急的时候就投降，没事的时候就逃走，只对敌人有好处，不能宽大处理。"耶律楚材请求制作几百面旗子，发给投降的难民，让他们返回乡里，很多人因此得以保全性命。按照蒙古传统的制度，凡是攻打城池，敌人用弓箭和石块袭击的，就是违抗命令，攻克之后，必定将城中的军民全部杀死。汴梁将要攻下，大将速不台派人来说："金人抗拒了很长时间，我军死伤很多，汴梁攻克之日，应该屠城。"耶律楚材急忙进去上奏道："将士们辛苦了几十年，想要得到的不过是土地和人民。得到了土地而失去了人民，又有什么用呢？"太宗犹豫不决，楚材又说："能工巧匠，富裕人家，都集中在这里，如果将他们全部杀死，将会一无所获。”太宗接受了他的意见，下诏只处罚完颜氏一族，其余都不追究。当时躲避打仗而住在汴梁的有一百四十七万人。

耶律楚材又请求派人进城，寻求孔子的后代，找到孔子的五十一代孙孔元措，奏请由他继承“衍圣公”的封号，将孔林、孔庙的土地交付给他，命令他收集金朝的太常礼乐生。又征召著名的儒生梁陟、王万庆、赵著等人，让他们将《九经》译成口语，讲给太子听。又率领大臣们的子孙，拿着经书讲解其中的含义，使他们知道圣人的学说。在燕京设置编修所，在平阳设置经籍所，从此文明教化开始兴盛。

时河南初破，俘获甚众，军还，逃者十七八。有旨：居停逃民及资给者，灭其家，乡社亦连坐。由是逃者莫敢舍，多殍死道路。楚材从容进曰：“河南既平，民皆陛下赤子，走复何之！奈何因一俘囚，连死数十百人乎？”帝悟，命除其禁。金之亡也，唯秦、巩二十余州久未下，楚材奏曰：“往年吾民逃罪，或萃于此，故以死拒战。若许以不杀，将不攻自下矣。”诏下，诸城皆降。

甲午，议籍中原民，大臣忽都虎等议，以丁为户。楚材曰：“不可。丁逃，则赋无所出，当以户定之。”争之再三，卒以户定。时将相大臣有所驱获，往往寄留诸郡，楚材因括户口，并令为民，匿占者死。

乙未，朝议将四征不廷，若遣回回人征江南，汉人征西域，深得制御之术，楚材曰：“不可。中原、西域，相去辽远，未至敌境，人马疲乏，兼水土异宜，疾疫将生，宜各从其便。”从之。

丙申春，诸王大集，帝亲执觞赐楚材曰：“朕之所以推诚任卿者，先帝之命也。非卿，则中原无今日。朕所以得安枕者，卿之力也。”西域诸国及宋、高丽使者来朝，语多不实，帝指楚材示之曰：“汝国有如此人乎？”皆谢曰：“无有。殆神人也！”帝曰：“汝等唯此言不妄，朕亦度必无此人。”有于元者，奏行交钞，楚材曰：“金章宗时初行交钞，与钱通行，有司以出钞为利，收钞为讳，谓之‘老钞’，至以万贯唯易一饼。民力困竭，国用匮乏，当为鉴戒。今印造交钞，宜不过万锭。”从之。

【译文】

当时河南地区刚刚攻下，俘虏很多，蒙军返回，俘虏逃跑的有十分之七八。皇帝下令：凡是收留和资助逃亡者的，处死全家，同村邻里也要连坐。因此，没有人敢收留逃亡者，大多饿死在路上。耶律楚材平心静气地对太宗说："河南已经平定，这里的百姓都是陛下的儿女，还会走到哪里去呢！何必因为一个俘虏，而使几十个甚至上百个人牵连受死呢？"太宗醒悟，下诏解除了这条禁令。金朝灭亡后，只有秦、巩等二十多个州很久没有投降，楚材上奏道："过去我们的百姓逃避罪罚，有的集中在这些地方，所以拼死抵抗，如果答应不杀他们，将不攻自破。"赦免死罪的诏令一下，这些城池都投降了。

甲午年，讨论将中原百姓登记编户，大臣忽都虎等人建议以成年男子为征税对象。耶律楚材说："不行。成年男子逃走，那么赋税就征收不到了，应当以户为征收对象。"争论多次，终于确定以户为征收对象。当时将相大臣获得的俘虏，往往寄存在地方州郡，楚材利用登记户口的机会，下令将俘虏全部登记为平民，凡是隐藏私占的均处以死刑。

乙未年，朝廷讨论将四处征伐没有归附的地方，假如派遣回回人征讨江南，汉人征讨西域，那么就能有效地控制他们，耶律楚材说："不行。中原和西域相距遥远，还没有到达敌人的边境，就已经人马疲乏了，加上水土不服，容易生传染病，应该各从其便。"皇帝接受了他的意见。

丙申年春天，宗王们大聚会，太宗亲自拿起酒杯赐给耶律楚材说："我之所以推心置腹地任用你，是因为先帝的命令。没有你，中原地区就没有今天。我之所以能够高枕无忧，都是因为你的努力。"西域各国以及宋朝、高丽的使者前来朝见，说的话大多不可信，太宗指着耶律楚材对他们说："你们国家有这样的人才吗？"使者们都老实地说道："没有。他简直是神人啊！"太宗说："你们只有这句话不假，我也觉得你们国中一定没有这样的人才。"有个叫于元的人奏请发行纸币，耶律楚材说："金章宗时开始推行纸币，与铜钱同时使用，官府以发行纸币来谋利，不愿意回收，称为'老钞'，甚至一万贯纸币只能买一张饼。百姓穷困，国家经费短缺，应该引以为戒。现在印制纸币，不能超过一万锭。"朝廷接受了他的意见。

秋七月，忽都虎以民籍至，帝议裂州县赐亲王功臣。楚材曰：“裂土分民，易生嫌隙。不如多以金帛与之。”帝曰：“已许奈何？”楚材曰：“若朝廷置吏，收其贡赋，岁终颁之，使毋擅科征，可也。”帝然其计，遂定天下赋税，每二户出丝一斤，以给国用；五户出丝一斤，以给诸王功臣汤沐之资。地税，中田每亩二升又半，上田三升，下田二升，水田每亩五升；商税，三十分而一；盐价，银一两四十斤。既定常赋，朝议以为太轻，楚材曰：“作法于凉，其弊犹贪，后将有以利进者，则今已重矣。”

时工匠制造，糜费官物，十私八九，楚材请皆考核之，以为定制。时侍臣脱欢奏简天下室女，诏下，楚材泥之不行，帝怒。楚材进曰：“向择美女二十有八人，足备使令。今复选拔，臣恐扰民，欲覆奏耳。”帝良久曰：“可罢之。”又欲收民牝马，楚材曰：“田蚕之地，非马所产，今若行之，后必为人害。”又从之。

丁酉，楚材奏曰：“制器者必用良工，守成者必用儒臣。儒臣之事业，非积数十年，殆未易成也。”帝曰：“果尔，可官其人。”楚材曰：“请校试之。”乃命宣德州宣课使刘中随郡考试，以经义、词赋、论分为三科，儒人被俘为奴者，亦令就试，其主匿弗遣者死。得士凡四千三十人，免为奴者四之一。

先是，州郡长吏，多借贾人银以偿官，息累数倍，曰“羊羔儿利”，至奴其妻子，犹不足偿。楚材奏令本利相伴而止，永为定制，民间所负者，官为代偿之。至一衡量，给符印，立钞法，定均输，布递传，明驿券，庶政略备，民稍苏息焉。

有二道士争长，互立党与，其一诬其仇之党二人为逃军，结中贵及通事杨惟忠，执而虐杀之。楚材按收惟忠。中贵复诉楚材违制，帝怒，系楚材；既而自悔，命释之。楚材不肯解缚，进曰：“臣备位公辅，国政所属。陛下初令系臣，以有罪也，当明示百官，罪在不赦。今释臣，是无罪也，岂宜轻易反覆，如戏小儿？国有大事，何以行焉！”众皆失色。帝曰：“朕虽为帝，宁无过举耶？”乃温言以慰之。楚材因陈时务十策，曰：“信赏罚，正名分，给俸禄，官功臣，考殿最，均科差，选工匠，务农桑，定土贡，制漕运。皆切于时务，悉施行之。

太原路转运使吕振、副使刘子振，以赃抵罪。帝责楚材曰：“卿言孔子之教可行，儒者为好人，何故乃有此辈？”对曰：“君父教臣子，亦不欲令陷不义。三纲五常，圣人之名教，有国家者莫不由之，如天之有日月也。岂得缘一夫之失，使万世常行之道独见废于我朝乎！”帝意乃解。

【译文】

秋七月，忽都虎送来了户口簿，太宗打算分割州县赏赐给亲王、功臣。耶律楚材说：“分割土地和人民，容易发生冲突和纠纷。不如多赐给他们金帛财物。”太宗说：“已经答应了，怎么办呢？”楚材说：“如果朝廷设置官吏，征收上交给诸王功臣的赋税，到年底分给他们，不让他们自行征收，这样就可以了。”太宗同意他的想法，于是确定全国的赋税，每两户出丝一斤，以供国家使用；五户合出丝一斤，作为诸王和功臣封地的收入。地税，中等田每亩交二升半，上等田交三升，下等田交二升，水田每亩交五升；商税征收三十分之一；盐价，白银一两可买四十斤。正常的赋税额确定后，朝廷讨论认为太轻，楚材说：“赋税从轻，仍会产生贪污的弊端，以后将会有人以增加国家收入为升官的途径，那样的话现在的赋税额就已经够重的了。”

当时的工匠制造物品，随意浪费官府的物资，十之八九被他们私自占有，耶律楚材请求全部加以考核，建立起固定的制度。当时侍臣脱欢奏请在天下没有出嫁的女子中挑选美女，诏令已经颁发，耶律楚材拦住不执行，太宗发怒。楚材进谏道：“以前挑选了二十八个美女，已经足够用来使唤。现在又要挑选，我担心骚扰百姓，正想再向陛下汇报。”太宗过了好一会儿才说：“可以取消这件事。”又打算征收民间的母马，楚材说：“耕种养蚕的地方，不出产马，现在如果推行收马之法，以后必定成为百姓的祸害。”太宗又接受了他的意见。

丁酉年，耶律楚材上奏说：“制造器具必须用好的工匠，要保持国家已取得的成就必须任用儒臣。儒臣的事业，不进行几十年的积累，是难以成功的。”太宗说：“果真是这样的话，可以让这些人做官。”楚材说：“请加以考试选拔。”于是命令宣德州宣课使刘中到各郡去主持考试，分为经义、词赋、论三个科目，被俘为奴的读书人，也让他们参加考试，主人隐藏不让他们应试的就处以死刑。共选拔了四千三百名读书人，免去奴隶身份的占四分之一。

以前，州郡官吏中有很多人借商人的银钱来偿还欠官府的债务，利息累计为本钱的好几倍，称为“羊羔儿利”，甚至妻子儿女都被变卖为奴隶，还是还不清。耶律楚材上奏，下令利息与本钱相等后不许再增加，永远成为固定的制度，民间所欠的债务，由官府代为偿还。直至统一度量衡、颁发符印、建立钞法、制定统一的贸易法规、设置邮政系统、明确驿站的使用凭证，各种政务大致齐备，百姓稍微能够休养生息。

有两个道士争当道长，彼此都聚集了一批党羽，其中一个道士诬陷对手党羽中的两个人是逃兵，勾结宫中侍从和通事杨惟忠，将那两人抓起来残酷杀害。耶律楚材将杨惟忠拘留审问，宫中侍从却说楚材违反朝廷制度，太宗发怒，逮捕楚材。随即又很后悔，下令释放他。楚材不肯松绑，对太宗说：“我身为宰相，关系到国家大政。陛下开始时下令逮捕我，是因为我有罪，应当在百官面前公开宣布我的罪行不可饶恕。现在释放我，是因为我无罪，怎么能这样随便翻来覆去像戏弄小孩一样呢？如果国家有大事，也能这样干吗？”众人吓得脸色都变了。太宗说：“我虽然是皇帝，难道就没有错误的举动吗？”于是好言安慰了他一番。楚材乘机陈述了十条处理当今时务的措施，这十条措施是：信赏罚，正名分，给俸禄，官功臣，考殿最，均科差，选工匠，务农桑，定土贡，制漕运。都切合当今时务，太宗全部同意施行。

太原路转运使吕振、副使刘子振，因为贪污而获罪。太宗责备耶律楚材说：“你讲过孔子的教导可行，读书人是好人，为什么还有这种人？”楚材答道：“君主、父亲教导臣属、子女，也不想让他们去做不讲道义的事情。三纲五常是圣人的教导，管理国家的人没有不遵循的，好比是天上有太阳和月亮一样。怎么能因为一个人的过失，而使得万世经常奉行的学说单单在我们这个朝代被废止呢？”太宗的恼怒这才缓解。

富人刘忽笃马、涉猎发丁、刘廷玉等以银一百四十万两扑买天下课税，楚材曰：“此贪利之徒，罔上虐下，为害甚大。”奏罢之。常曰：“兴一利不如除一害，生一事不如省一事。任尚以班超之言为平平耳，千古之下，自有定论。后之负谴者，方知吾言之不妄也。”帝素嗜酒，日与大臣酣饮，楚材屡谏，不听，乃持酒槽铁口进曰："麴蘖能腐物，铁尚如此，况五脏乎！"帝悟，语近臣曰："汝曹爱君忧国之心，岂有如吾图撒合里者耶？"赏以金帛，敕近臣日进酒三钟而止。

自庚寅定课税格，至甲午平河南，岁有增羡，至戊戌课银增至一百一十万两。译史安天合者，谄事镇海，首引奥都剌合蛮扑买课税，又增至二百二十万两。楚材极力辩谏，至声色俱厉，言与涕俱。帝曰："尔欲搏斗耶？"又曰："尔欲为百姓哭耶？姑令试行之。"楚材力不能止，乃叹息曰："民之困穷，将自此始矣！"

楚材尝与诸王宴，醉卧车中，帝临平野见之，直幸其营，登车手撼之。楚材熟睡未醒，方怒其扰己，忽开目视，始知帝至，惊起谢，帝曰："有酒独醉，不与朕同乐耶？"笑而去。楚材不及冠带，驰诣行宫，帝为置酒，极欢而罢。

【译文】

富人刘忽笃马、涉猎发丁和刘廷玉等人用银一百四十万两承包天下赋税，楚材说："这些都是贪图财利的家伙，欺骗朝廷坑害百姓，为害很大。"奏请皇帝取消这种做法。他经常说："兴一利不如除一弊，多一事不如少一事。任尚以为班超的话平淡无奇，但是千年之后，自有定论。以后遭到谴责的人，才知道我这话不假。"太宗素来喜欢喝酒，每天与大臣们开怀畅饮，楚材多次劝阻，太宗不听，于是就拿着酒槽的铁口对太宗说："酒能够使东西腐烂，铁尚且如此，何况是人的五脏呢？"太宗醒悟，对近臣说道："你们这些人爱护君王、为国忧虑的心意，难道能比得上吾图撒合里吗？"于是赐给他金帛财物，下令侍从们每天进酒以三钟为限。

自从庚寅年确定征税规则，到甲午年平定河南，税额每年都有增加，到戊戌年征收的白银达一百一十万两。有个翻译名叫安天合，讨好镇海，率先招引奥都剌合蛮包买赋税，又增加到二百二十万两白银。耶律楚材极力争辩劝阻，甚至于声色俱厉，一边说一边哭。太宗说："你想打架呀？"又说："你想为百姓哭泣吗？姑且让他们试着做做再说。"楚材无法阻止，于是叹息道："百姓困穷，将从此开始了！"

耶律楚材曾与宗王一起吃饭，喝醉后躺在车中，太宗在原野上看见了，直接来到他的营盘里，登上车用手推他。楚材睡得正香，正为别人打扰自己而恼怒，忽然睁开眼睛一看，才知道是皇帝来了，慌忙起身谢罪，太宗说："有酒一个人喝醉，不想跟我一起快活快活吗？"笑着走了。楚材来不及穿戴好衣冠，赶紧骑马前往皇帝的行宫，太宗为他摆开酒席，尽兴而罢。

楚材当国日久，得禄分其亲族，未尝私以官。行省刘敏从容言之，楚材曰："睦亲之义，但当资以金帛。若使从政而违法，吾不能徇私恩也。"

岁辛丑二月三日，帝疾笃，医言脉已绝。皇后不知所为，召楚材问之，对曰："今任使非人，卖官鬻狱，囚系非辜者多。古人一言而善，荧惑退舍，请赦天下囚徒。"后即欲行之，楚材曰："非君命不可。"俄顷，帝少苏，因入奏，请肆赦，帝已不能言，首肯之。是夜，医者候脉复生，适宣读赦书时也，翌日而瘳。冬十一月四日，帝将出猎，楚材以太乙数推之，亟言其不可，左右皆曰："不骑射，无以为乐。"猎五日，帝崩于行在所。皇后乃马真氏称制，崇信奸回，庶政多紊。奥鲁剌合蛮以货得政柄，廷中悉畏附之。楚材面折廷争，言人所难言，人皆危之。

癸卯五月，荧惑犯房，楚材奏曰："当有惊扰，然讫无事。"居无何，朝廷用兵，事起仓卒，后遂令授甲选腹心，至欲西迁以避之。楚材进曰："朝廷天下根本，根本一摇，天下将乱。臣观天道，必无患也。"后数日乃定。后以御宝空纸，付奥都剌合蛮，使自书填行之。楚材曰："天下者，先帝之天下。朝廷自有宪章，今欲紊之，臣不敢奉诏。"事遂止。又有旨："凡奥都剌合蛮所建白，令史不为书者，断其手。"楚材曰："国之典故，先帝悉委老臣，令史何与焉？事若合理，自当奉行，如不可行，死且不避，况截手乎！"后不悦。楚材辩论不已，因大声曰："老臣事太祖、太宗三十余年，无负于国，皇后亦岂能无罪杀臣也。"后虽憾之，亦以先朝旧勋，深敬惮焉。

甲辰夏五月，薨于位，年五十五。皇后哀悼，赙赠甚厚。后有谮楚材者，言其在相位日久，天下贡赋，半入其家。后命近臣麻里扎覆视之，唯琴阮十余，及古今书画、金石、遗文数千卷。至顺元年，赠经国议制寅亮佐运功臣、太师、上柱国，追封广宁王，谥"文正"。子铉、铸。

【译文】

耶律楚材主持政务很长时间，把得到的俸禄全部分给自己的亲族，从来没有徇私情让他们做官。行省刘敏严肃认真地向他提起此事，楚材说："使亲族和睦的道理，只应用财物资助他们。我不能为了照顾私人感情而让他们去做官违法。"

辛丑年二月三日，太宗病危，医生说脉搏已经不动了。皇后不知所措，把耶律楚材召来询问，楚材回答说："现在任用的官员不合适，出卖官职，打官司要贿赂，囚禁无辜的人很多。古人一句好话就可以使火星退到原来的位置，我请求赦免天下的囚徒。"皇后想立即去做，楚材说："没有皇帝的命令可不行。"过了一会儿，太宗稍微苏醒过来，于是上奏请求赦免囚犯，太宗已不能说话，点头表示同意。当天夜里，太医测到脉搏重新跳动，正好是宣读赦免令的时候，第二天病就好了。冬十一月四日，太宗将要出去打猎，楚材用太乙数来推算，赶紧说不能打猎，左右侍从们都说："不骑马射箭，就谈不上快乐。"打猎五天，太宗在行营中去世。皇后乃马真氏行使皇帝权力，重用和信任奸邪之人，政务都被搞乱。奥都剌合蛮因为包买赋税而执掌大权，朝廷里的人都害怕他、依附他。楚材当面斥责，在朝廷中争辩，说别人不敢说的话，人们都为他担心。

癸卯年五月，火星侵犯房星的区域，耶律楚材上奏说："将有惊扰发生，但最后会没事的。"没过多久，朝廷用兵，事情仓促发生，群情纷扰，皇后于是下令将靠得住的人武装起来，甚至想向西迁移以躲避面临的危机。楚材说："朝廷是天下的根本，根本一旦动摇，天下将会动乱。我观察天象，肯定没有灾难。"过了几天就安定下来。皇后将盖有皇帝大印的空白纸张交给奥都剌合蛮，让他自行填写办事。楚材说："天下是先皇帝的天下。朝廷自有法律规章，现在要搅乱，我不敢遵从命令。"这件事因此而中止。又有旨令说："凡是奥都剌合蛮提出的建议，令史如果不记录下来，就砍断他的手。"楚材说："国家的典章制度，先帝都托付给老臣我来维护，跟令史有什么关系呢？事情如果合理，自然应当奉命执行，如果不能照办的，死都不怕，何况是断手呢！"皇后很不高兴。楚材仍然争辩不已，并大声说："老臣我奉事太祖、太宗三十多年，没有辜负国家，皇后又怎么能没有罪名而处死我呢！”皇后虽然恨他，也因为他是先朝的有功旧臣，对他既尊敬又畏惧。

甲辰年夏五月，耶律楚材死在官位上，终年五十五岁。皇后哀悼，赠赐非常丰厚。后来有人诬陷楚材，说他当宰相时间很长，天下进贡的赋税有一半都落到他的家中。皇后命令侍从大臣麻里扎前去查看，只有十几张琴、阮以及几千卷古今书画、金石和遗文。至顺元年，赠官号为经国，议制寅亮佐运功臣、太师、上柱国，追封为广宁王，谥号“文正”。有儿子铉、铸。

郭守敬传

郭守敬字若思，顺德邢台人。生有异操，不为嬉戏事。大父荣，通五经，精于算数、水利。时刘秉忠、张文谦、张易、王恂，同学于州西紫金山，荣使守敬从秉忠学。

中统三年，文谦荐守敬习水得，巧思绝人。世祖召见，面陈水利六事：其一，中都旧漕河，东至通州，引玉泉水以通舟，岁可省雇车钱六万缗。通州以南，于蔺榆河口径直开引，由蒙村跳梁务至杨村还河，以避浮鸡淘盘浅风浪远转之患。其二，顺德达泉引入城中，分为三渠，灌城东地。其三，顺德沣河东至古任城，失其故道，没民田千三百余顷。此水开修成河，其田即可耕种，自小王村经滹沱，合入御河，通行舟楫。其四，磁州东北滏、漳二水合流处，引水由滏阳、邯郸、洺州、永年下经鸡泽，合入澧河，可灌田三千余顷。其五，怀、孟沁河，虽浇灌，犹有漏堰余水，东与丹河余水相合。引东流，至琥陟县北，合入御河，可灌田二千余顷。其六，黄河自孟州西开引，少分一渠，经由新、旧孟州中间，顺河古岸下，至温县南复入大河，其间亦可灌田二千余顷。每奏一事，世祖欢曰："任事者如此，人不为素餐矣。"授提举诸路河渠。四年，加授银符、副河渠使。

【译文】

郭守敬，字若思，是顺德路邢台人。他的志趣从小就跟别人不同，不喜欢要玩游戏。他祖父郭荣熟悉五经，精通数学与水利。当时正好有刘秉忠、张文谦、张易与王恂等人，一起在滋州西部紫金山学习，郭荣就让郭守敬去跟刘秉忠学习。

中统三年时，张文谦向朝廷推荐郭守敬是位擅长水利工程的人才，并且思想灵巧，胜过常人。元世祖忽必烈命他进见时，他当面陈述了应该兴办的六项水利事业如下：第一，金代中都原有的水运河道，东面可到通州。如果引西郊玉泉山的水流入，使舟船能通行，每年可节省雇车的运输费六万缗。通州南面，在蔺榆河口直向开引河道，从蒙村跳梁务至杨村回到原有河道，可以避开浮鸡淘一段河浅湾多路长有风浪的害处。第二，将顺德府达活泉的水引进到城里，分为三支，可用以灌溉城东的土地。第三，顺德府的沣河，本来向东通往古任城。现在原有河道已被淤没，水流漂淹百姓土地一千三百余顷。如果将它开通，这些田就可以耕种。从小王村经滹沱河会合入御河，还可通行船舶。第四，从磁州东北滏河与漳河会合处，引水由滏阳、邯郸、洺州、永年，往下经鸡泽而流入澧河，可以灌溉土地三千余顷。第五，怀、孟路的沁河，虽然灌溉了农田，但还有穿过土堰的余水，向东与丹河的余水相会合。如果引此水向东流送至琥陟县北，合流入御河，可以灌溉土地两千余顷。第六，从孟州西部开渠引黄河的水，穿过新旧孟州之间，再沿黄河的古岸边东下到温县南面重新进入典河，这一段亦可灌溉良田两千余顷。每奏报一项，皇帝总是赞赏道："像这样去办事的人，方才不是白吃饭的。"于是派他担任提举诸路河渠的官职。中统四年，升任佩银符副河渠使。

至元元年，从张文谦行省西夏。先是，古渠在中兴者，一名唐来，其长四百里，一名汉延，长二百五十里，它州正渠十，皆长二百里，支渠大小六十八，灌田九万余顷。兵乱以来，废坏淤浅。守敬更立插堰，皆复其旧。

二年，授都水少监。守敬言："舟自中兴沿河四昼夜至东胜，可通漕运，及见查泊、兀郎海古渠甚多，宜加修理。"又言："金时，自燕京之西麻峪村，分引庐沟一支东流，穿西山而出，是谓金口。其水自金口以东，燕京以北，灌田若干顷，其利不可腾计。兵兴以来，典守者惧有所失，因以大石塞之。今若按视故积，使水得通流，上可以致西山之利，下可以广京畿之漕。"又言："当于金口西预开减水口，西南还大河，令其深广，以防涨水突入之患。"帝善之。十二年，丞相伯颜南征，议立水站，命守敬行视河北、山东可通舟者，为图奏之。

【译文】

至元元年，郭守敬随从张文谦去到已改为行省的前代西夏国地方去任职。那里的中兴州本来有两处古代的河渠。一条名唐来渠，长四百里；另一条名汉延渠，长二百五十里。其他各州还有正渠十条，都长二百里；大大小小的支渠有六十八条，一共灌溉着九万余顷的土地。发生战乱以来，渠道废坏，河也淤积了。郭守敬修复了水坝水闸，整治了河身，恢复了原状。

至元二年，郭守敬升任都水少监。他上奏说："从中兴州乘船沿黄河而行，四昼夜可抵达东胜。这一段能够开辟水运，应该加以修治。"又说："金朝时，从燕京西面的麻峪村，引卢沟河一条支流穿过西山向西，叫作金口河。它灌溉着金口以东、燕京以北的一大片土地，利益是极大的。自从进军燕京以来，守卫人员惧怕发生失误，用大石块将它填塞了。现在如查察原有河道，仍使水道畅流，上游段可把西山的货物运出来，下游段可以沟通燕京的水运。"他又道："还应该在金口西面预先开挖一条分水渠，从西南方回归到主流道，要深一些、宽一些，以防涨水时洪水冲入京师。"皇帝认为这些都是很好的意见。至元十二年，伯颜丞相进军南宋，需要设立水路驿站，派郭守敬去视察河北、山东一带可以行船的河道，绘图上报。

初，秉忠以《大明历》自辽、金承用二百余年，浸以后天，议欲修正而卒。十三年，江左既平，帝思用其言。遂以守敬与王恂，率南北日官，分掌测验推步于下，而命文谦与枢密张易为之主领裁奏于上，左丞许衡参预其事。守敬首言："历之本在于测验，而测验之器莫先仪表。今司天浑仪，宋皇祐中汴京所造，不与此处天度相符，比量南北二极，约差四度；表石年深，亦复欹侧。"守敬乃尽考其失而移置之。既又别图高爽地，以木为重棚，创作简仪、高表，用相比覆。又以为天枢附极而动，昔人尝展管望之，未得其的，作候极仪。极辰既位，天体斯正，作浑天象。象虽形似，莫适所用，作玲珑仪。以表之矩方，测天之正圆，莫若以圜求圜，作仰仪。古有经纬，结而不动，守敬易之，作立运仪。日有中道，月有九行，守敬一之，作证理仪。表高景虚，罔象非真，作景符。月虽有明，察景则难，作窥几。历法之验，在于交会，作日月食仪。天有赤道，轮以当之，两极低昂，标以指之，作星晷定时仪。又作正方案、丸表、悬正仪、座正仪，为四方行测者所用。又作《仰规覆矩图》、《异方浑盖图》、《日出入永短图》，与上诸仪互相参考。

【译文】

早年，刘秉忠鉴于从辽、金两代沿用到元初的《大明历》，已经二百多年了。历法上的天象渐渐地落后于实际上的天象，曾计议修改历法。随即他去世了。至元十三年时，江东的南宋已攻灭，皇帝想到了刘秉忠的改历意见。于是就委派郭守敬与王恂，率领原有的以及来自亡宋的天文官员，进行具体的天文测量并做计算；又委派张文谦和枢密张易为主管，裁夺奏报，左丞许衡共同参与工作。郭守敬首先指出："治历的根本在于做测量，做测量的工具首先在于仪器。现在司天台上的浑仪，是故宋皇祐年间制作于汴京开封府，跟这里的天文度数并不相合。测量天球上南北二极，相差约四度多。圭表的基石，因年久亦已倾斜。"郭守敬于是考察缺点，重新做了安顿。接着，又另外选找高爽的地段，搭设并列的木棚，创制简仪和高表，用以测量校比。他又认为，天枢星在北极旁边转动，以前有人用窥管观测，未能测定北极位置，于是制做了候极仪。北极的位置测定了，其余天体的位置就能正确标定，又制做了浑天象。浑天象形状虽然很像，但还不太适用，再制作玲珑仪。圭表像矩尺，是方的，要测圆形的天，不如以圆求圆，他又创制了仰仪。古代有经纬制度，结合成固定的网格形，不能转动，郭守敬变更一下，制做了立运仪。太阳和月亮的运行，分别有黄道和九行道，他合起来做了证理仪。高表虽然高，但所得表影端部模糊不够真切，他制做了景符。月虽然明亮，观测它照射出的影子时则较困难，他做了窥几。检验历法的正确性在于日月食观测，又做了日月食仪。天球上的赤道，可用圆轮置于相当的位置来表示，南北极方向的高低可用标杆指明，按此而制做了星晷定时仪。另又做正方案、丸表、悬正仪和座正仪，都是为到外地去做测量时使用的。此外还制做了《仰规覆矩图》、《异方浑盖图》和《日出入永短图》，可以同以上各种仪器测量互相参照使用。

十六年，改局为太史院，以恂为太史令，守敬为同知太史院事，给印章，立官府。及奏进仪表式，守敬当帝前指陈理致，至于日晏，帝不为倦。守敬因奏："唐一行开元间令南宫说天下测景，书中见者凡十三处。今疆宇比唐尤大，若不远方测验，日月交食分数时刻不同，昼夜长短不同，日月星辰去天高下不同，即目测验人少，可先南北立表，取直测景。”帝可其奏。遂设监候官一十四员，分道而出，东至高丽，西极滇池，南逾朱崖，北尽铁勒，四海测验，凡二十七所。

十七年，新历告成，守敬与诸臣同上奏曰：

【译文】

至元十六年，太史局改为正式机构太史院，发给公章，设立官署。王恂当太史令，郭守敬任副职为知太史院事。在上呈并汇报各种仪器式样时，郭守敬在皇帝面前解释使用方法及其原理，一直到傍晚，皇帝并不厌倦。郭守敬随而奏报：“唐代一行在开元年间命南宫说到各地去测量日影，书上记载有十三处地方。现在疆土比唐代还要广大，如果不到远方去做测量，怎知日月食时刻与食分的不同、昼夜长短的不同以及日月星辰在天上位置高低的不同？现今做测量的人员较少，可以先在南北若干地方立表杆，测定准确的日影长度。”皇帝同意他的意见，设置了十四个监候官，分路到各地去。东方去到高丽，西方直至滇池，南方超越朱崖，北方达到铁勒，做四海测验场的总共有二十七个地方。

至元十七年，新历完成了。郭守敬同其他负责人一起上奏说：

臣等窃闻帝王之事，莫重于历。自黄帝迎日推策，帝尧以闰月定四时成岁，舜在璇玑玉衡以齐七政。爰及三代，历无定法，周、秦之间，闰余乖次。西汉造《三统历》，百三十年而后是非始定。东汉造《四分历》，七十余年而仪式方备。又百八十年，姜岌造《三纪甲子历》，始悟以月食动检日宿度所在。又五十七年，何承天造《元嘉历》，始悟以朔望及弦皆定大小余。又六十五年，祖冲之造《大明历》，始悟太阳有岁差之数，极星去不动处一度余。又五十二年，张子信始悟日月交道有表里，五星有迟疾留逆。又三十三年，刘焯造《皇极历》，始悟日行有盈缩。又三十五年，傅仁均造《戊寅元历》，颇采旧仪，始用定朔。又四十六年，李淳风造《麟德历》，以古历章蔀元首分度不齐，始为总法，用进朔以避晦晨月见。又六十三年，一行造《大衍历》始以朔有四大三小，定九服交食之异。又九十四年，徐昂造《宣明历》，始悟日食有气、刻、时三差。又二百三十六年，姚舜辅造《纪元历》，始悟食甚泛余差数。以上计千一百八十二年，历经七十改，其创法者十有三家。

自是又百七十四年，圣朝专命臣等改治新历，臣等用创造简仪、高表，冯其测实数，所考正者凡七事：

【译文】

我们知道帝王最重要的事情要算治历。自从黄帝观测太阳，记录并做推算，帝尧设立闰月定四季作为一年，帝舜用仪器窥管测量日月五星以来，到夏、商、周三代，治历还没有固定的方法。周、秦之间，以闰月调整一年长度，仍有差错。西汉制定《三统历》，三十年之后方才是非分明，确认其正确。东汉作《四分历》，经七十多年方才比较完整。又过了一百八十年，姜岌作《三纪甲子历》，方懂得以月食时对冲的星宿来推定太阳的位置。又过五十七年，何承天作《元嘉历》，方知晓朔日、望日及上、下弦的月亮位置，时间上还有余分。六十五年后，祖冲之作《大明历》，才发现太阳运动中冬至点有岁差，北极星离天球北极还有一度多。又隔五十二年，张子信方了解日月食同它们在黄道与白道交点附近的位置有关，五个行星的速度有快慢变化，并有留和逆行现象。又三十三年，刘焯作《皇极历》，方明了太阳的运动也有快慢。又三十五年，傅仁钧作《戊寅元历》，较多采用旧的仪制，方才采用定朔。又过四十六年，李淳风作《麟德历》，鉴于古历中的章、蔀和元起首日期取数不同，改用总法一个数据，用进朔法避开月末晦日早晨出现月亮。又六十三年，一行作《大衍历》，应用定朔，得连续四个大月和三个小月，定出不同地区日月食时刻和食分的差别。又九十四年，徐昂作《宣明历》，方知道日食有气差、刻差和时差这三种差数。又二百三十六年，姚舜辅作《纪元历》，方知道日食的食甚时刻，食分大小，起讫时刻。以上共计一千一百八十二年，历法改了七十次，有创造的计十三家。

此后又一百七十四年，本朝命我们专门改制新历。我们用新创制的简仪和高表实测所得的数据，考证了七项内容：

一曰冬至。自丙子年立冬后，依每日测到晷景，逐日取对，冬至前后日差同者为准。得丁丑年冬至在戊戌日夜半后八刻半，又定丁丑夏至在庚子日夜半后七十刻；又定戊寅冬至在癸卯日夜半后三十三刻；己卯冬至在戊申日夜半后五十七刻；庚辰冬至在癸丑日夜半后八十一刻。各减《大明历》十八刻，远近相符，前后应准。

二曰岁余。自《大明历》以来，凡测景、验气，得冬至时刻真数者有六，用以相距，各得其时合用岁余。今考验四年，相符不差，仍自宋大明壬寅年距至今日八百一十年，每岁合得三百六十五日二十四刻二十五分，其二十五分为今历岁余合用之数。

三曰日躔。用至元丁丑四月癸酉望月食既，推求日躔，得冬至日躔赤道箕宿十度，黄道箕九度有奇。仍冯每日测到太阳躔，或凭星测月，或凭月测日，或径凭星度测日，立术推算，起自丁丑正月至己卯十二月，凡三年，共得一百三十四事，皆躔于箕，与月食相符。

【译文】

一为冬至。自丙子年冬至日之后，每天测得的太阳表得的太阳表影长度，依冬至前后日子相差数前后相同者，每日取以对比。得丁丑年冬至时刻在戊戌日夜半后八刻半，定夏至在庚子日夜半后七十刻；又定戊寅年冬至在癸卯日夜半后三十三刻，己卯年冬至在戊申日夜半后五十七刻半；庚辰年冬至在癸丑日夜半后八十一刻半。都比《大明历》减少十八刻，远近相合，前后应该是准确的。

二为岁余。自《大明历》以来，经测表影和验节气，得到冬至时刻确数的共有六次。按照它们的时间差数，分别可得到那时合用的一年长度所余的尾数。现经过四年校验，其数值是符合的。从刘宋大明壬寅年到今八百一十年，每年得三百六十五日二十四刻二十五分。这二十五分是现今新历法内通称为岁余的数值。

三为日躔。应用至元丁丑年四月癸酉日望月食食既时的位置，推求太阳的位置；得到冬至日太阳位置依赤道宿度计算是箕宿十度，按黄道宿度计算为箕宿九度余。再按凭星测月，凭月测日或直接凭星度测日等方式，每日测量太阳位置，依法做了计算。从丁丑年正月到己卯年十二月，三年内共得一百三十四项数据，都跟按月食所得结果一样，冬至日太阳位于箕宿。

四曰月离。自丁丑以来至今，冯每日测到逐时太阴行度推算，变从黄道求入转极迟、疾并平行处，前后凡十三抟，计五十一事。内除去不真的外，有三十事，得《大明历》入抟后天。又因考验交食，加《大明历》三十刻，与天道合。

五曰入交。自丁丑五月以来，凭凭借每日测到太阴去极度数，比按黄道去极度，得月道交于黄道，共得八事。仍依日食法度推求，皆有食分，得入交时刻，与《大明历》所差不多。

六曰二十八宿距度。自汉《太初历》以来，距度不同，互有损益。《大明历》则于度下余分，附以太半少，皆私意牵就，未尝实测其数。今新仪皆细刻天度分，每度为三十六分，以距线代管窥，宿度余分并依实测，不以私意牵就。

【译文】

四为月离。自丁丑年以来至今日，从每天所测得的月亮连续的经行度数，计算出月亮运行中速度最快、最慢位置以及相对于恒星的月平行度，前后共十三个周期，五十一项。除去其中不太真切的以外，共有三十项，得知《大明历》落后于天象。又据考验日月交食所得，对《大明历》数据加上三十刻，就与天象相合。

五为入交。从丁丑年五月以来，依每日所测月亮距北极的度数，比照黄道上的去极度数，求得了白道与黄道的相交点，共得八项数据。依日食法式推算，可算得食分，并可算得月亮过白道与黄道交点的时刻。这同按《大明历》所算相差不多。

六为二十八宿距度。自从汉代《太初历》以来，二十八宿的二十八距度，曾有所增减，并不完全相同。《大明历》在度的单位以下附有尾数，分为太、半、少三种。但这并非经过实测而得，是以个人意见牵强附合的。现在的新仪器都详细地刻有全天度、分的刻度。每度分为三十六分；采用结线做瞄准来代替原有的窥管。宿度下的分数都是实测结果，不是牵强地配合上去的。

七曰日出入昼夜刻。《大明历》日出入昼夜刻，皆据汴京为准，其刻数与大都不同。今更以本方北极出地高下，黄道出入内外度，立术推求每日日出入昼夜刻，得夏至极长，日出寅正二刻，日入戌初二刻，昼六十二刻，夜三十八刻。冬至极短，日出辰初二刻，日入申正二刻，昼三十八刻，夜六十二刻。永为定式。

所创法凡五事：一曰太阳盈缩。用四正定气立为升降限，依立招差求得每日行分初末极差积度，比古为密。二曰月行迟疾。古历皆用二十八限，今以万分日之八百二十分之一限，凡析为三百三十六限，依垛叠招差求得转分进退，其迟疾度数逐时不同，盖前所未有。三曰黄赤道差。旧法以一百一度相减相乘，今依算术句股弧矢方圜斜直所容，求到度率积差，差率与天道实吻合。四曰黄赤道内外度。据累年实测，内外极度二十三度九十分，以圆容方直矢接句股为法，求每日去极，与所测相符。五曰白道交周。旧法黄道变推白道以斜求斜，今用立浑比量，得月与赤道正交，距春秋二正黄赤道正交一十四度六十六分，按以为法。推逐月每交二十八宿度分，于理为尽。

【译文】

七为日出入昼夜时刻。《大明历》按太阳出没时刻而定的昼夜时间，都根据汴京开封府地理位置所定，它的刻数跟大都不相同。现另依本地北极出现高度，黄道距赤道内外的度数，计算出每天太阳出没及昼夜时间长短的刻数。得知夏至日最长，日出于寅正二刻，日入于戌初二刻，昼长六十二刻，夜长三十八刻。冬至日最短，日出于辰初二刻，日没于申正二刻，昼长三十八刻，夜长六十二刻。这是永远可取以为依据的。

所创制的方法有五项内容：

一是太阳盈缩。按定气的冬、夏至和春、秋这四正日期。立出加速和减速的区段，依招差术方法求得太阳在黄道上运行时，每天的快慢情况及经行距离，比古代要精确。

二是月行迟疾。古历以“限”作为时间区分单位，都采用二十八个限。现在改以一日的一万分之八百二十作为一限，一个月分为三百三十六限。依垛叠招差法求得月亮运行速度的变化，得到逐时不同的快慢速度，这是以前所没有的。

三是黄赤道差。以前是以一百零一度相减相乘而得。现在依勾股弧矢方圆斜直关系的方法计算，求出黄道与增道上两种度数的差数和积差，它的差额跟天上的实际情况都相符合。

四是黄赤道内外度。根据数年实际测量，黄道内外距赤道二十三度九十分。用以圆容方直矢接勾股的计算方法，求得太阳每日的去极度，跟实测所得均相符合。

五是白道交周。旧法从黄道推求白道位置的方法是以斜求斜；现在用立浑法计算，得月亮白道与赤道的交点，距黄、赤两道交点即春分点和秋分点为十四度六十六分，作为定法。再按月推算月亮距二十八宿的度分，在理论上这是正确的。

十九年，恂卒。时历虽颁，然其推步之式，与夫立成之数，尚皆未有定稿。守敬于是比次篇类，正齐分秒，裁为《推步》七卷，《立成》二卷，《历议拟葶》三卷，《转神选择》二卷，《上中下三历注式》十二卷。二十三年，迹为太史令，遂上表奏进。又有《时候笺注》二卷，《修改源流》一卷。其测验书，有《仪象法式》二卷，《二至晷景考》二十卷，《五星细行考》五十卷，《古今交食考》一卷，《新测无名诸星》一卷，《月离考》一卷，并藏之官。

二十八年，有言滦河自永平挽舟逾山而上，可至开平；有言泸沟自麻峪可至寻麻林。朝廷遣守敬相视，滦河既不可行，泸沟舟亦不通，守敬因陈水利十有一事。其一，大都运粮河，不用一亩泉旧源，别引北山白浮泉水，西折而南，经瓮山泊，自西水门入城，环区于积水潭，复东折而南，出南水门，合入旧运粮河。每十里置一亩，比至通州，凡为牌七，距牌里许，上重置斗门，互炎提淤，以过舟止水。帝览奏，喜曰："当速行之。"于是复置都水监，俾守敬领之。帝命丞相以下皆亲操畚锸倡工，待守敬指授而后行事。

【译文】

至元十九年，王恂去世了。这时，新历虽然已经颁发，可是计算的方式方法以及有关的数据表，都还没有正式的定稿。于是，郭守敬就整理各种数据和资料，分门别类，加以编纂。共编成《推步》七卷，《立成》二卷，《历议按葶》三卷，《抟神选择》二卷，《上中下三历注式》十二卷。至元二十三年，他正式继任太史令，于是上表章呈进历法资料。上述以外，又有《时候笺注》二卷，《修改源流》一卷。测验用书有《仪象法式》二卷，《二至晷景考》二十卷，《五星细行考》五十卷，《古今交食考》一卷，《新测无名诸星》一卷，《月离考》一卷，都收藏在官府中。

至元二十八年，有人向朝廷上报说，滦河河道上，如从永平行船，拉牵越山而上可抵开平。另有人说，泸沟河如经麻峪村通船，可至寻麻林。朝廷派郭守敬去视察。他回来汇报道，滦河不能通行，泸沟河亦不能通舟。他就此陈报关于水利的十一项工作。其中之一为大都城的运粮河，可不再采用一亩泉原有的水源，另外开引北山白浮泉的水，先向西行，再折而向南，通过瓮山泊，从西水门流入城内，汇集于积水潭。然后再往东，转向南面出南水门，使它流入原有的运粮河。每隔一里设置一道水闸，通往通州共设水闸七道。离闸一里余，再加设斗门，配合作开闭，以便调整河水而通船。皇帝看了奏章，高兴地说，应该赶快就办。就此又重新设立了都水监机构，使郭守敬为主管。皇帝命令，开工时自丞相以下百官，都亲自拿起畚插等工具，等待郭守敬安排，带头参加劳作。

先是，通州至大都，陆运官粮，岁若干万石，方秋霖雨，驴畜死者不可腾计，至是皆罢之。三十年，帝还自上都，过积水潭，见舳舫敝水，大悦，名曰通惠河，赐守敬钞万二千五百贯，仍以旧职兼提调通惠河漕运事。守敬又言：于澄清牌稍东，引水与北坝河接，且立牌的正门西，令舟楫得环城往来。志不就而罢。三十一年，拜昭文馆大学士、知太史院事。

大德二年，召守敬至上都，议开铁幡竿渠。守敬奏：“山水频年暴下，非大为渠堰，广五七十步不可。”执政吝于工费，以其言为过，缩其广三之一。明年大雨，山水注下，渠不能容，漂没人畜庐帐，几犯行殿。成宗谓宰臣曰：“郭太史神人也，惜其言不用耳。”七年，诏内外官年及七十，并听致仕，独守敬不许其请。自是翰林太史司天官不致仕，定著为令。延祐三年卒，年八十六。

【译文】

原先，运河只到通州，通州到大都是改从陆路运送官粮的。每年运来几万石，正值秋天霖雨时节，拉车的驴子等牲畜不知要累死多少。这时都可免除了。至元三十年，皇帝从上都回朝，路过积水潭，只见船头接连船尾，把水面都遮没了。他大为高兴，把它起名为通惠河，赐给郭守敬钱钞一万二千五百贯，仍任太史令，兼任提调通惠河漕运事。郭守敬又上言，在通惠河澄清闸稍东处，引水跟北坝河相接，在丽正门西边设立闸门，则舟船可环绕大都城护城河通行。这件事并没有实现。至元三十一年，他被任命为昭文馆大学士，知太史院事。

大德二年，朝廷召郭守敬到上都，商议开展有关铁幡竿渠的工作。郭守敬汇报道："山洪常年暴发，渠道一定要宽广，并加设土坝，宽度非五十步到七十步不可。"办事人员不愿多花工资费用，认为郭守敬所说太过头了，缩小了三分之一。第二年大雨，山水暴发，渠不能容，淹没了人畜及庐帐差点危及行宫。元成宗对负责官员说："郭太史真是个神奇的人物！可惜没有听从他的话。"大德七年，朝廷下诏书，内外官员年纪到了七十岁的，都可以退休，唯独没有同意郭守敬的请求。从此以后，翰林、太史、司天官员都不退休，成为一项规定。延祐三年，郭守敬八十六岁时去世了。

明太祖本纪

太祖开天行道肇纪立极大圣至神仁文义武俊德成功高皇帝，讳元璋，字国瑞，姓朱氏。先世家沛，徙句容，再徙泗州。父世珍，始徙濠州之钟离。生四子，太祖其季也。母陈氏，方娠，梦神授药一丸，置掌中有光，吞之寤，口余香气。及产，红光满室。自是，夜数有光起。邻里望见，惊以为火，辄奔救，至则无有。比长，姿貌雄杰，奇骨贯顶。志意廓然，人莫能测。

至正四年，旱蝗，大饥疫。太祖时年十七，父母兄相继殁，贫不克葬。里人刘继祖与之地，乃克葬，即凤阳陵也。

太祖孤无所依，乃入皇觉寺为僧。逾月，游食合肥。道病，二紫衣人与俱，护视甚至。病已，失所在。凡历光、固、汝、颍诸州三年，复还寺。当是时，元政不纲，盗贼四起。刘福通奉韩山童假宋后起颍，徐寿辉僭帝号起蕲，李二、彭大、赵均用起徐，众各数万，并置将帅，杀吏，侵略郡县，而方国珍已先起海上。他盗拥兵据地，寇掠甚众。天下大乱。

【译文】

太祖开天行道肇纪立极大圣至神仁文义武俊德成功高皇帝，名元璋，字国瑞，姓朱。先世家在沛地，后迁到句容，再迁到泗州。父亲朱世珍，开始迁居濠州的钟离。生了四个儿子，太祖是他第四子。母亲陈氏。她刚刚怀太祖的时候，梦见神仙送给她一丸药，放在手中闪闪发光，吞服以后睡醒，口中仍有香气。及生太祖时，红光满屋。从此，每夜多次有火光升起。邻里望见，害怕是发生火灾，总是奔往相救，到太祖家一看则见不到有火光。到他长大以后，姿容相貌，一副英雄豪杰的气派，有块奇特的骨头贯穿到头顶。志意广大，人不能推测。

至正四年，旱灾蝗灾并发，大饥大疫同生。太祖时年十七，父母兄长相继死亡，家贫不能治葬。同村的刘继祖送给他一块坟地，才得以安葬，后来的凤阳皇陵即在此。

太祖因为孤苦伶仃无依无靠，于是入皇觉寺为僧。过了一个月，游食到了合肥。在路上患病，有两位穿紫色衣服的人与他在一起，对他照护得甚为周到。病愈后，见此二人已不在那里。于是游历光、固、汝、颍各州共三年，再回到皇觉寺。当是时，元朝政治腐败，盗贼四起。刘福通崇奉韩山童假称宋朝的后代在颍州起兵，徐寿辉冒用帝号在蕲州起兵，李二、彭大、赵均用在徐州起兵，他们各自拥有部众数万人，并且设将帅，杀污吏，攻打郡县，而方国珍已先在海上起事了。其他的盗贼也都拥有武装占据地盘，参与抢掠的人多得很，天下大乱。

十二年春二月，定远人郭子兴与其党孙德崖等起兵濠州。元将彻里不花惮不敢攻，而日俘良民以邀赏。太祖时年二十五，谋避兵，卜于神，去留皆不吉。乃曰："得毋当举大事乎？"卜之吉，大喜，遂以闰三月甲戌朔入濠见子兴。子兴奇其状貌，留为亲兵。战辄胜。遂妻以所抚马公女，即高皇后也。子兴与德崖龃龉，太祖屡调护之。

秋九月，元兵复徐州，李二走死，彭大、赵均用奔濠，德崖等纳之。子兴礼大而易均用，均用怨之。德崖遂与谋，伺子兴出，执而械诸孙氏，将杀之。太祖方在淮北，闻难驰至，诉于彭大。大怒，呼兵以行，太祖亦甲而拥盾，发屋出子兴，破械，使人负以归，遂免。是冬，元将贾鲁围濠。太祖与子兴力拒之。

十三年春，贾鲁死，围解。太祖收里中兵得七百人。子兴喜，署为镇抚。时彭、赵所部暴横，子兴弱，太祖度无足与共事，乃以兵属他将，独与徐达、汤和、费聚等南略定远。计降驴牌寨民兵三千，与俱东。夜袭元将张知院于横涧山，收其卒二万。道遇定远人李善长，与语大悦，遂与俱攻滁州，下之。

是年，张士诚据高邮，自称诚王。

十四年冬十月，元丞相脱脱大败士诚于高邮，分兵围六合。太祖曰："六合破，滁且不免。"与耿再成军瓦梁垒，救之。力战，卫老弱还滁。元兵寻大至，攻滁，太祖设伏诱败之。然度元兵势盛且再至，乃还所获马，遣父老具牛酒谢元将曰："守城备他盗耳，奈何舍巨寇戮良民？"元兵引去，城赖以完。脱脱既破士诚，军声大振，会中谗，遽解兵柄，江、淮乱益炽。

十五年春正月，子兴用太祖计，遣张天祐等拔和州，檄太祖总其军。太祖虑诸将不相下，秘其檄，期旦日会厅事。时席尚右，诸将先入，皆踞右，太祖故后至就左。比视事，剖决如流，众瞠目不能发一语，始稍稍屈。议分工甓城，期三日。太祖工竣，诸将皆后。于是始出檄，南面坐曰："奉命总诸公兵，今甓城皆后期，如军法何？"诸将皆惶恐谢。乃搜军中所掠妇女纵还家，民大悦。元兵十万攻和，拒守三月，食且尽，而太子秃坚、枢密副使绊住马、民兵元帅陈野先分屯新塘、高望、鸡笼山以绝饷道。太祖率众破之，元兵皆走渡江。三月，郭子兴卒。时刘福通迎立韩山童子林儿于亳，国号宋，建元龙凤。檄子兴子天叙为都元帅，张天祐、太祖为左右副元帅。太祖慨然曰："大丈夫宁能受制于人耶。"遂不受。然念林儿势盛可倚藉，乃用其年号以令军中。

【译文】

至正十二年春二月，定远人郭子兴与其党羽孙德崖等人在濠州起兵。元将彻里不花因害怕不敢去攻打，天天抓良民为俘虏用以邀功请赏。太祖时年二十五，谋求逃避兵火，在神像前求签问卜，出去和留下都不吉利。于是说："莫非当举大事不成？"问卜得吉利，大为欢喜，于是在闰三月初一日到濠州见郭子兴。子兴见他相貌非凡，当即留为亲兵。太祖每战必胜。郭子兴于是将他所抚养的马公的女儿嫁给太祖为妻，她就是后来的高皇后。每当子兴与德崖发生矛盾的时候，太祖总是一再从中调停并保护郭子兴。

秋九月，元兵收复徐州，李二兵败窜走身死，彭大、赵均用奔往濠州，孙德崖等人招纳了他们。子兴礼待彭大而轻视赵均用，均用因此而怨恨他。德崖于是与赵均用合谋，乘子兴外出之机，把他抓起来并且上了刑具押到了孙德崖那里，准备要杀死他。当时太祖正在淮北，得知郭子兴有难立即跃马扬鞭赶到，告知彭大。彭大一听怒不可遏，马上调兵出发，太祖也披甲持盾，撞开屋门救出了郭子兴，解开刑具，叫人把他背回家，于是使郭子兴幸免于死。这一年冬天，元将贾鲁围困濠州。太祖与子兴力战拒敌。

至正十三年春，贾鲁死，濠州解围了。太祖回到村里募兵得七百人。子兴很高兴，命他做镇抚。当时彭大、赵均用所属的部众恣暴横行，子兴软弱无能，太祖已估计到不能和他共事，于是将所募的士兵委托他人带领，自己与徐达、汤和、费聚等人南攻定远。用计降伏了驴牌寨的民兵三千人，和他们一起东去。在横涧山夜袭元将张知院，接收了他的士兵二万人。在路上遇到定远人李善长，与他谈话甚投机非常高兴，于是和他一起攻打滁州，获得胜利。

这一年，张士诚占据高邮，自称诚王。

至正十四年冬十月，元朝丞相脱脱在高邮大败张士诚，分兵包围六合。太祖说："一旦六合城被攻破，滁州也不能幸免。"即与耿再成进驻瓦梁垒，以救六合之危。经过一番奋战之后，将年老体弱的护送回滁州。元兵不久蜂拥而至，进攻滁州，太祖埋设伏兵诱使他们失败。然而也清醒地估计到元兵势力强盛必会再来，于是送还所缴获的马匹，并派遣父老带着牛和酒前去酬谢元将说："我们守护城是为了防备其他的盗贼，你们为何放去大盗而杀戮良民。"元兵于是解围他去，滁州得以完好无损。脱脱自从打败张士诚以后，军威大振，不料元顺帝中谗言，突然解除了他的兵权，江、淮地区的混乱局面更为加剧。

至正十五年春正月，郭子兴采用太祖的计谋，派遣张天祐等人夺取和州，发文书令太祖总领他的军队。太祖考虑到各位将领会不服从，将文书秘而不宣，约定第二天到厅堂开会议事。当时座次以右面为上，第二天开会时各位将领先到会，都坐在右面，太祖故意晚到坐在左面。到办事时，太祖对各种问题的分析决断如同流水一般透彻清晰，而各位将领却瞠目结舌，哑口无言，这时他们才开始稍稍屈从太祖。又决定用砖修筑城墙，期限三日。太祖如期完工，各位将领都不能按时完成。至此太祖才开始拿出郭子兴发给他的文书，面向南而坐说："我奉命总领各位的部队，而今筑城皆超过期限，当按军法治罪如何？"各位将领无不惶恐认错。于是下令把军队中所掠夺的妇女搜查出来，释放回家，百姓大为高兴。此时元兵十万人围攻和州，城内将士坚守三个月，粮食已尽，而元朝太子秃坚、枢密副使绊住马、民兵元帅陈野先分别驻守在新塘、高望、鸡笼山，因此断绝了运粮饷入和州的道路。太祖率兵打败了他们，元兵皆逃走渡过长江。

三月，郭子兴去世。是时刘福通在亳州迎立韩山童的儿子韩林儿为帝，国号宋，年号龙凤。发文书令郭子兴的儿子郭天叙为都元帅，张天祐、太祖分别为左右副元帅。太祖很有感慨地说："大丈夫怎么能够受别人的控制呢。"于是不接受任命。然而又想到韩林儿势力强盛可以作为倚仗，于是使用他的龙凤年号，用以号令军队。

夏四月，常遇春来归。五月，太祖谋渡江，无舟。会巢湖帅廖永安、俞通海以水军千艘来附，太祖大喜，往抚其众。而元中丞蛮子海牙扼铜城闸、马场河诸隘，巢湖舟师不得出。忽大雨，太祖喜曰："天助我也！"遂乘水涨从小港纵舟还，因击海牙于峪溪口，大败之，遂定计渡江。诸将请直趋集庆。太祖曰："取集庆必自采石始。采石重镇，守必固，牛渚前临大江，彼难为备，可必克也。"六月乙卯，乘风引帆，直达牛渚。常遇春先登，拔之。采石兵亦溃。缘江诸垒悉附。

诸将以和州饥，争取资粮谋归。太祖谓徐达曰："渡江幸捷，若舍而归，江东非吾有也。"乃悉断舟缆，放急流中，谓诸将曰："太平甚近，当与公等取之。"遂乘胜拔太平，执万户纳哈出。总管靳义赴水死，太祖曰："义士也。"礼葬之。揭榜禁剽掠。有卒违令，斩以徇，军中肃然。改路曰府。置太平兴国翼元帅府，自领元帅事，召陶安参幕府事，李习为知府。时太平四面皆元兵。右丞阿鲁灰、中丞蛮子海牙等严师截姑孰口，陈野先水军帅康茂才以数万众攻城。太祖遣徐达、邓愈、汤和逆战，别将潜出其后，夹击之，擒野先并降其众，阿鲁灰等引去。

秋九月，郭天叙、张天祐攻集庆，野先叛，二人皆战死，于是子兴部将尽归太祖矣。野先寻为民兵所杀，从子兆先收其众，屯方山，与海牙犄角以窥太平。

冬十二月壬子，释纳哈出北归。

十六年春二月丙子，大破海牙于采石。三月癸未，进攻集庆，擒兆先，降其众三万六千人，皆疑惧不自保。太祖择骁健者五百人入卫，解甲酣寝达旦，众心始安。庚寅，再败元兵于蒋山。元御史大夫福寿力战死之，蛮子海牙遁归张士诚，康茂才降。太祖入城，悉召官吏父老谕之曰："元政渎扰，干戈蜂起，我来为民除乱耳，其各安堵如故。贤士吾礼用之，旧政不便者除之，吏毋贪暴殃吾民。”民乃大喜过望。改集庆路为应天府，辟夏煜、孙炎、杨宪等十余人，葬御史大夫福寿以旌其忠。

当是时，元将定定扼镇江，别不华、杨仲英屯宁国，青衣军张明鉴据扬州，八思尔不花驻徽州，石抹宜孙守处州，其弟厚孙守婺州，宋伯颜不花守衢州，而池州已为徐寿辉将所据，张士诚自淮东陷平江，转掠浙西。太祖既定集庆，虑士诚、寿辉强，江左、浙右诸郡为所并，于是遣徐达攻镇江，拔之，定定战死。

夏六月，邓愈克广德。

【译文】

夏季四月，常遇春前来加入太祖的队伍。五月，太祖计划渡长江，没有船。恰巧遇到巢湖统帅廖永安、俞通海带领水军千艘前来归附，太祖大喜，立即去安抚慰问他们的部众。由于元朝中丞蛮子海牙控制着铜城闸、马场河各个险要关口，使巢湖水军不能出来。忽然降下大雨，太祖一见喜上心头说：“老天助我呀。”于是乘水涨之机从小港纵身而过把船只驶出来，因而得以在峪溪口痛击蛮子海牙，大败其众，于是定计渡长江。各位将领请直接进军集庆。太祖说：“攻取集庆必须从采石开始。采石是一个军事重镇，防守必然坚固，牛渚前面靠大江，敌人难以守备，攻其可以必胜的。”六月乙卯，渡江大军乘风扬帆，直达牛渚。常遇春捷足先登，夺取牛渚。在采石的元兵也纷纷溃败，长江沿岸的各个堡垒全部归附。

各位将领因和州无粮可食，争着筹集钱粮，计划回和州。太祖对徐达说：“渡江幸而得胜，若舍此而回兵和州，江东就不是我们所能占有了。”于是把系船的缆绳全部砍断，放入急流之中，对各位将领说：“太平离这里很近，我当与各位一起去夺取它。”于是乘胜夺取太平，俘获元朝万户纳哈出。总管靳义投水而死，太祖说：“他是一位义士呀。”命以礼安葬他。同时公开张贴榜文严禁抢掠。有一个士兵违反了命令，当众斩死以示警告，军中秩序井然。太祖还改路为府。设置太平兴国翼元帅府，自己负责总领元帅府的事务，召陶安参幕府事，李习为太平知府。当时太平四面都是元兵。元朝右丞阿鲁灰、中丞蛮子海牙等人严令其军堵截姑孰口，陈野先水军率领康茂才用数万人围攻太平城。太祖派徐达、邓愈、汤和督兵迎战，另外遣将暗中出其后，前后夹攻他们，活捉陈野先并降伏其部众，阿鲁灰等人见势不利收兵他去。

秋九月，郭天叙、张天祐进攻集庆，陈野先叛变，郭、张二人皆战死，于是郭子兴的部将全都归了太祖。陈野先不久为民兵所杀，其从子陈兆先收其部众，驻守方山，与蛮子海牙互为犄角之势伺机夺回太平。

冬十二月壬子，释放纳哈出回到北方。

至正十六年春二月丙子，在采石大败蛮子海牙。三月癸未，进攻集庆，活捉陈兆先，降其众三万六千人，投降者皆疑虑重重，害怕不能保全自己。为此太祖专门选择骁勇健壮的五百人令入宿卫，他自己解除武器在此通宵达旦酣睡，那些人的心情才开始安定下来。庚寅，在蒋山再次挫败元兵。元朝御史大夫福寿力战身死，蛮子海牙逃归张士诚，康茂才投降。太祖进入集庆城，召集所有的官吏与父老告谕他们说："元朝政治败坏，所在纷扰，各处兵火蜂起，我来不过是为百姓消除战乱而已，你们当和以往一样安居稳定。贤能的人士我将以礼聘使用他们，旧政不方便百姓的一概予以废除，官吏不得贪暴残害我的百姓。"百姓于是大为高兴，喜出望外。改集庆路为应天府，召见夏煜、孙炎、杨宪等十余人，各授以官职，又令埋葬元朝御史大夫福寿以表彰他的忠义。

当是时，元将定定扼守镇江，别不华、杨仲英驻守宁国，青衣军张明鉴占据扬州，八思尔不花驻扎徽州，石抹宜孙守卫处州，石抹宜孙的弟弟石抹厚孙守卫婺州，宋伯颜不花守卫衢州，而池州已经为徐寿辉的部将所占据，张士诚从淮东攻陷平江，转而掠夺浙西。太祖既已平定集庆，考虑到士诚、寿辉势力强大，江左、浙右各郡为其所吞并，于是派徐达进攻镇江，大获全胜，定定战死。

夏六月，邓愈攻克广德。

秋七月己卯，诸将奉太祖为吴国公。置江南行中书省，自总省事，置僚佐。贻书张士诚，士诚不报，引兵攻镇江。徐达败之，进围常州，不下。九月戊寅，如镇江，谒孔子庙。遣儒士告谕父老，劝农桑，寻还应天。

十七年春二月，耿炳文克长兴。三月，徐达克常州。

夏四月丁卯，自将攻宁国，取之，别不华降。五月，上元、宁国、句容献瑞麦。六月，赵继祖克江阴。秋七月，徐达克常熟。胡大海克徽州，八思尔不花遁。

冬十月，常遇春克池州，缪大亨克扬州，张明鉴降。十二月己丑，释囚。

是年，徐寿辉将明玉珍据重庆路。

十八年春二月乙亥，以康茂才为营田使。三月己酉，录囚。邓愈克建德路。

夏四月，徐寿辉将陈友谅遣赵普胜陷池州。是月，友谅据龙兴路。五月，刘福通破汴梁，迎韩林儿都之。初，福通遣将分道四出，破山东，寇秦、晋，掠幽、蓟，中原大乱，太祖故得次第略定江表。所过不杀，收召才隽，由是人心日附。

冬十二月，胡大海攻婺州，久不下，太祖自将往击之。石抹宜孙遣将率车师由松溪来援，太祖曰："道狭，车战适取败耳。"命胡德济迎战于梅花门，大破之，婺州降，执厚孙。先一日，城中人望见城西五色云如车盖，以为异，及是乃知为太祖驻兵地。入城，发粟振贫民，改州为宁越府。辟范祖干、叶仪、许元等十三人，分直讲经史。戊子，遣使招谕方国珍。

十九年春正月乙巳，太祖谋取浙东未下诸路。戒诸将曰："克城以武，戡乱以仁。吾比入集庆，秋毫无犯，故一举而定。每闻诸将得一城不妄杀，辄喜不自胜。夫师行如火，不戢将燎原。为将能以不杀为武，岂惟国家之利，子孙实受其福。"庚申，胡大海克诸暨。是月，命宁越知府王宗显立郡学。三月甲午，赦大逆以下。丁巳，方国珍以温、台、庆元来献，遣其子关为质，不受。

夏四月，俞通海等复池州。时耿炳文守长兴，吴良守江阴，汤和守常州，皆数败士诚兵。太祖以故久留宁越，徇浙东。六月壬戌，还应天。

秋八月，元察罕帖木儿复汴梁，福通以林儿退保安丰。九月，常遇春克衢州，擒宋伯颜不花。

冬十月，遣夏煜授方国珍行省平章，国珍以疾辞。十一月壬寅，胡大海克处州，石抹宜孙遁。时元守兵单弱，且闻中原乱，人心离散，以故江左、浙右诸郡，兵至皆下，遂西与友谅邻。

【译文】

秋七月己卯，各位将领尊奉太祖为吴国公。设置江南行中书省，自己总理行省事务，又设置官属辅佐政务。送信给张士诚，士诚拒不回报，统兵进攻镇江。徐达将其打败，并进而围攻常州，未能攻下。九月戊寅，到镇江，拜谒孔子庙。派儒士告谕父老，劝他们重视农作，种植桑麻，随后回到应天。

至正十七年春二月，耿炳文攻克长兴。三月，徐达攻克常州。

夏四月丁卯，太祖亲自带兵攻打宁国，旗开得胜，别不华投降。五月，上元、宁国、句容进献象征丰收的麦穗。六月，赵继祖攻陷江阴。

秋七月，徐达攻克常熟。胡大海攻克徽州，八思尔不花逃走。

冬十月，常遇春攻克池州，缪大亨攻克扬州，张明鉴投降。十二月己丑，释放囚犯。

这一年，徐寿辉的部将明玉珍占据重庆路。

至正十八年春二月乙亥，任用康茂才为营田使。三月己酉，审核记录囚徒的罪状。邓愈攻克建德路。

夏四月，徐寿辉的部将陈友谅派赵普胜攻陷池州。这一月，陈友谅占据龙兴路。五月，刘福通攻下汴梁，迎韩林儿在此建都。起初，刘福通派遣将领分兵四出，攻入山东，骚扰秦、晋，掠夺幽、蓟，中原大乱，太祖因此得以先后平定江表。所过不杀人，招纳俊才，因此人心日益归附。

冬十二月，胡大海攻打婺州，久久不能攻下。太祖亲自统兵前去攻击。石抹宜孙遣将率领车战部队由松溪入援。太祖说："道路狭窄，使用车战正是自取灭亡。"命令胡德济在梅花门迎战，大败敌人，婺州投降，活捉石抹宜孙。开战前一天，城中有人望见城西出现如同五色云彩那样的车盖，觉得很奇怪，至此才知道那是太祖驻兵的营地。入城以后，发放粮谷赈济贫民，改婺州为宁越府。召用范祖干、叶仪、许元等十三人，分别轮流讲解经史。戊子，派遣使者招谕方国珍。

至正十九年春正月乙巳，太祖计划夺取浙东尚未攻下的各路。告诫各位将领说："攻城用武力，治乱用仁义。我军入集庆，秋毫无犯，所以能一举平定。每次听到各位将领攻得一城不妄行杀戮，总是喜不自胜。部队行军迅速如火，若不能稍加约束，势必如火燎原。身为将领能以不杀人为勇猛，不仅是国家的利益，子孙后代也会深受其福。”庚申，胡大海攻克诸暨。同月，命令宁越知府王宗显建立府学。三月甲午，赦免犯大逆以下的罪犯。丁巳，方国珍将温、台、庆元进献给太祖，并派其子方关作为人质，不予接受。

夏四月，俞通海等人收复池州。当时耿炳文守卫长兴，吴良守卫江阴，汤和守卫常州，皆多次打败张士诚的部队。太祖因此久留宁越，攻打浙东。六月壬戌，回到应天。

秋八月，元朝察罕帖木儿收复汴梁，刘福通与韩林儿退保安丰。九月，常遇春攻克衢州，活捉宋伯颜不花。

冬十月，派遣夏煜任命方国珍为行省平章，国珍以病为由加以推辞。十一月壬寅，胡大海攻克处州，石抹宜孙逃走。是时元朝守卫各地的兵力单弱，而且闻知中原一片混乱，人心离散，因此江左、浙右诸郡，兵力所到之处战无不胜，于是西面与陈友谅相毗邻。

二十年春二月，元福建行省参政袁天禄以福宁降。三月戊子，征刘基、宋濂、章溢、叶琛至。

夏五月，徐达、常遇春败陈友谅于池州。闰月丙辰，友谅陷太平，守将朱文逊，院判花云、王鼎，知府许瑗死之。未几，友谅弑其主徐寿辉，自称皇帝，国号汉，尽有江西、湖广地。约士诚合攻应天，应天大震。诸将议先复太平以牵之，太祖曰：“不可。彼居上游，舟师十倍于我，猝难复也。”或请自将迎击，太祖曰：“不可。彼以偏师缀我，而全军趋金陵，顺流半日可达，吾步骑急难引还，百里趋战，兵法所忌，非策也。”乃驰谕胡大海捣信州牵其后，而令康茂才以书绐友谅，令速来。友谅果引兵东。于是常遇春伏石灰山，徐达阵南门外，杨璟屯大胜港，张德胜等以舟师出龙江关，太祖亲督军卢龙山。乙丑，友谅至龙湾，众欲战，太祖曰：“天且雨，趣食，乘雨击之。”须臾，果大雨，士卒竞奋，雨止合战，水陆夹击，大破之，友谅乘别舸走。遂复太平，下安庆，而大海亦克信州。

初，太祖令茂才绐友谅，李善长以为疑。太祖曰：“二寇合，吾首尾受敌，惟速其来而先破之，则士诚胆落矣。”已而士诚兵竟不出。丁卯，置儒学提举司，以宋濂为提举，遣子标受经学。六月，耿再成败石抹宜孙于庆元，宜孙战死，遣使祭之。

秋九月，徐寿辉旧将欧普祥以袁州降。

冬十二月，复遣夏煜以书谕国珍。

二十一年春二月甲申，立盐茶课。己亥，置宝源局。三月丁丑，改枢密院为大都督府。元将薛显以泗州降。戊寅，国珍遣使来谢，饰金玉马鞍以献。却之曰：“今有事四方，所需者人材，所用者粟帛，宝玩非所好也。”

秋七月，友谅将张定边陷安庆。八月，遣使于元平章察罕帖木儿。时察罕平山东，降田丰，军声大振，故太祖与通好。会察罕方攻益都未下，太祖乃自将舟师征陈友谅。戊戌，克安庆，友谅将丁普郎、傅友德迎降。壬寅，次湖口，追败友谅于江州，克其城，友谅奔武昌。分徇南康、建昌、饶、蕲、黄、广济，皆下。

冬十一月己未，克抚州。

二十二年春正月，友谅江西行省丞相胡廷瑞以龙兴降。乙卯，如龙兴，改为洪都府。谒孔子庙。告谕父老，除陈氏苛政，罢诸军需，存恤贫无告者，民大悦。袁、瑞、临江、吉安相继下。二月，还应天。邓愈留守洪都。癸未，降人蒋英杀金华守将胡大海，郎中王恺死之，英叛降张士诚。处州降人李祐之闻变，亦杀行枢密院判耿再成反，都事孙炎、知府王道同、元帅朱文刚死之。三月癸亥，降人祝宗、康泰反，陷洪都，邓愈走应天，知府叶琛、都事万思诚死之。是月，明玉珍称帝于重庆，国号夏。

夏四月己卯，邵荣复处州。甲午，徐达复洪都。五月丙午，朱文正、赵德胜、邓愈镇洪都。六月戊寅，察罕以书来报，留我使人不遣。察罕寻为田丰所杀。

秋七月丙辰，平章邵荣、参政赵继祖谋逆，伏诛。

冬十二月，元遣尚书张昶航海至庆元，授太祖江西行省平章政事，不受。察罕子扩廓帖木儿致书归使者。

二十三年春正月丙寅，遣汪河报之。二月壬申，命将士屯田积谷。是月，友谅将张定边陷饶州。士诚将吕珍破安丰，杀刘福通。三月辛丑，太祖自将救安丰，珍败走，以韩林儿归滁州，乃还应天。

夏四月壬戌，友谅大举兵围洪都。乙丑，诸全守将谢再兴叛，附于士诚。五月，筑礼贤馆。友谅分兵陷吉安，参政刘齐、知府朱叔华死之。陷临江，同知赵天麟死之。陷无为州，知州董会死之。

秋七月癸酉，太祖自将救洪都。癸未，次湖口，先伏兵泾江口及南湖觜，遏友谅归路，檄信州兵守武阳渡。友谅闻太祖至，解围，逆战于鄱阳湖。友谅兵号六十万，联巨舟为阵，楼橹高十余丈，绵亘数十里，旌旗戈盾，望之如山。丁亥，遇于康郎山，太祖分军十一队以御之。戊子，合战，徐达击其前锋，俞通海以火炮焚其舟数十，杀伤略相当。友谅骁将张定边直犯太祖舟，舟胶于沙，不得退，危甚。常遇春从旁射中定边，通海复来援，舟骤进水涌，太祖舟乃得脱。己丑，友谅悉巨舰出战，诸将舟小，仰攻不利，有怖色。太祖亲麾之，不前，斩退缩者十余人，人皆殊死战。会日晡，大风起东北，乃命敢死士操七舟，实火药芦苇中，纵火焚友谅舟。风烈火炽，烟焰涨天，湖水尽赤。友谅兵大乱，诸将鼓噪乘之，斩首二千余级，焚溺死者无算，友谅气夺。辛卯，复战，友谅复大败。于是敛舟自守，不敢更战。壬辰，太祖移军扼左蠡，友谅亦退保渚矶。相持三日，其左、右二金吾将军皆降。友谅势益蹙，忿甚，尽杀所获将士。而太祖则悉还所俘，伤者傅以善药，且祭其亲戚诸将阵亡者。八月壬戌，友谅食尽，趋南湖觜，为南湖军所遏，遂突湖口。太祖邀之，顺流搏战，及于泾江。泾江军复遮击之，友谅中流矢死。张定边以其子理奔武昌。

九月，还应天，论功行赏。先是，太祖救安丰，刘基谏不听。至是谓基曰："我不当有安丰之行，使友谅乘虚直捣应天，大事去矣。乃顿兵南昌，不亡何待。友谅亡，天下不难定也。"壬午，自将征陈理。是月，张士诚自称吴王。

冬十月壬寅，围武昌，分徇湖北诸路，皆下。十二月丙申，还应天，常遇春留督诸军。

【译文】

至正二十年春二月，元朝福建行省参政袁天禄在福宁投降。三月戊子，召用刘基、宋濂、章溢、叶琛到应天。

夏五月，徐达、常遇春在池州打败陈友谅。闰五月丙辰，陈友谅攻陷太平，守将朱文逊，院判花云、王鼎，知府许瑗被害。不久，友谅杀其主子徐寿辉，自称皇帝，国号汉，江西、湖广的地盘尽归其所有。同时相约张士诚联合攻打应天，应天为此大受震动。各位将领商议首先收复太平用以牵制他们，太祖说："不可以。陈友谅居长江上游，水军比我们多出十倍，一下子难以收复太平。"有人请太祖亲自率兵迎击，太祖说："不可以。陈友谅以非主力部队牵制我军，而全军直攻金陵，顺流而下半日即可到达，我军的步兵和骑兵难以紧急返回，百里催战，此乃兵法所忌，不是良策呀。"于是迅速派人命胡大海直捣信州以牵制陈友谅的后方，同时命康茂才去信哄骗友谅，令其速来。友谅果然受骗引兵东下。于是常遇春设伏兵于石灰山，徐达布阵于南门外，杨璟驻守大胜港，张德胜等人率水军出龙江关，太祖亲自在卢龙山坐镇指挥。乙丑，陈友谅到龙湾时，众军欲开战，太祖说："天快下雨了，赶快吃饭，乘雨攻击他。"不一会儿，果然大雨倾盆，士卒竞相奋勇争先，雨停止之后合力作战，水陆夹击，大败陈友谅。友谅乘坐别的大船逃走。于是收复太平，攻下安庆，过后胡大海也攻克信州。

起初，太祖令康茂才哄骗陈友谅，李善长对此表示疑惑不解。太祖说："陈、张二敌联合，我首尾受敌，只有令其速来而先打败他，张士诚必将丧胆落魄了。"后来张士诚的军队终究不敢出来。丁卯，设置儒学提举司，用宋濂为提举，派长子朱标学习经学。六月，耿再成在庆元打败石抹宜孙，宜孙战死，遣使祭奠他。

秋九月，原来徐寿辉的部将欧普祥在袁州投降。

冬十二月，再次派夏煜送信招谕方国珍。

至正二十一年春二月甲申，建立食盐课税法和茶叶课税法。己亥，置立宝源局。三月丁丑，改枢密院为大都督府。元将薛显在泗州投降。戊寅，方国珍遣使前来谢罪，进献用金玉装饰的马鞍，拒绝接受，说："今日四方多事，所需要的是人才，所急用的是粮食和布匹，珍宝玩物不是我所爱好的。"

秋七月，陈友谅的部将张定边攻陷安庆。八月，派遣使者到元朝平章察罕帖木儿那里。当时察罕出兵平定山东，招降田丰，军威大振，所以太祖要与他通好。刚好遇到察罕正在进攻益都而未能攻下，太祖于是亲自领水军出征陈友谅。戊戌，攻克安庆，陈友谅的部将丁普郎、傅友德出城迎降。壬寅，到达湖口，在江州追击陈友谅并将其打败，攻克江州城，陈友谅逃奔武昌。于是分兵攻打南康、建昌、饶、蕲、黄、广济，所向皆捷。

冬十一月己未，攻克抚州。

至正二十二年春季正月，陈友谅的江西行省丞相胡廷瑞在龙兴投降。乙卯，到龙兴，改其为洪都府。拜谒孔子庙。指示父老，废除陈友谅的苛政，罢免各种军需供应，慰问抚恤贫苦百姓和鳏寡孤独者，百姓大为高兴。袁、瑞、临江、吉安相继攻下。二月，回到应天。令邓愈留守洪都。癸未，降人蒋英杀死金华守将胡大海，郎中王恺遇难，蒋英叛降张士诚。处州降人李祐之听到蒋英叛变的消息，也起来造反，杀死行枢密院判耿再成。都事孙炎、知府王道同、元帅朱文刚遇难。三月癸亥，降人祝宗、康泰起兵反叛，攻陷洪都，邓愈急走应天，洪都知府叶琛、都事万思诚遇难。这年一月，明玉珍在重庆称帝，国号夏。

夏四月己卯，邵荣收复处州。甲午，徐达收复洪都。五月丙午，命朱文正、赵德胜、邓愈镇守洪都。六月戊寅，察罕帖木儿命人送信来报，扣留太祖派去的使者不予遣还。不久察罕被田丰杀死。

秋七月丙辰，平章邵荣、参政赵继祖阴谋反对太祖，被杀死。

冬十二月，元朝派尚书张昶从海上到达庆元，任命太祖为江西行省平章政事，不接受。察罕帖木儿的儿子扩廓帖木儿致信将使者送回。

至正二十三年春正月丙寅，派汪河前去回报扩廓帖木儿。二月壬申，命将士屯田积谷。同月，陈友谅的部将张定边攻陷饶州。张士诚的部将吕珍攻破安丰，杀死刘福通。三月辛丑，太祖亲自督兵救安丰，吕珍兵败逃走。太祖与韩林儿一起回到滁州，然后自己才回到应天。

夏四月壬戌，陈友谅调大军围攻洪都。乙丑，诸全守将谢再兴叛变，归附于张士诚。五月，建筑礼贤馆。陈友谅分兵攻陷吉安，参政刘齐、知府朱叔华被害，又攻陷临江，同知赵天麟被害。再陷无为州，知州董会被害。

秋七月癸酉，太祖亲自统兵救洪都。癸未，到湖口，首先在泾江口以及南湖觜埋设伏兵，阻断陈友谅的归路，发文书命令信州的军队守住武阳渡。陈友谅得知太祖到洪都，撤兵解围，在鄱阳湖迎战太祖。陈友谅的军队号称六十万人，连接大船为战斗陈列，船楼高十余丈，长达数十里，各种旗帜和成堆的兵器，远远望去犹如一座山。丁亥，双方在康郎山遭遇，太祖把他的军队分为十一队以抗御陈友谅。戊子，太祖的军队合力作战，徐达出击陈友谅的前锋，俞通海用火炮焚毁陈友谅的战船数十艘，双方死伤大略相当。陈友谅的猛将张定边直接进攻太祖所在的战船，使该战船搁浅在沙滩上，不能退却，处境非常危险。幸亏常遇春从旁边射中张定边，俞通海又统兵来援，由于船只骤然驶进使湖水随着涌过来，太祖的战船才得以脱离险境。己丑，陈友谅用所有的大船出战，太祖的各位将领船小，仰攻不利，脸有惧色。太祖亲自指挥，仍畏缩不前，当众斩死十余个畏敌退缩的人，这时才人人拼死力战。到了午后，东北忽起大风，于是命令敢死的勇士驾驶七只战船，在芦苇中堆满火药，放火焚烧陈友谅的战船。风烈火猛，烟焰满天，把湖水照得一片赤红。陈友谅的军队一时大乱，各位将领摇旗呐喊乘胜前进，斩杀陈友谅军士两千多人，烧死淹死的不计其数。陈友谅的气焰由此丧失。辛卯，双方再次交战，陈友谅再次大败。于是收船自守，不敢再战。壬辰，太祖转移部队控制左蠡，陈友谅也退保渚矶。相持三天，陈友谅的左、右二金吾将军都投降了。陈友谅的势力日益穷蹙，愤怒异常，竟把所俘获的将士全部杀死。而太祖则将所有的俘虏释放遣还，受伤的用良药给予医治，并且祭奠他们阵亡的亲戚和将领。八月壬戌，陈友谅由于粮食已尽，转移到南湖嘴，被南湖的驻军阻挡，于是突入湖口。太祖进行阻击，顺流搏战，到达泾江。泾江的守军再拦击他，陈友谅中流箭身亡。张定边与其子陈理逃奔武昌。

九月，回到应天，论功行赏。当初，太祖亲自统兵救安丰，刘基进谏不听。至此他对刘基说："我不应当有安丰之行，假使陈友谅乘虚直捣应天，建功立业的大事就会丧失殆尽了。但他却把自己的军队困顿在南昌，除了坐等灭亡之外还能得到什么。陈友谅灭亡，天下就不难平定了。"壬午，亲自领兵征讨陈理。同月，张士诚自称吴王。

冬十月壬寅，包围武昌，分兵攻打湖北各路，皆取得胜利。十二月丙申，回到应天，留常遇春总督各路兵马。

二十四年春正月丙寅朔，李善长等率群臣劝进，不允。固请，乃即吴王位。建百官。以善长为右相国，徐达为左相国，常遇春、俞通海为平章政事，谕之曰：“立国之初，当先正纪纲。元氏暗弱，威福下移，驯至于乱，今宜鉴之。”立子标为世子。二月乙未，复自将征武昌，陈理降，汉、沔、荆、岳皆下。三月乙丑，还应天。丁卯，置起居注。庚午，罢诸翼元帅府，置十七卫亲军指挥使司，命中书省辟文武人材。

夏四月，建祠，祀死事丁普郎等于康郎山，赵德胜等于南昌。

秋七月丁丑，徐达克庐州。戊寅，常遇春徇江西。八月戊戌，复吉安，遂围赣州。达徇荆、湘诸路。九月甲申，下江陵，夷陵、潭、归皆降。

冬十二月庚寅，达克辰州，遣别将下衡州。

二十五年春正月己巳，徐达下宝庆，湖湘平。常遇春克赣州，熊天瑞降。遂趋南安，招谕岭南诸路，下韶州、南雄。甲申，如南昌，执大都督朱文正以归，数其罪，安置桐城。二月己丑，福建行省平章陈友定侵处州，参军胡深击败之，遂下浦城。丙午，士诚将李伯升攻诸全之新城，李文忠大败之。

夏四月庚寅，常遇春徇襄、汉诸路。五月乙亥，克安陆。己卯，下襄阳。六月壬子，朱亮祖、胡深攻建宁，战于城下，深被执，死之。

秋七月，令从渡江士卒被创废疾者养之，死者赡其妻子。九月丙辰，建国子学。

冬十月戊戌，下令讨张士诚。是时，士诚所据，南至绍兴，北有通、泰、高邮、淮安、濠、泗，又北至于济宁。乃命徐达、常遇春等先规取淮东。闰月，围泰州，克之。十一月，张士诚寇宜兴，徐达击败之，遂自宜兴还攻高邮。

二十六年春正月癸未，士诚窥江阴，太祖自将救之，士诚遁，康茂才追败之于浮子门。太祖还应天。二月，明玉珍死，子升自立。三月丙申，令中书严选举。徐达克高邮。

夏四月乙卯，袭破士诚将徐义水军于淮安，义遁，梅思祖以城降。濠、徐、宿三州相继下，淮东平。甲子，如濠州省墓，置守冢二十家，赐故人汪文、刘英粟帛。置酒召父老饮极欢，曰：“吾去乡十有余年，艰难百战，乃得归省坟墓，与父老子弟复相见。今苦不得久留欢聚为乐。父老幸教子弟孝弟力田，毋远贾，滨淮郡县尚苦寇掠，父老善自爱。”令有司除租赋，皆顿首谢。辛未，徐达克安丰，分兵败扩廓于徐州。夏五月壬午，至自濠。庚寅，求遗书。

秋八月庚戌，改筑应天城，作新宫钟山之阳。辛亥，命徐达为大将军，常遇春为副将军，帅师二十万讨张士诚。御戟门誓师曰："城下之日，毋杀掠，毋毁庐舍，毋发丘垄。士诚母葬平江城外，毋侵毁。"既而召问达、遇春，用兵当何先。遇春欲直捣平江。太祖曰："湖州张天骐、杭州潘原明为士诚臂指，平江穷蹙，两人悉力赴援，难以取胜。不若先攻湖州，使疲于奔命，羽翼既披，平江势孤，立破矣。"甲戌，败张天骐于湖州，士诚亲率兵来援，复败之于皂林。九月乙未，李文忠攻杭州。

冬十月壬子，遇春败士诚兵于乌镇。十一月甲申，张天骐降。辛卯，李文忠下余杭，潘原明降，旁郡悉下。癸卯，围平江。十二月，韩林儿卒。以明年为吴元年，建庙社宫室，祭告山川。所司进宫殿图，命去雕琢奇丽者。

是岁，元扩廓帖木儿与李思齐、张良弼构怨，屡相攻击，朝命不行，中原民益困。

二十七年春正月戊戌，谕中书省曰："东南久罹兵革，民生凋敝，吾甚悯之。且太平、应天诸郡，吾渡江开创地，供亿烦劳久矣。今比户空虚，有司急催科，重困吾民，将何以堪。其赐太平田租二年，应天、镇江、宁国、广德各一年。"二月丁未，傅友德败扩廓将李二于徐州，执之。三月丁丑，始设文武科取士。

夏四月，方国珍阴遣人通扩廓及陈友定，移书责之。五月己亥，初置翰林院。是月，以旱减膳素食，复徐、宿、濠、泗、寿、邳、东海、安东、襄阳、安陆及新附地田租三年。六月戊辰，大雨，群臣请复膳。太祖曰："虽雨，伤禾已多，其赐民今年田租。"癸酉，命朝贺罢女乐。

秋七月丙子，给府州县官之任费，赐绮帛及其父母妻长子有差，著为令。己丑，雷震宫门兽吻，赦罪囚。庚寅，遣使责方国珍贡粮。八月癸丑，圜丘、方丘、社稷坛成。九月甲戌，太庙成。朱亮祖帅师讨国珍。戊寅，诏曰："先王之政，罪不及孥。自今除大逆不道，毋连坐。"辛巳，徐达克平江，执士诚，吴地平。戊戌，遣使致书于元主，送其宗室神保大王等北还。辛丑，论平吴功，封李善长宣国公，徐达信国公，常遇春鄂国公，将士赐赉有差。朱亮祖克台州。癸卯，新宫成。

【译文】

至正二十四年春正月丙寅初一，李善长等人率领群臣劝太祖即皇帝位，没有同意。一再恳请，于是就吴王位。立文武百官。用李善长为右相国，徐达为左相国，常遇春、俞通海为平章政事，指示他们说："立国之初，应当先正法度。元朝昏暗，权力下移，致使天下大乱，今日宜引以为鉴。"立长子朱标为嫡长子。二月乙未，再次亲自带兵出征武昌，陈理投降，汉、沔、荆、岳皆攻下。三月乙丑，回到应天。丁卯，设立起居注。庚午，罢去各翼元帅府，置立十七卫亲军指挥使司，命中书省召用文武人才。

夏四月，修建忠臣祠，在康郎山祭祀遇难的丁普郎等人，在南昌祭祀赵德胜等人。

秋七月丁丑，徐达攻克庐州。戊寅，常遇春攻克江西。八月戊戌，收复吉安，于是进围赣州。徐达攻打荆、湘各路。九月甲申，攻下江陵，夷陵、潭、归都投降。

冬十二月庚寅，徐达攻克辰州，并派别的将领攻下衡州。

至正二十五年春正月己巳，徐达攻下宝庆，湖湘平定。常遇春攻克赣州，熊天瑞投降。于是进军南安，招谕岭南各路，攻下韶州、南雄。甲申，到南昌，逮捕大都督朱文正回到应天，列其罪状，安置于桐城。二月己丑，福建行省平章陈友定侵扰处州，参军胡深击败他，于是攻下浦城。丙午，张士诚的部将李伯升进攻诸全的新城，李文忠将他打得大败。

夏四月庚寅，常遇春攻打襄、汉各路。五月乙亥，攻克安陆。己卯，攻下襄阳。六月壬子，朱亮祖、胡深攻打建宁，在城下激战，胡深被俘，遇害。

秋七月，命令抚养随从他渡江受伤残疾的士兵，死亡的赡养其妻子儿女。九月丙辰，建立国子学。

冬十月戊戌，下令讨伐张士诚。这时，张士诚所占据的地盘，南至绍兴，北拥有通、泰、高邮、淮安、濠、泗，再往北到达济宁。于是命徐达、常遇春等人首先谋取淮东。闰十月，进围泰州，攻下。十一月，张士诚侵扰宜兴，徐达击败他，于是自宜兴回师进攻高邮。

至正二十六年春正月癸未，张士诚伺机攻占江阴，太祖亲自统兵前往救援，张士诚逃走，康茂才在浮子门追击打败他。太祖回到应天。二月，明玉珍死，子明升自立为帝。三月丙申，令中书省严格选举人才。徐达攻克高邮。

夏四月乙卯，在淮安用计攻破张士诚部将徐义的水军，徐义逃走，梅思祖在城中投降。濠、徐、宿三州相继攻下，淮东平定。甲子，到濠州拜祭祖墓，设置守坟户二十家，赐给旧友汪文、刘英粮食和布匹。办酒席召乡亲父老开怀畅饮，说：“我离开乡里十多年，经过艰难百战，才得以回乡祭坟墓，与父老子弟再次相见。今日苦于不得久留与各位欢聚同乐。希望父老好好教育子弟，孝顺父母、尊敬兄长、努力种田，不要远出经商，临淮郡县尚在遭受劫掠之苦，望各位父老珍重自爱。”令有关部门免除租赋，众皆叩头谢恩。辛未，徐达攻克安丰，在徐州分兵打败扩廓帖木儿。夏五月壬午，自濠州回到应天。庚寅，命访求古今各种书籍。

秋八月庚戌，改建应天城，在钟山的南面建造新的宫殿。辛亥，命徐达为大将军，常遇春为副将军，统兵二十万讨伐张士诚。在宫门誓师说：“攻下平江城之日，不要杀人抢掠，不要毁坏房舍，不要破坏田地。张士诚的母亲埋葬在平江城外，不要侵毁。”过后召问徐达、常遇春，此行用兵当先从何处入手。常遇春想直捣平江。太祖说：“湖州张天骐、杭州潘原明为张士诚的手臂手指，一旦平江受到困逼，两人必会全力入援，我军就难以取胜。不如先攻湖州，使敌疲于奔命，一旦将张士诚的羽翼分开，平江的形势就必然是孤立无援，立即可以攻破。”甲戌，在湖州打败张天骐，张士诚亲自率兵赴援，又在皂林被打败。九月乙未，李文忠攻打杭州。

冬十月壬子，常遇春在乌镇挫败张士诚的部队。十一月甲申，张天骐投降。辛卯，李文忠攻下余杭，潘原明投降，余杭周边各地也都攻下了。癸卯，合围平江。十二月，韩林儿去世。以明年为吴元年，建筑庙社宫殿，祭告山川诸神。有关部门进献宫殿图式，命令删去雕琢华丽的部分。

该年，元朝扩廓帖木儿与李思齐、张良弼构恶交怨，一再互相攻击，朝廷的命令得不到执行，中原地区的百姓日益困苦。

至正二十七年春正月戊戌，指示中书省说：“东南地区长久以来遭受战争，民生凋敝不堪，我非常怜悯他们。而且太平、应天各府，是我渡江开创功业的地方，供应劳累已经很久了。如今户户空虚，官府又急于催征赋税，使我的百姓更加困难，他们将如何能够忍受。当赐免太平的田租二年，应天、镇江、宁国、广德各免一年。”二月丁未，傅友德在徐州打败扩廓帖木儿的部将李二，活捉了他。三月丁丑，开始设立文武科举取士的制度。

夏四月，方国珍暗中派人交通扩廓帖木儿和陈友定，太祖致信谴责他。五月己亥，开始设立翰林院。同月，因旱情严重减少膳费只吃素食，免除徐、宿、濠、泗、寿、邳、东海、安东、襄阳、安陆以及新近归附地区的田租三年。六月戊辰，天下大雨旱象解除，群臣请求恢复膳食。太祖说：“虽然下了雨，但庄稼已多受伤，当赐免百姓今年的田租。”癸酉，命令朝贺时撤去女乐。秋七月丙子，赐给府州县官赴任时的道里费，并赐给他们及其父母、妻子与长子不同等额的丝棉织品，从此立为一项法令。己丑，雷火震击宫门上的兽吻，赦免罪犯。庚寅，遣使责令方国珍进贡粮食。八月癸丑，建成圜丘、方丘、社稷坛。九月甲戌，太庙落成。朱亮祖统兵讨伐方国珍。戊寅，下诏说：“先王为政，治罪不连累妻子和儿女。自今开始除犯大逆不道的罪行之外，绝对不要连坐。”辛巳，徐达攻克平江，活捉张士诚，吴地平定。戊戌，遣使送信给元朝的君主，送元朝宗室神保大王等人回到北方。辛丑，论平定张士诚吴地的战功，封李善长为宣国公，徐达为信国公，常遇春为鄂国公，将士赏赐各有差别。朱亮祖攻克台州。癸卯，新宫殿落成。

冬十月甲辰，遣起居注吴琳、魏观以币求遗贤于四方。丙午，令百官礼仪尚左。改李善长左相国，徐达右相国。辛亥，祀元臣余阙于安庆，李黼于江州。壬子，置御史台。癸丑，汤和为征南将军，吴祯副之，讨国珍。甲寅，定律令。戊午，正郊社、太庙雅乐。

庚申，召诸将议北征。太祖曰：“山东则王宣反侧，河南则扩廓跋扈，关、陇则李思齐、张思道枭张猜忌，元祚将亡，中原涂炭。今将北伐，拯生民于水火，何以决胜？”遇春对曰：“以我百战之师，敌彼久逸之卒，直捣元都，破竹之势也。”太祖曰：“元建国百年，守备必固，悬军深入，馈饷不前，援兵四集，危道也。吾欲先取山东，撤彼屏蔽，移兵两河，破其籓篱，拔潼关而守之，扼其户槛。天下形胜入我掌握，然后进兵，元都势孤援绝，不战自克。鼓行而西，云中、九原、关、陇可席卷也。”诸将皆曰善。

甲子，徐达为征虏大将军，常遇春为副将军，帅师二十五万，由淮入河，北取中原。胡廷瑞为征南将军，何文辉为副将军，取福建。湖广行省平章杨璟、左丞周德兴、参政张彬取广西。己巳，朱亮祖克温州。十一月辛巳，汤和克庆元，方国珍遁入海。壬午，徐达克沂州，斩王宣。己丑，廖永忠为征南副将军，自海道会和讨国珍。乙未，颁《大统历》。辛丑，徐达克益都。十二月甲辰，颁律令。丁未，方国珍降，浙东平。张兴祖下东平，兖东州县相继降。己酉，徐达下济南。胡廷瑞下邵武。癸丑，李善长帅百官劝进，表三上，乃许。甲子，告于上帝。庚午，汤和、廖永忠由海道克福州。

洪武元年春正月乙亥，祀天地于南郊，即皇帝位。定有天下之号曰明，建元洪武。追尊高祖考曰玄皇帝，庙号德祖；曾祖考曰恒皇帝，庙号懿祖；祖考曰裕皇帝，庙号熙祖；皇考曰淳皇帝，庙号仁祖；妣皆皇后。立妃马氏为皇后，世子标为皇太子。以李善长、徐达为左、右丞相，诸功臣进爵有差。丙子，颁即位诏于天下。追封皇伯考以下皆为王。辛巳，李善长、徐达等兼东宫官。甲申，遣使核浙西田赋。壬辰，胡廷瑞克建宁。庚子，邓愈为征戍将军，略南阳以北州郡。汤和克延平，执元平章陈友定，福建平。是月，天下府州县官来朝。谕曰：“天下始定，民财力俱困，要在休养安息，惟廉者能约己而利人，勉之。”二月壬寅，定郊社宗庙礼，岁必亲祀以为常。癸卯，汤和提督海运。廖永忠为征南将军，朱亮祖副之，由海道取广东。丁未，以太牢祀先师孔子于国学。戊申，祀社稷。壬子，诏衣冠如唐制。癸丑，常遇春克东昌，山东平。甲寅，杨璟克宝庆。三月辛未，诏儒臣修女诫，戒后妃毋预政。壬申，周德兴克全州。丁酉，邓愈克南阳。己亥，徐达徇汴梁，左君弼降。

夏四月辛丑，蕲州进竹簟，却之，命四方毋妄献。廖永忠师至广州，元守臣何真降，广东平。丁未，祫享太庙。戊申，徐达、常遇春大破元兵于洛水北，遂围河南。梁王阿鲁温降，河南平。丁巳，杨璟克永州。甲子，幸汴梁。丙寅，冯胜克潼关，李思齐、张思道遁。五月己卯，廖永忠下梧州，浔、贵、容、郁林诸州皆降。辛卯，改汴梁路为开封府。六月庚子，徐达朝行在。甲辰，海南、海北诸道降。壬戌，杨璟、朱亮祖克靖江。

秋七月戊子，廖永忠下象州，广西平。庚寅，振恤中原贫民。辛卯，将还应天，谕达等曰："中原之民，久为群雄所苦，流离相望，故命将北征，拯民水火。元祖宗功德在人，其子孙罔恤民隐，天厌弃之。君则有罪，民复何辜。前代革命之际，肆行屠戮，违天虐民，朕实不忍。诸将克城，毋肆焚掠妄杀人，元之宗戚，咸俾保全。庶几上答天心，下慰人望，以副朕伐罪安民之意。不恭命者罚无赦。"丙申，命冯胜留守开封。闰月丁未，至自开封。己酉，徐达会诸将兵于临清。壬子，常遇春克德州。丙寅，克通州，元帝趋上都。是月，征天下贤才为守令。免吴江、庆德、太平、宁国、滁、和被灾田租。

八月己巳，以应天为南京，开封为北京。庚午，徐达入元都，封府库图籍，守宫门，禁士卒侵暴，遣将巡古北口诸隘。壬申，以京师火，四方水旱，诏中书省集议便民事。丁丑，定六部官制。御史中丞刘基致仕。己卯，赦殊死以下。将士从征者恤其家，逋逃许自首。新克州郡毋妄杀。输赋道远者，官为转运，灾荒以实闻。免镇江租税。避乱民复业者，听垦荒地，复三年。衍圣公袭封及授曲阜知县，并如前代制。有司以礼聘致贤士，学校毋事虚文。平刑，毋非时决囚。除书籍田器税，民间逋负免征。蒙古、色目人有才能者，许擢用。鳏寡孤独废疾者，存恤之。民年七十以上，一子复。他利害当兴革不在诏内者，有司具以闻。壬午，幸北京。改大都路曰北平府。征元故臣。癸未，诏徐达、常遇春取山西。甲午，放元宫人。九月癸亥，诏曰："天下之治，天下之贤共理之。今贤士多隐岩穴，岂有司失于敦劝欤，朝廷疏于礼待欤，抑朕寡昧不足致贤，将在位者壅蔽使不上达欤。不然，贤士大夫，幼学壮行，岂甘没世而已哉。天下甫定，朕愿与诸儒讲明治道。有能辅朕济民者，有司礼遣。"乙丑，常遇春下保定，遂下真定。

冬十月庚午，冯胜、汤和下怀庆，泽、潞相继下。丁丑，至自北京。戊寅，以元都平，诏天下。十一月己亥，遣使分行天下，访求贤才。庚子，始祀上帝于圜丘。癸亥，诏刘基还。十二月丁卯，徐达克太原，扩廓帖木儿走甘肃，山西平。己巳，置登闻鼓。壬辰，以书谕明升。

【译文】

冬十月甲辰，派遣起居注吴琳、魏观带着钱币到全国各地访求遗留在社会上的贤能人士。丙午，令文武百官的礼仪以左为上。于是改李善长为左相国，徐达为右相国。辛亥，分别在安庆和江州祭祀元朝大臣余阙、李黼。壬子，置立御史台。癸丑，命汤和为征南将军，吴祯为副将军，兴师讨伐方国珍。甲寅，制定法令。戊午，端正郊社、太庙雅乐。

庚申，召集各位将领商议北伐。太祖说："在山东王宣反叛，在河南扩廓帖木儿专横跋扈，在关、陇李思齐、张思道强横而猜忌，元朝的统治行将灭亡，中原生灵涂炭。今日我军即将北伐中原，拯救百姓于水深火热之中，如何才能决战决胜？"常遇春回答说："用我们百战百胜的军队，去对付敌人长期闲逸的士兵，直捣元大都，必是势如破竹的形势。"太祖说："元朝建国百年，守备必然坚固，若孤军深入，粮饷不能运到前方，而敌人则可援兵四集那就是一条极为危险的道路。我想先取山东，撤其屏障，移师两河，破其藩篱，进而夺取潼关而坚守，控制敌人的门户。这样天下的山川地理就全都掌握在我们的手里，然后进兵，元朝大都势孤援绝，就可以不战而胜。再大张声势地向西进军，云中、九原、关、陇便可席卷而下了。"各位将领都称"善策"。

甲子，命徐达为征虏大将军，常遇春为副将军，统兵二十五万人，由淮河进入黄河，向北挺进夺取中原。命胡廷瑞为征南将军，何文辉为副将军，攻夺福建。命湖广行省平章杨璟、左丞周德兴、参政张彬挥师攻取广西。己巳，朱亮祖攻克温州。十一月辛巳，汤和攻克庆元，方国珍逃窜入海。壬午，徐达攻克沂州，斩杀王宣。己丑，命廖永忠为征南副将军，从海路会合汤和进讨方国珍。乙未，颁行《大统历》。辛丑，徐达攻克益都。十二月甲辰，颁布法令。丁未，方国珍投降，浙东平定。张兴祖攻下东平，兖州以东州县相继投降。己酉，徐达攻下济南。胡廷瑞攻下邵武。癸丑，李善长率领文武百官请登皇帝位，三次上劝进表，才同意。甲子，祈告上帝。庚午，廖永忠由海路攻克福州。

洪武元年春正月乙亥，在南郊祭祀天地，即皇帝位。定国号为明，年号洪武。追尊高祖父为玄皇帝，庙号德祖；曾祖父为恒皇帝，庙号懿祖；

祖父为裕皇帝，庙号熙祖；皇父为淳皇帝，庙号仁祖；母均为皇后。册立妃子马氏为皇后，长子朱标为皇太子。任命李善长、徐达分别为左、右丞相，各位功臣各按等级晋升爵位。丙子，在全国颁布即皇帝位的诏书。追封皇伯父以下的皆为王。辛巳，命李善长、徐达等人兼任东宫官。甲申，遣使核定浙西田赋。壬辰，胡廷瑞攻克建宁。庚子，命邓愈为征戍将军，攻取南阳以北各州郡。汤和攻克延平，活捉元朝平章陈友定，福建平定。同月，全国府州县官到京师朝见。指示他们说："全国刚刚平定，民力财力都甚为困难，重要的在于与民休养安息，只有廉明的人才能约制自己而有利于别人，希望各位以此自勉。"二月壬寅，制定祭祀天地和宗庙的礼仪，每年必亲自祭祀以成为制度。癸卯，命汤和提督海运。廖永忠为征南将军，朱亮祖为副将军，由海路夺取广东。丁未，在国子学用牛、羊、猪三牲祭祀先师孔子。戊甲，祭祀社稷。壬子，诏令衣冠按照唐代的制度。癸未，常遇春攻克东昌，山东平定。甲寅，杨璟攻克宝庆。三月辛未，命儒臣编写有关于妇女的戒律，告诫皇后和嫔妃不要干预朝政。壬申，周德兴攻克全州。丁酉，邓愈攻克南阳。己亥，徐达攻取汴梁，左君弼投降。

夏四月辛丑，蕲州进献竹席，予以拒绝，命各地不要随意妄献。廖永忠的部队到达广州，元朝守臣何真投降，广东平定。丁未，在太庙合祭祖宗。戊申，徐达、常遇春在洛水以北大败元兵，于是进围河南。梁王阿鲁温投降，河南平定。丁巳，杨璟攻克永州。甲子，巡幸汴梁。丙寅，冯胜攻克潼关，李思齐、张思道逃走。五月己卯，廖永忠攻下梧州，浔、贵、容、郁林各州皆投降。辛卯，下令改汴梁路为开封府。六月庚子，徐达在汴梁行在朝见。甲辰，海南、海北各道投降。壬戌，杨璟、朱亮祖攻克靖江。

秋七月戊子，廖永忠攻下象州，广西平定。庚寅，赈济抚恤中原贫民。辛卯，即将回应天，指示徐达等人说："中原百姓，长久以来为群雄所害，流离失所、死亡相枕，所以朕命将北征，以拯救百姓于水深火热之中。元朝祖宗的功德在于人心，他的子孙不顾百姓的困苦，因此引起上天的厌烦抛弃他们。元朝的君主是有罪的，而百姓却是无辜的。以往改朝换代的时候，肆行屠戮，违背天意，虐害百姓，朕实在不忍心。各位将领攻克城池，绝不要恣行烧、抢和乱杀人，元朝的宗室皇亲，要全部予以保全。这样才能对上报答天心、对下安慰人民的愿望，以符合朕讨伐罪人、安抚百姓的心意。不遵命的必罚无赦。”丙申，命冯胜留守开封。闰七月丁未，自开封回到应天。己酉，徐达在临清会合各位将帅的部队。壬子，常遇春攻克德州。丙寅，攻克通州，元顺帝急走上都。同月，集全国的贤德之人为府州县官。免去吴江、广德、太平、宁国、滁、和受灾地方的田租。

八月己巳，以应天为南京、开封为北京。庚午，徐达进入元大都，查封库府图册书籍，守卫宫门，禁止士兵侵害百姓，派将领巡视古北口的各个险要的关口。壬申，因为京师发生火灾、四方水旱，诏令中书省集议便民事宜。丁丑，制定吏、户、礼、兵、刑、工六部的官制。御史中丞刘基退休。己卯，赦免判处斩首以下的罪犯。将士入伍从征的抚恤其家人，因拖欠赋税而逃亡的准许自首。对新攻克的州县不要非法杀戮。运送田赋路途遥远的，由官军中途转运，灾荒要如实奏报。免去镇江租税。避乱的百姓回家复业的，准许开垦荒地，三年内免纳租税。衍圣公袭封以及任命曲阜知县，一律按照前代的旧制。有关部门应当以礼聘请贤能之人，学校不要从事毫无意义的礼节。刑罚要平恕宽大，不要在法定以外的时间处决囚犯，废除书籍和农具的税收。免去民间旧欠的赋税。蒙古人、色目人凡有才能的，准许提拔任用。鳏寡孤独残疾的，慰问救济他们。百姓年七十岁以上的，一个儿子免除徭役。其他的利与害当兴当除而没有写在即位诏书之内的，有关部门要如实具文禀报。壬午，巡幸北京。下令改大都路为北平府。召集元朝的旧臣为新政府效劳。癸未，命徐达、常遇春攻取山西。甲午，释放元朝的宫女。九月癸亥，下诏说：“天下的长治久安，由天下的贤人共同治理。现今贤士多隐居于山林岩穴，究竟是有关部门失职没有诚恳聘请，还是朝廷礼待不周，抑或是朕寡闻愚昧不能招贤，将在位的壅蔽起来致使他们的情况不能为上面所了解。不然的话，贤士大夫，自幼勤学年壮力行，岂甘心埋没于世而后已。天下刚刚平定，朕愿与各位儒臣共同讲求为政清明的统治方法。凡是能够帮助朕为百姓谋利益的，有关部门一定要用礼调遣送来。”乙丑，常遇春攻下保定，于是进军真定。

冬十月庚午，冯胜、汤和攻下怀庆，泽、潞相继攻下。丁丑，自北京回到京师。戊寅，因元大都平定，下诏告知全国。十一月己亥，遣使分赴全国各地，访求贤才。庚子，开始在天坛圜丘祭祀上帝。癸亥，命令刘基返回京师。十二月丁卯，徐达攻克太原，扩廓帖木儿逃走甘肃，山西平定。己巳，设置登闻鼓。壬辰，致信劝谕明升。

二年春正月乙巳，立功臣庙于鸡笼山。丁未，享太庙。庚戌，诏曰："朕淮右布衣，因天下乱，率众渡江，保民图治，今十有五年。荷天眷祐，悉皆戡定。用是命将北征，齐、鲁之民馈粮给军，不惮千里。朕轸厥劳，已免元年田租。遭旱民未苏，其更赐一年。顷者，大军平燕都，下晋、冀，民被兵燹，困征敛，北平、燕南、河东、山西今年田租亦与蠲免。河南诸郡归附，久欲惠之，西北未平，师过其地，是以未遑。今晋、冀平矣，西抵潼关，北界大河，南至唐、邓、光、息，今年税粮悉除之。"又诏曰："应天、太平、镇江、宣城、广德供亿浩穰。去岁蠲租，遇旱惠不及下。其再免诸郡及无为州今年租税。"庚申，常遇春取大同。是月，倭寇山东滨海郡县。二月丙寅朔，诏修元史。壬午，耕耤田。三月庚子，徐达至奉元，张思道遁。振陕西饥，户米三石。丙午，常遇春至凤翔，李思齐奔临洮。

夏四月丙寅，遇春还师北平。己巳，诸王子受经于博士孔克仁。令功臣子弟入学。乙亥，编《祖训录》，定封建诸王之制。徐达下巩昌。丙子，赐秦、陇新附州县税粮。丁丑，冯胜至临洮，李思齐降。乙酉，徐达袭破元豫王于西宁。五月甲午朔，日有食之。丁酉，徐达下平凉、延安。张良臣以庆阳降，寻叛。癸卯，始祀地于方丘。六月己卯，常遇春克开平，元帝北走。壬午，封陈日煃为安南国王。

秋七月己亥，鄂国公常遇春卒于军，诏李文忠领其众。辛亥，扩廓帖木儿遣将破原州、泾州。辛酉，冯胜击走之。丙辰，明升遣使来。八月丙寅，元兵攻大同，李文忠击败之。己巳，定内侍官制。谕吏部曰："内臣但备使令，毋多人。古来若辈擅权，可为鉴戒。驭之之道，当使之畏法，勿令有功，有功则骄恣矣。"癸酉，《元史》成。丙子，封王颛为高丽国王。癸未，徐达克庆阳，斩张良臣，陕西平。是月，命儒臣纂礼书。九月辛丑，召徐达、汤和还，冯胜留总军事。癸卯，以临濠为中都。戊午，征南师还。

冬十月壬戌，遣杨璟谕明升。甲戌，甘露降于钟山，群臣请告庙，不许。辛卯，诏天下郡县立学。是月，遣使贻元帝书。十一月乙巳，祀上帝于圜丘，以仁祖配。十二月甲戌，封阿答阿者为占城国王。甲申，振西安诸府饥，户米二石。己丑，大赉平定中原及征南将士。庚寅，扩廓帖木儿攻兰州，指挥于光死之。

是年，占城、安南、高丽入贡。

三年春正月癸巳，徐达为征虏大将军，李文忠、冯胜、邓愈、汤和副之，分道北征。二月癸未，追封郭子兴滁阳王。戊子，诏求贤才可任六部者。是月，李文忠下兴和，进兵察罕脑儿，执元平章竹贞。三月庚寅，免南畿，河南，山东，北平，浙东，江西广信，饶州今年田租。

夏四月乙丑，封皇子樉为秦王，棡晋王，棣燕王，橚吴王，桢楚王，榑齐王，梓潭王，杞赵王，檀鲁王，从孙守谦靖江王。徐达大破扩廓帖木儿于沈儿峪，尽降其众，扩廓走和林。丙戌，元帝崩于应昌，子爱猷识理达腊嗣。是月，慈利土官覃垕作乱。五月己丑，徐达取兴元。分遣邓愈招谕吐蕃。丁酉，诏守令举学识笃行之士。己亥，设科取士。甲辰，李文忠克应昌。元嗣君北走，获其子买的里八剌，降五万余人，穷追至北庆州，不及而还。丁未，诏行大射礼。戊申，祀地于方丘，以仁祖配。辛亥，徐达下兴元。邓愈克河州。丁巳，诏开国时将帅无嗣者禄其家。是月旱，斋戒，后妃亲执爨，皇太子诸王馈于斋所。六月戊午朔，素服草履，步祷山川坛，露宿凡三日，还斋于西庑。辛酉，赉将士，省狱囚，命有司访求通经术明治道者。壬戌，大雨。壬申，李文忠捷奏至，命仕元者勿贺。谥元主曰顺帝。癸酉，买的里八剌至京师，群臣请献俘。帝曰："武王伐殷用之乎？"省臣以唐太宗尝行之对。帝曰："太宗是待王世充耳。若遇隋之子孙，恐不尔也。"遂不许。又以捷奏多侈辞，谓宰相曰："元主中国百年，朕与卿等父母皆赖其生养，奈何为此浮薄之言，亟改之。"乙亥，封买的里八剌为崇礼侯。丙子，告捷于南郊。丁丑，告太庙，诏示天下。辛巳，徙苏州、松江、嘉兴、湖州、杭州民无业者田临濠，给资粮牛种，复三年。是月，倭寇山东、浙江、福建滨海州县。

秋七月丙辰，明升将吴友仁寇汉中，参政傅友德击却之。中书左丞杨宪有罪诛。八月乙酉，遣使瘗中原遗骸。

冬十月丙辰，诏儒士更直午门，为武臣讲经史。癸亥，周德兴为征南将军，讨覃垕，垕遁。辛巳，贻元嗣君书。十一月壬辰，北征师还。甲午，告武成于郊庙。丙申，大封功臣。进李善长韩国公，徐达魏国公，封李文忠曹国公，冯胜宋国公，邓愈卫国公，常遇春子茂郑国公，汤和等侯者二十八人。己亥，设坛亲祭战没将士。庚戌，有事于圜丘。辛亥，诏户部置户籍、户帖，岁计登耗以闻，著为令。乙卯，封中书右丞汪广洋忠勤伯，御史中丞刘基诚意伯。十二月癸亥，复贻元嗣君书，并谕和林诸部。甲子，建奉先殿。庚午，遣使祭历代帝王陵寝，并加修葺。己卯，赐勋臣田。壬午，以正月至是月，日中屡有黑子，诏廷臣言得失。

是年，占城、爪哇、西洋入贡。

【译文】

洪武二年春正月乙巳，在鸡笼山建立功臣庙。丁未，到太庙祭祀祖宗。庚戌，下诏说："朕本为淮右的普通百姓，因为天下大乱，率众渡长江，保民图治，至今已十五年。承蒙上天眷顾保佑，均已平定。因此命将北征，齐、鲁的百姓不远千里送粮饷军。朕时刻惦念着他们的功劳，已免去他们洪武元年的田租。又因为遭受旱灾百姓的困苦仍未解除，当再赐免他们的田租一年。不久以前，大军平定燕都，进攻晋、冀，百姓遭受兵火，苦于征敛，北平、燕南、河东、山西今年的田租也准予免除。河南各地归附，早就想施恩惠于他们，因为西北尚未平定，军队要经过该地，所以没有空闲。现今晋、冀俱已平定，西抵达潼关，北以大河为界，南至唐、邓、光、息，今年的税粮全部予以免除。"又下诏说："应天、太平、镇江、宣城、广德供应了大量的粮食。去年免租，由于遇到干旱所以下面的百姓并没有得到实惠。应当再免以上各府州以及无为州今年的田租。"庚申，常遇春攻取大同。同月，倭寇侵扰山东沿海郡县。二月丙寅初一，下令纂修《元史》。壬午，耕耘耤田。三月庚子，徐达到达奉元，张思道逃走。救济陕西饥民，每户给米两石。丙午，常遇春到凤翔，李思齐逃奔临洮。

夏四月丙寅，常遇春回师北平。己巳，各位王子跟从博士孔克仁读经史。令功臣子弟入学。乙亥，编辑《祖训录》，确定分封诸王的制度。徐达攻下巩昌。丙子，赐免秦、陇新近归附州县的税粮。丁丑，冯胜到临洮，李思齐投降。乙酉，徐达在西安用计攻破元朝的豫王。五月甲午初一，出现日食。丁酉，徐达攻下平凉、延安。张良臣在庆阳投降，不久叛变。癸卯，在方丘祭祀地神。六月己卯，常遇春攻克开平，元顺帝向北出走。壬午，封陈日煃为安南国王。

秋季七月己亥，鄂国公常遇春死于军队里，命李文忠统领他的部队。辛亥，扩廓帖木儿遣将攻破原州、泾州。辛酉，冯胜把他打败赶走。丙辰，明升遣使到京师。八月丙寅，元兵进攻大同，李文忠将其击败。己巳，制定内侍官职制度。指示吏部说："内臣只用于备用使唤，人不要多，自古以来他们擅权，可引以为鉴戒。驾驭他们的方法，当使其害怕法律，不要让其有功劳，有功劳就会骄横恣肆。"癸酉，《元史》修成。丙子，封王颛为高丽国王。癸未，徐达攻克庆阳，斩死张良臣，陕西平定。同月，命儒臣编纂礼书。九月辛丑，召徐达、汤和回京师，冯胜留下总督军事。癸卯，将临濠定为中都。戊午，征南部队班师回朝。

冬十月壬戌，派遣杨璟对明升进行警告劝诫。甲戌，钟山降甘露，群臣请祭告太庙，没有准允。辛卯，命令全国府州县建立学校。同月，遣使送信给元顺帝。十一月乙巳，在圜丘祭祀上帝，以仁祖为配祭。十二月甲戌，封阿答阿者为占城国王。甲申，救济西安各府的饥民，每户发给米二石。己丑，大赏平定中原以及南征的将士。庚寅，扩廓帖木儿攻打兰州，指挥官于光遇难。

这一年，占城、安南、高丽到京师朝贡。

洪武三年春正月癸巳，命徐达为征虏大将军，李文忠、冯胜、邓愈、汤和为副将军，分道北征。二月癸未，追封郭子兴为滁阳王。戊子，下诏访求堪任六部官员的贤能才士。同月，李文忠攻下兴和，进军察罕脑儿，俘获元朝平章竹贞。三月庚寅，免征南畿，河南，山东，北平，浙东，江西广信、饶州今年的田租。

夏四月乙丑，封皇子朱樉为秦王，朱㭎为晋王，朱棣为燕王，朱橚为吴王，朱桢为楚王，朱榑为齐王，朱梓为潭王，朱杞为赵王，朱檀为鲁王，从孙朱守谦为靖江王。徐达在沈儿峪大败扩廓帖木儿，尽降其众，扩廓逃走和林。丙戌，元顺帝死于应昌，其子爱猷识理达腊嗣位。同月，慈利土官覃垕叛乱。五月己丑，徐达攻取兴元。分派邓愈招谕吐蕃。丁酉，命令府州县官推举学识渊博，德行良好，意志坚定的贤人。己亥，开设科举取士。甲辰，李文忠攻克应昌。元朝嗣君向北出走，俘获其子买的里八剌，降其众五万余人，穷追元朝嗣君到北庆州，不及而还。丁未，下诏实行大射礼。戊申，在方丘祭祀土地神，以仁祖为配祭。辛亥，徐达攻下兴元。邓愈攻克河州。丁巳，诏令开国时的将帅凡无子继嗣的俸禄由家人享受。同月天旱，斋戒，皇后和嫔妃亲自烧火做饭，皇太子和各王由斋所馈送。六月戊午初一，穿素服草鞋，步行祈祷山川诸神，露宿了三天，回来在西庑吃素。辛酉，赏赐将士，减少狱囚，命有关部门访求精通经术明识治国之道的人士。壬戌，下大雨。壬申，李文忠进呈的捷报到达京师，命令过去曾在元朝政府做过官的不要参加庆贺。谥元王为元顺帝。癸酉，买的里八剌到京师，群臣请举行献俘礼。太祖高皇帝说："周武王讨伐殷商时曾用过这种方式吗？"中书省的官员以唐太宗曾经举行过这种典礼回答太祖高皇帝。太祖高皇帝说："唐太宗只是对待王世充而已。假如遇到隋朝的子孙，恐怕就不会这样了。"于是不允许。又因李文忠的捷报浮侈之词过多，对宰相说："元朝统治中国百年，朕与你等人的父母都依赖其生存，为何使用如此轻浮刻薄的语言，赶快改正它。"乙亥，封买的里八剌为崇礼侯。丙子，在南郊举行告捷典礼。丁丑，禀告太庙，下诏通告全国。辛巳，迁移苏州、松江、嘉兴、湖州、杭州无业的居民到临濠种田，官府供给粮食、耕牛和种子，并免收三年的赋税。同月，倭寇侵犯山东、浙江、福建沿海州、县。

秋七月丙辰，明升的部将吴友仁进犯汉中，参政傅友德将其击退。中书省左丞杨宪犯罪被杀。八月乙酉，派遣使臣收埋中原地区的尸骨。冬季十月丙辰，命儒士轮流在午门值班，为武臣讲解经史。癸亥，命周德兴为征南将军，讨伐覃垕，覃垕逃走。辛巳，送信给元朝的嗣君。十一月壬辰，北征的部队班师回朝。甲午，在南郊和太庙宣告武事成功。丙申，大封功臣。晋升李善长为韩国公，徐达为魏国公，封李文忠为曹国公，冯胜为宋国公，邓愈为卫国公，常遇春的儿子常茂为郑国公，汤和等二十八人为侯。己亥，设坛亲自祭奠在战场上牺牲的将士。庚戌，在圜丘祭祀上帝。辛亥，令户部置立户籍、户帖，每年统计户口增减之数报告皇帝，从此成为一项法令。乙卯，封中书省右丞汪广洋为忠勤伯，御史中丞刘基为诚意伯。十二月癸亥，再次送信给元朝的嗣君，并招谕和林各部。甲子，修建奉先殿。庚午，遣使祭祀历代帝王的陵墓，并加以整修。己卯，赐给勋臣田土。壬午，由正月至本月，太阳屡次出现黑子，下诏求廷臣直言时政得失。

同年，占城、爪哇、西洋入京师朝贡。

四年春正月丙戌，李善长罢，汪广洋为右丞相。丁亥，中山侯汤和为征西将军，江夏侯周德兴、德庆侯廖永忠副之，率舟师由瞿塘，颍川侯傅友德为征虏前将军，济宁侯顾时副之，率步骑由秦、陇伐蜀。魏国公徐达练兵北平。戊子，卫国公邓愈督饷给征蜀军。庚寅，建郊庙于中都。丁未，诏设科取士连举三年，嗣后三年一举。戊申，免山西旱灾田租。二月甲戌，幸中都。壬午，至自中都。元平章刘益以辽东降。是月，蠲太平、镇江、宁国田租。三月乙酉朔，始策试天下贡士，赐吴伯宗等进士及第、出身有差。乙巳，徙山后民万七千户屯北平。丁未，诚意伯刘基致仕。

夏四月丙戌，傅友德克阶州，文、隆、绵三州相继下。五月，免江西、浙江秋粮。六月壬午，傅友德克汉州。辛卯，廖永忠克夔州。戊戌，明升将丁世贞破文州，守将朱显忠死之。癸卯，汤和至重庆，明升降。戊申，倭寇胶州。是月，徙山后民三万五千户于内地，又徙沙漠遗民三万二千户屯田北平。

秋七月辛亥，徐达练兵山西。辛酉，傅友德下成都，四川平。乙丑，明升至京师，封归义侯。八月甲午，免中都、淮、扬及泰、滁、无为田租。己酉，振陕西饥。是月，高州海寇乱，通判王名善死之。九月庚戌朔，日有食之。

冬十月丙申，征蜀师还。十一月丙辰，有事于圜丘。庚申，命官吏犯赃者罪勿贷。是月，免陕西、河南被灾田租。十二月，徐达还。

是年，安南、浡泥、高丽、三佛齐、暹罗、日本、真腊入贡。

五年春正月癸丑，待制王祎使云南，诏谕元梁王把匝剌瓦尔密。祎至，不屈死。乙丑，徙陈理、明升于高丽。甲戌，魏国公徐达为征虏大将军，出雁门，趋和林，曹国公李文忠为左副将军，出应昌，宋国公冯胜为征西将军，取甘肃，征扩廓帖木儿。靖海侯吴祯督海运，饷辽东。卫国公邓愈为征南将军，江夏侯周德兴、江阴侯吴良副之，分道讨湖南、广西洞蛮。二月丙戌，安南陈叔明弑其主日煃自立，遣使入贡，却之。三月丁卯，都督佥事蓝玉败扩廓于土剌河。

夏四月己卯，振济南、莱州饥。戊戌，始行乡饮酒礼。庚子，邓愈平散毛诸洞蛮。五月壬子，徐达及元兵战于岭北，败绩。是月，诏曰："天下大定，礼仪风俗不可不正。诸遭乱为人奴隶者复为民。冻馁者里中富室假贷之，孤寡残疾者官养之，毋失所。乡党论齿，相见揖拜，毋违礼。婚姻毋论财。丧事称家有无，毋惑阴阳拘忌，停柩暴露。流民复业者各就丁力耕种，毋以旧田为限。僧道斋醮杂男女，恣饮食，有司严治之。闽、粤豪家毋阉人子为火者，犯者抵罪。"六月丙子，定宦官禁令。丁丑，定宫官女职之制。戊寅，冯胜克甘肃，追败元兵于瓜、沙州。癸巳，定六部职掌及岁终考绩法。壬寅，吴良平靖州蛮。甲辰，李文忠败元兵于阿鲁浑河，宣宁侯曹良臣战没。乙巳，作铁榜诫功臣。是月，振山东饥，免被灾郡县田租。

秋七月丙辰，汤和及元兵战于断头山，败绩。八月丙申，吴良平五开、古州诸蛮。甲辰，元兵犯云内，同知黄里死之。九月戊午，周德兴平婪凤、安田诸蛮。

冬十月丁酉，冯胜师还。是月，免应天、太平、镇江、宁国、广德田租。十一月辛酉，有事于圜丘。甲子，征南师还。壬申，纳哈出犯辽东。是月，召徐达、李文忠还。十二月甲戌，诏以农桑学校课有司。辛巳，命百官奏事启皇太子。庚子，邓愈为征西将军，征吐蕃。壬寅，贻元嗣君书。

是年，琐里、占城、高丽、琉球、乌斯藏入贡。高丽贡使再至，谕自后三年一贡。

六年春正月甲寅，谪汪广洋为广东参政。二月乙未，谕暂罢科举，察举贤才。壬寅，命御史及按察使考察有司。三月癸卯朔，日有食之。颁《昭鉴录》，训诫诸王。戊申，太阅。壬子，徐达为征虏大将军，李文忠、冯胜、邓愈、汤和副之，备边山西、北平。甲子，指挥使于显为总兵官，备倭。

夏四月己丑，令有司上山川险易图。六月壬午，盱眙献瑞麦，荐宗庙。壬辰，扩廓帖木儿遣兵攻雁门，指挥吴均击却之。是月，免北平、河间、河南、开封、延安、汾州被灾田租。

秋七月壬寅，命户部稽渡江以来各省水旱灾伤分数，优恤之。壬子，胡惟庸为右丞相。八月乙亥，诏祀三皇及历代帝王。

冬十月辛巳，召徐达、冯胜还。十一月壬子，扩廓帖木儿犯大同，徐达遣将击败之，达仍留镇。甲子，遣兵部尚书刘仁振真定饥。丙寅，冬至，帝不豫，改卜郊。闰月乙亥，录故功臣子孙未嗣者二百九人。壬午，有事于圜丘。庚寅，颁定《大明律》。

是年，暹罗、高丽、占城、真腊、三佛齐入贡。命安南陈叔明权知国事。

【译文】

洪武四年正月丙戌，李善长罢官，命汪广洋为右丞相。丁亥，令中山侯汤和为征西将军，江夏侯周德兴、德庆侯廖永忠为副将军，统率水军由瞿塘出发，颍川侯傅友德为征虏前将军，济宁侯顾时为副将军，率领步兵和骑兵由秦、陇启程共同讨伐蜀。魏国公徐达在北平练兵。戊子，命卫国公邓愈督运粮饷供应征蜀的部队。庚寅，在中都修建祭祀天地之坛和太庙。丁未，下诏开设科举取士，连续举行三年，今后每三年举行一次。戊申，免征山西遭受旱灾地区的田租。二月甲戌，巡幸中都。壬午，自中都回到京师。元朝平章刘益在辽东投降。同月，免除太平、镇江、宁国的田租。三月乙酉初一，开始亲自考试全国的贡士，分别赐吴伯宗等人为进士及第、进士出身。乙巳，迁山后居民一万七千户到北平屯田。丁未，诚意伯刘基退休。

夏四月丙戌，傅友德攻克阶州，文、隆、绵三州相继攻下。五月，免去江西、浙江的秋粮。六月壬午，傅友德攻克汉州。辛卯，廖永忠攻克夔州。戊戌，明升的部将丁世贞攻破文州，守将朱显忠被害。癸卯，汤和到重庆，明升投降。戊申，倭寇侵犯胶州。同月，迁山后居民三万五千户入内地，又迁移沙漠遗民三万二千户到北平屯田。

秋七月辛亥，徐达在山西练兵。辛酉，傅友德攻下成都，四川平定。乙丑，明升到京师，封为归义侯。八月甲午，免去中都、淮、扬以及泰、滁、无为的田租。己酉，救济陕西饥民。同月，高州的海寇作乱，通判王名善遇难。九月庚戌初一，日食。

冬十月丙申，征蜀大军凯旋归来。十一月丙辰，在圜丘祭祀上帝。庚申，下令犯贪污赃私罪的官吏绝不轻贷。这一月，赐免陕西、河南受灾地区的田租。十二月，召徐达回京师。

该年，安南、浡泥、高丽、三佛齐、暹罗、日本、真腊入京师朝贡。

洪武五年春正月癸丑，待制王祎奉命出使云南，诏谕元朝梁王把匝剌瓦尔密。王祎到云南后，不屈而死。乙丑，将陈理、明升迁居高丽。甲戌，命魏国公徐达为征虏将军，出雁门关，进军和林；曹国公李文忠为左副将军，出应昌；宋国公冯胜为征西将军，攻取甘肃，征讨扩廓帖木儿。命靖海侯吴祯总督海运，供应辽东军饷。令卫国公邓愈为征南将军，江夏侯周德兴、江阴侯吴良为副将军，分道讨伐湖南、广西洞蛮。二月丙戌，安南陈叔明杀其国王陈日熞而自立为王，遣使来京师朝贡，予以拒绝。三月丁卯，都督佥事蓝玉在土剌河打败扩廓帖木儿。

夏四月己卯，赈济济南、莱州的饥民。戊戌，开始实行乡饮酒礼。庚子，邓愈讨平散毛各洞蛮。五月壬子，徐达在岭北遇到元兵，双方交战，失利。这一月，下诏说："天下已经平定，礼仪风俗不可不正。凡遭遇战乱而沦为他人奴隶的一律恢复为平民。饥寒交迫的由村里的富户借贷给他们，孤寡残疾的由官府予以抚养，不要使他们流离失所。乡里关系讲究年龄，相见时行揖拜礼，不要违背礼节。婚姻不要讲究钱财。办理丧事要根据自家有无能力，不要迷信和拘束于阴阳风水的忌讳，将棺材停放在外而不埋葬。流民复业为农的各依丁力多寡耕种田地，不要受到原有田土的限制。僧道打斋建醮做法事时男女混杂，恣行饮食的，有关部门要严加惩治。闽、粤势豪大户不得阉割他人的儿子为火者，犯者抵罪。"六月丙子，制定宦官禁令。丁丑，制定宫廷女职官的制度。戊寅，冯胜攻克甘肃，在瓜、沙州追击打败元兵。癸巳，制定六部的职权以及年终考核政绩的办法。壬寅，吴良平息靖州蛮。甲辰，李文忠在阿鲁浑河打败元兵，宣宁侯曹良臣战死。乙巳，制作铁榜告诫功臣。这一月，赈济山东饥民，免除受灾郡县的田租。

秋七月丙辰，汤和在断头山遇到元兵双方交战，失利。八月丙申，吴良讨平五开、古州各蛮。甲辰，元兵进犯云内，同知黄理被害。九月戊午，周德兴平息婪凤、安田各蛮。

冬十月丁酉，冯胜班师回朝。同月，免去应天、太平、镇江、宁国、广德的田租。十一月辛酉，在圜丘祭祀上帝。甲子，征南大军凯旋归来。

壬申，纳哈出进犯辽东。这一月，召徐达、李文忠回京师。十二月甲戌，命令用重视农桑和学校考核有关部门的政绩。辛巳，命令文武官员奏事要先报告皇太子。庚子，命邓愈为征西将军，统兵征讨吐蕃。壬寅，送信给元朝嗣君。

这一年，琐里、占城、高丽、琉球、乌斯藏到京师朝贡。高丽贡使再来，令自此之后每三年朝贡一次。

洪武六年春正月甲寅，贬谪汪广洋为广东参政。二月乙未，下令暂时停止科举考试，访察举荐贤能才士。壬寅，命御史及按察使考察有关部门的官员。三月癸卯初一，出现日食。颁布《昭鉴录》，训诫各位亲王。戊申，举行大规模的阅兵典礼。壬子，命徐达为征虏大将军，李文忠、冯胜、邓愈、汤和为副将军，整顿山西、北平边备。甲子，命指挥使于显为总兵官，防备倭寇。

夏四月己丑，命令有关部门进呈有关山、河险易的形势图。六月壬午，盱眙进献象征祥和的麦穗，上供太庙。壬辰，扩廓帖木儿派兵攻打雁门关，指挥吴均将其击退。同月，免去北平、河间、河南、开封、延安、汾州受灾地区的田租。

秋七月壬寅，命令户部稽查自从渡江以来各省水旱灾害的情况，给予优免和抚恤。壬子，命胡惟庸为右丞相。八月乙亥，下令祭祀三皇和历代帝王。

冬十月辛巳，召徐达、冯胜回京师。十一月壬子，扩廓帖木儿进犯大同，徐达命将打败他，徐达仍然留下镇守那里。甲子，派遣兵部尚书刘仁救济真定的饥民。丙寅，冬至，太祖高皇帝身体不安适，更改卜郊的日期。闰十一月乙亥，录用已故功臣的子孙尚未嗣爵的计二百零九人。壬午，在圜丘祭祀上帝。庚寅，颁定《大明律》。

该年，暹罗、高丽、占城、真腊、三佛齐入京师朝贡。命令安南陈叔明暂时治理国事。

秋八月，命天下学校师生，日给廪膳。九月辛卯，景川侯曹震、营阳侯杨璟、永城侯薛显屯田北平。乙巳，天寿节，始受群臣朝贺，赐宴于谨身殿，后以为常。丙午，置四辅官，告于太庙。以儒士王本、杜佑、龚敩、杜敩、赵民望、吴源为春、夏官。是月，诏陕西卫军以三分之二屯田。安置翰林学士承旨宋濂于茂州，道卒。

冬十一月乙未，徐达还。丙午，元平章完者不花、乃儿不花犯永平，指挥刘广战没，千户王辂击败之，擒完者不花。十二月，天下府州县所举士至者八百六十余人，授官有差。南雄侯赵庸镇广东，讨阳春蛮。

是年，琉球、日本、安南、占城、真腊、爪哇入贡，日本以无表却之。

十四年春正月戊子，徐达为征虏大将军，汤和、傅友德为左、右副将军，帅师讨乃儿不花。命新授官者各举所知。乙未，大祀天地于南郊。壬子，罢天下岁造兵器。癸丑，命公侯子弟入国学。丙辰，诏求隐逸。二月庚辰，核天下官田。三月丙戌，大赦。辛丑，颁《五经》、《四书》于北方学校。

夏四月庚午，徐达率诸将出塞，至北黄河，击破元兵，获全宁四部以归。五月，五溪蛮叛，江夏侯周德兴讨平之。

秋八月丙子，诏求明经老成之士，有司礼送京师。庚辰，河决原武、祥符、中牟。辛巳，徐达还。九月壬午朔，傅友德为征南将军，蓝玉、沐英为左、右副将军，帅师征云南。徐达镇北平。丙午，周德兴移师讨施州蛮，平之。

冬十月壬子朔，日有食之。癸丑，命法司录囚，会翰林院给事中及春坊官会议平允以闻。甲寅，免应天、太平、应德、镇江、宁国田租。癸亥，分遣御史录囚。己卯，延安侯唐胜宗帅师讨浙东山寇，平之。十一月壬午，吉安侯陆仲亨镇成都。庚戌，赵庸讨广州海寇，大破之。十二月丁巳，命翰林春坊官考驳诸司章奏。戊辰，傅友德大败元兵于白石江，遂下曲靖。壬申，元梁王把匝剌瓦尔密走普宁自杀。

是年，暹罗、安南、爪哇、朵甘、乌斯藏入贡。以安南寇思明，不纳。

十五年春正月辛巳，宴群臣于谨身殿，始用九奏乐。景川侯曹震、定远侯王弼下威楚路。壬午，元曲靖宣慰司及中庆、澄江、武定诸路俱降，云南平。己丑，减大辟囚。乙未，大祀天地于南郊。庚戌，命天下朝觐官各举所知一人。二月壬子，河决河南，命驸马都尉李祺振之。甲寅，以云南平，诏天下。闰月癸卯，蓝玉、沐英克大理，分兵徇鹤庆、丽江、金齿，俱下。三月庚午，河决朝邑。

夏四月甲申，迁元梁王把匝剌瓦儿密及威顺王子伯伯等家属于耽罗。丙戌，诏天下通祀孔子。壬辰，免畿内、浙江、江西、河南、山东税粮。五月乙丑，太学成，释奠于先师孔子。丙子，广平府吏王允道请开磁州铁冶。帝曰："朕闻王者使天下无遗贤，不闻无遗利。今军器不乏，而民业已定，无益于国，且重扰民。"杖之，流岭南。丁丑，遣行人访经明行修之士。

秋七月乙卯，河决荥泽、阳武。辛酉，罢四辅官。乙亥，傅友德、沐英击乌撒蛮，大败之。八月丁丑，复设科取士，三年一行，为定制。丙戌，皇后崩。己丑，延安侯唐胜宗、长兴侯耿炳文屯田陕西。丁酉，擢秀才曾泰为户部尚书。辛丑，命征至秀才分六科试用。九月己酉，吏部以经明行修之士郑韬等三千七百余人入见，令举所知，复遣使征之。赐韬等钞，寻各授布政使、参政等官有差。庚午，葬孝慈皇后于孝陵。

冬十月丙子，置都察院。丙申，录囚。甲辰，徐达还。是月，广东群盗平，诏赵庸班师。十一月戊午，置殿阁大学士，以邵质、吴伯宗、宋讷、吴沉为之。十二月辛卯，振北平被灾屯田士卒。乙亥，永城侯薛显理山西军务。

是年，爪哇、琉球、乌斯藏、占城入贡。

【译文】

秋八月，命令全国各地学校的师生，每日由国家供给膳食。九月辛卯，令景川侯曹震、营阳侯杨璟、永城侯薛显北平屯田。乙巳，天寿节，开始接受群臣朝贺，并在谨身殿设宴招待他们，自此成为制度。丙午，设置四辅官，禀告太庙。以儒士王本、杜佑、龚敩、杜敩、赵民望、吴源分别为春、夏官。同月，命令在陕西的卫所军队以三分之二屯田。翰林院学士承旨宋濂被安置到茂州，在途中逝世。

冬十一月乙未，徐达回到京师。丙午，元朝平章完者不花、乃儿不花进犯永平，指挥刘广战死，千户王辂把他们击败，擒获完者不花。十二月，全国府州县所推举的士人到达京师的计八百六十余人，各授以不同级别的官职。南雄侯赵庸镇守广东，进讨阳春蛮。

这一年，琉球、日本、安南、占城、真腊、爪哇到京师朝贡。其中日本因没有进贡表而被拒绝。

洪武十四年春正月戊子，命徐达为征虏大将军，汤和、傅友德分别为左、右副将军，统兵进讨乃儿不花。令新任命的官员各自举荐自己所了解的品学兼优的人士。乙未，在南郊隆重地祭祀天地。壬子，命令全国停止制造兵器。癸丑，命令公、侯的子弟入国子学读书。丙辰，下诏访求隐居山林的贤人。二月庚辰，查核全国各地的官田。三月丙戌，大赦囚犯。辛丑，向北方地区的学校颁行《五经》、《四书》。

夏四月庚午，命徐达统率各位将领出塞外，至北黄河，击败元兵，俘获全宁四部回到北平。五月，五溪蛮叛乱，江夏侯周德兴出兵讨伐，平息了他们。

秋八月丙子，下诏访求精通经术而又老成的人士，由有关部门礼送京师。庚辰，黄河在原武、祥符、中牟一带决口。辛巳，徐达回京师。九月壬午初一，命傅友德为征南将军，蓝玉、沐英分别为左、右副将军，统兵出征云南。徐达镇守北平。丙午，令周德兴转移部队讨伐施州蛮，一举平息。

冬十月壬子初一，日食。癸丑，命令司法部门审核记录囚犯的罪状，并会同翰林院、给事中以及春坊官共同商议公正合理的处理意见然后奏闻。甲寅，免去应天、太平、广德、镇江、宁国的田租。癸亥，分别派遣御史到全国各地检查记录囚犯的罪状。己卯，延安侯唐胜宗举兵讨伐浙东的山寇，平息其乱。十一月壬午，吉安侯陆仲亨镇守成都。庚戌，赵庸讨伐广州海寇，大败其众。十二月丁巳，命令翰林院和春坊官考核驳正各衙门的章奏。戊辰，傅友德在白石江大败元兵，于是进军曲靖。壬申，元朝梁王把匝剌瓦尔密逃到普宁自杀。

这一年，暹罗、安南、爪哇、朵甘、乌斯藏入京师朝贡。因安南侵犯思明，不予接纳。

洪武十五年春正月辛巳，在谨身殿宴请群臣，开始使用九奏乐。景川侯曹震、定远侯王弼攻下楚威路。壬午，元朝曲靖宣慰司以及中庆、澄江、武定各路皆投降，云南平定。己丑，令减少已被判为死刑的囚徒。乙未，在南郊隆重祭祀天地。庚戌，命令全国到京师朝见的官员各举荐一名自己所熟悉的贤能之士。二月壬子，黄河在河南决堤，命驸马都尉李祺前往救济。甲寅，云南平定，下诏告知全国。闰二月癸卯，蓝玉、沐英攻克大理，分兵攻打鹤庆、丽江、金齿，均取得胜利。三月庚午，黄河在朝邑决堤。

夏四月甲申，把元朝梁王把匝剌瓦尔密以及威顺王的儿子伯伯等人的家属迁移到耽罗。丙戌，下诏令全国各地一律祭祀孔子。壬辰，免征畿内、浙江、江西、河南、山东的税粮。五月乙丑，国子学落成，陈设酒食祭奠先师孔子。丙子，广平府吏王允道上书请求开炼磁州铁矿。太祖高皇帝说："朕听说过做帝王的人必须使全国没有被遗弃的贤人，从未听说要没有遗留下来的财利。现今兵器并不缺乏，而且百姓的本业已经稳定，开矿不但对国家毫无益处，而且会重新扰乱百姓。"为此杖打王允道，并把他流放到岭南。丁丑，派遣行人访求精通经术、德行良好的才士。

秋七月乙卯，黄河在荥泽、阳武一带决堤。辛酉，罢免四辅官。乙亥，傅友德、沐英出击乌撒蛮，大败其众。八月丁丑，再次设科举取士，令每三年举行一次，由此成为制度。丙戌，高皇后马氏逝世。己丑，命延安侯唐胜宗、长兴侯耿炳文在陕西屯田。丁酉，提拔秀才曾泰为户部尚书。辛丑，命令召到京师的秀才分别到吏、户、礼、兵、刑、工六科试用。九月己酉，吏部将精通经术、德行良好的才士郑韬等三千七百余人召入京师拜见，太祖令其举荐自己所了解的贤人，然后派遣使者征召他们。赐给郑韬等人钞，过后各授以布政使、参政等不同级别的官职。庚午，安葬孝慈皇后于孝陵。

冬十月丙子，设置都察院。丙申，检察记录囚犯的罪状。甲辰，徐达回到京师。同月，广东群盗平定，命赵庸班师回朝。十一月戊午，设置殿阁大学士，由邵质、吴伯宗、宋纳、吴沉四人担任。十二月辛卯，救济北平受灾地区的屯田士兵。己亥，命永城侯薛显督理山西的军务。

该年，爪哇、琉球、乌斯藏、占城入京师朝贡。

十六年春正月乙卯，大祀天地于南郊。戊午，徐达镇北平。二月丙申，初命天下学校岁贡士于京师。三月甲辰，召征南师还，沐英留镇云南。丙寅，复凤阳、临淮二县民徭赋，世世无所与。

夏五月庚申，免畿内各府田租。六月辛卯，免畿内十二州县养马户田租一年，滁州免二年。

秋七月，分遣御史录囚。八月壬申朔，日有食之。九月癸亥，申国公邓镇为征南将军，讨龙泉山寇，平之。

冬十月丁丑，召徐达等还。十二月甲午，刑部尚书开济有罪诛。

是年，琉球、占城、西番、打箭炉、暹罗、须文达那入贡。

十七年春正月丁未，太祀天地於南郊。戊申，徐达镇北平。壬戌，汤和巡视沿海诸城防倭。三月戊戌朔，颁科举取士式。曹国公李文忠卒。甲子，大赦天下。

夏四月壬午，论平云南功，进封傅友德颍国公，陈桓等侯者四人，大赉将士。庚寅，收阵亡遗骸。增筑国子学舍。五月丙寅，凉州指挥宋晟讨西番于亦集乃，败之。

秋七月戊戌，禁内官预外事，敕诸司毋通内官监文移。癸丑，诏百官迎养父母者，官给舟车。丁巳，免畿内今年田租之半。庚申，录囚。壬戌，盱眙人献天书，斩之。八月丙寅，河决开封。壬申，决杞县，遣官塞之。己丑，蠲河南诸省逋赋。

冬十月丙子，河南、北平大水，分遣驸马都尉李祺等振之。闰月癸丑，诏天下罪囚，刑部、都察院详议，大理寺覆谳后奏决。是月，召徐达还。十二月壬子，蠲云南逋赋。

是年，琉球、暹罗、安南、占城入贡。

十八年春正月辛未，大祀天地于南郊。癸酉，朝觐官分五等考绩，黜陟有差。二月甲辰，以久阴雨雷雹，诏臣民极言得失。己未，魏国公徐达卒。三月壬戌，赐丁显等进士及第、出身有差。诏中外官父母殁任所者，有司给舟车归其丧，著为令。乙亥，免畿内今年田租。命天下郡县瘗暴骨。丙子，初选进士为翰林院、承敕监、六科庶吉士。己丑，户部侍郎郭桓坐盗官粮诛。

夏四月丁酉，吏部尚书余炊以罪诛。丙辰，思州蛮叛，汤和为征虏将军，周德兴为副将军，帅师从楚王桢讨之。六月戊申，定外官三年一朝，著为令。

秋七月甲戌，封王偶为高丽国王。庚辰，五开蛮叛。八月庚戌，冯胜、傅友德、蓝玉备边北平。是月，振河南水灾。

冬十月己丑，颁《大诰》于天下。癸卯，召冯胜还。甲辰，诏曰：

“孟子传道，有功名教。历年既久，子孙甚微。近有以罪输作者，岂礼先贤之意哉。其加意询访，凡圣贤后裔输作者，皆免之。”是月，楚王桢、信国公汤和讨平五开蛮。十一月乙亥，蠲河南、山东、北平田租。十二月丙午，诏有司举孝廉。癸丑，麓川平缅宣慰使思伦发反，都督冯诚败绩，千户王升死之。

是年，高丽、琉球、安南、暹罗入贡。

十九年春正月辛酉，振大名及江浦水灾。甲子，大祀天地于南郊。是月，征蛮师还。二月丙申，耕耤田，癸丑，振河南饥。

夏四月甲辰，诏赎河南饥民所鬻子女。六月甲辰，诏有司存问高年。贫民年八十以上，月给米五斗，酒三斗，肉五斤；九十以上，岁加帛一匹，絮一斤；有田产者罢给米。应天、凤阳富民年八十以上赐爵社士，九十以上乡士；天下富民八十以上里士，九十以上社士。皆与县官均礼，复其家。鳏寡孤独不能自存者，岁给米六石。士卒战伤除其籍，赐复三年。将校阵亡，其子世袭加一秩。岩穴之士，以礼聘遣。丁未，振青州及郑州饥。

秋七月癸未，诏举经明行修练达时务之士。年六十以上者，置翰林备顾问；六十以下，于六部、布按二司用之。八月甲辰，命皇太子修泗州盱眙祖陵，葬德祖以下帝后冕服。九月庚申，屯田云南。

冬十月，命官军已亡子女幼或父母老者皆给全俸，著为令。十二月癸未朔，日有食之。是月，命宋国公冯胜分兵防边。发北平、山东、山西、河南民运粮于大宁。

是年，高丽、琉球、暹罗、占城、安南入贡。

【译文】

洪武十六年春正月乙卯，在南郊隆重地祭祀天地。戊午，令徐达镇守北平。二月丙申，首次命令全国各地学校的岁贡士到京师。三月甲辰，召征南部队回京师，沐英留下镇守云南。丙寅，下令免除凤阳、临淮二县百姓的徭役和赋税，世世代代永不负担。

夏五月庚申，免征畿内各府的田租。六月辛卯，免征畿内十二个州县养马户的田租一年，其中滁州免征二年。

秋七月，分别派遣御史到各地检察记录囚犯的罪状。八月壬申初一，出现日食。九月癸亥，命申国公邓镇为征南将军，讨伐龙泉山的寇盗，荡平其众。

冬十月丁丑，召徐达等人回京师。十二月甲午，刑部尚书开济犯罪被杀。

这一年，琉球、占城、西番、打箭炉、暹罗、须文达那入京师朝贡。

洪武十七年春正月丁未，在南郊隆重地祭祀天地。戊申，命徐达镇守北平。壬戌，汤和巡视沿海各城防备倭寇。三月戊戌初一，颁行科举取士的规则。曹国公李文忠逝世。甲子，大赦全国各地的囚犯。

夏四月壬午，论平定云南的战功，进封傅友德为颍国公、陈桓等四人为侯，大赏将士。庚寅，收埋阵亡将士的尸骨。增建国子监的学舍。五月丙寅，凉州指挥宋晟在亦集乃征讨西番，打败他们。

秋七月戊戌，严禁内官干预外廷的事务，敕令外廷各衙门不得和内官监互相往来公文。癸丑，下诏令文武百官回家迎接父母奉养于任所的，由官府供给船、车。丁巳，免征畿内今年田租的一半。庚申，检察记录囚犯的罪状。壬戌，盱眙县有人进献天书，下令斩死他。八月丙寅，黄河在开封决口。壬申，黄河在杞县决口，派官员去堵塞它。己丑，下令免去河南等省旧欠的赋税。

冬十月丙子，河南、北平发生大水，分别派遣驸马都尉李祺等人前去救济。闰十月癸丑，诏令全国各地的罪囚，先由刑部、都察院审议，再由大理寺复审定罪，然后报请皇帝裁决。同月，召徐达回京师。十二月壬子，免去云南旧欠的赋税。

这年，琉球、暹罗、安南、占城入京师朝贡。

洪武十八年春正月辛未，在南郊隆重地祭祀天地。癸酉，令入京师朝见的官员分五等考核政绩，罢降进升各有差别。二月甲辰，因长久以来出现阴雨雷电，下诏求官民尽言时政得失。己未，魏国公徐达逝世。三月壬戌，分别赐丁显等人为进士及第、进士出身。下诏令在朝中和外地官员的父母凡死于任所的，由有关部门供给船、车送其回家安葬，从此成为一项法令。乙亥，免征畿内今年的田租。命令全国各府县掩埋暴露在外的尸骨。丙子，首次选用进士为翰林院、承敕监、六科庶吉士。己丑，户部侍郎郭桓因犯侵盗官粮罪被杀。

夏四月丁酉，吏部尚书余炌因罪被杀。丙辰，思州蛮叛乱，命汤和为征虏将军，周德兴为副将军，统兵随从楚王朱桢前去进讨。六月戊申，规定在外地的官员每三年到京师朝见一次，由此定为法令。

秋七月甲戌，封王禑为高丽国王。庚辰，五开蛮发动叛乱。八月庚戌，命令冯胜、傅友德、蓝玉在北平守备边境。同月，赈济河南水灾。

冬十月己丑，向全国各地颁发《大诰》。癸卯，召冯胜回京师。甲辰，下诏说："孟子传播道义，有功于正名分的礼教。历年已久，子孙甚少。近来其子孙有因罪而被罚从事劳作的，这哪里是礼待先贤的意愿呀。应当尽心询访，凡是圣贤的后代被罚劳作的，一概予以免除。"同月，楚王朱桢、信国公汤和讨平五开蛮。十一月乙亥，免去河南、山东、北平的田租。十二月丙午，命有关部门推举孝廉之人。癸丑，麓川平缅宣慰使思伦揭发反叛，都督冯诚出征失败，千户王升遇难。

该年，高丽、琉球、安南、暹罗到京师朝贡。

洪武十九年春正月辛酉，救济大名及江浦水灾。甲子，在南郊隆重地祭祀天地。同月，征蛮的部队回到京师。二月丙申，耕耘耤田。癸丑，赈济河南饥民。

夏四月甲辰，下诏令赎还河南饥民所卖的子女。六月甲辰，命有关部门慰问老年人。凡贫民年八十岁以上的，每月给米五斗，酒三斗，肉五斤；九十岁以上的，每年加布帛一匹，棉絮一斤；有田产的不给米。应天、凤阳富民年八十以上的赐爵社士，九十岁以上的赐乡士；全国其他地方的富民年八十以上的赐里士，九十岁以上的赐社士。皆与县官享有同等的礼遇，并免去其家的赋役。鳏寡孤独不能自存的，每年给米六石。士兵在战场上受伤的废除其军籍，赐免三年的赋役。将校阵亡的，其子孙世袭爵位增加一级俸禄。隐居山林岩穴的才士，以礼聘请送来京师。丁未，救济青州及郑州的饥民。

秋七月癸未，命令推举明识经学、德行良好、练达时务之士。年六十以上的，安置于翰林院备顾问；六十岁以下的，由六部和布按二司安排使用。八月甲辰，命皇太子修建泗州盱眙祖陵，准备安葬德祖以下皇帝、皇后的礼帽和礼服。九月庚申，在云南实行屯田。

冬十月，命官军已经死亡而其子女幼小或者父母年老的，皆照旧给予全部俸禄，由此定为法令。十二月癸未初一，出现日食。同月，命宋国公冯胜分兵防守边境。征发北平、山东、山西、河南的民夫运粮到大宁。

这一年，高丽、琉球、暹罗、占城、安南入京师朝贡。

二十年春正月癸丑，冯胜为征虏大将军，傅友德、蓝玉副之，率师征纳哈出。焚锦衣卫刑具，以系囚付刑部。甲子，大祀天地于南郊。礼成，天气清明。侍臣进曰："此陛下敬天之诚所致。"帝曰："所谓敬天者，不独严而有礼，当有其实。天以子民之任付于君，为君者欲求事天，必先恤民。恤民者，事天之实也。即如国家命人任守令之事，若不能福民，则是弃君之命，不敬孰大焉。"又曰："为人君者，父天母地子民，皆职分之所当尽，祀天地，非祈福于己，实为天下苍生也。"二月壬午，阅武。乙未，耕耤田。三月辛亥，冯胜率师出松亭关，城大宁、宽河、会州、富峪。

夏四月戊子，江夏侯周德兴筑福建濒海城，练兵防倭。六月庚子，临江侯陈镛从征失道，战没。癸卯，冯胜兵逾金山。丁未，纳哈出降。闰月庚申，师还次金山，都督濮英殿军遇伏，死之。

秋八月癸酉，收冯胜将军印，召还，蓝玉摄军事。景川侯曹震屯田云南品甸。九月戊寅，封纳哈出海西侯。癸未，置大宁都指挥使司。丁酉，安置郑国公常茂于龙州。丁未，蓝玉为征虏大将军，延安侯唐胜宗、武定侯郭英副之，北征沙漠。是月，城西宁。

冬十月戊申，封朱寿为舳舻侯，张赫为航海侯，是月，冯胜罢归凤阳，奉朝请。十一月壬午，普定侯陈桓、靖宁侯叶升屯田定边、姚安、毕节诸卫。己丑，汤和还，凡筑宁海、临山等五十九城。十二月，振登、莱饥。

是年，琉球、安南、高丽、占城、真腊、朵甘、乌斯藏入贡。

二十一年春正月辛巳，麓川蛮思伦发入寇马龙他郎甸，都督宁正击败之。辛卯，大祀天地于南郊。甲午，振青州饥，逮治有司匿不以闻者。三月乙亥，赐任亨泰等进士及第、出身有差。丙戌，振东昌饥。甲辰，沐英讨思伦发败之。

夏四月丙辰，蓝玉袭破元嗣君于捕鱼儿海，获其次子地保奴及妃主王公以下数万人而还。五月甲戌朔，日有食之。六月甲辰，信国公汤和归凤阳。甲子，傅友德为征南将军，沐英、陈桓为左、右副将军，帅师讨东川叛蛮。

秋七月戊寅，安置地保奴于琉球。八月癸丑，徙泽、潞民无业者垦河南、北田，赐钞备农具，复三年。丁卯，蓝玉师还，大赉北征将士。戊辰，封孙恪为全宁侯。是月，御制八谕饬武臣。九月丙戌，秦、晋、燕、周、楚、齐、湘、鲁、潭九王来朝。癸巳，越州蛮阿资叛，沐英会傅友德讨之。

冬十月丁未，东川蛮平。十二月壬戌，进封蓝玉凉国公。

是年，高丽、古城、琉球、暹罗、真腊、撒马儿罕、安南入贡。诏安南三岁一朝，象犀之属毋献。安南黎季犛弑其主炜。

二十二年春正月丙戌，改大宗正院曰宗人府，以秦王樉为宗人令，晋王棡、燕王棣为左、右宗正，周王橚、楚王桢为左、右宗人。丁亥，大祀天地于南郊。乙未，傅友德破阿资于普安。二月己未，蓝玉练兵四川。壬戌，禁武臣预民事。癸亥，湖广千户夏得忠结九溪蛮作乱，靖宁侯叶升讨平之，得忠伏诛。是月，阿资降。三月庚午，傅友德帅诸将分屯四川、湖广，防西南蛮。

夏四月己亥，徙江南民田淮南，赐钞备农具，复三年。癸丑，魏国公徐允恭、开国公常升等练兵湖广。甲寅，徙元降王于眈罗。是月，遣御史按山东官匿灾不奏者。五月辛卯，置泰宁、朵颜、福余三卫于兀良哈。

秋七月，傅友德等还。八月乙卯，诏天下举高年有德识时务者。是月，更定《大明律》。九月丙寅朔，日有食之。

冬十一月丙寅，宣德侯金镇等练兵湖广。己卯，思伦发入贡谢罪，麓川平。十二月甲辰，周王橚有罪，迁云南，寻罢徙，留居京师。定远侯王弼等练兵山西、河南、陕西。

是年，高丽、安南、占城、暹罗、真腊入贡。元也速迭儿弑其主脱古思帖木儿而立坤帖木儿。高丽废其主禑，又废其主昌。安南黎季犛复弑其主日焜。

【译文】

洪武二十年春正月癸丑，以冯胜为征虏大将军，傅友德、蓝玉为副将军，率师出征纳哈出。下令焚毁锦衣卫的刑具，原来由锦衣卫监狱关押的囚犯移交给刑部的监狱。甲子，在南郊隆重地祭祀天地。典礼完毕时，天气清明。侍臣进言说："这是陛下敬天诚心的结果。"太祖说："所谓敬天，不单要在形式上庄严而有礼，更应当有其实在的内容。上天将百姓当作儿子的重任托付给做君主的，做君主的想侍奉天，就必须首先体恤百姓。体恤百姓，就是侍奉天的实在内容。就像国家任命人担任府州县官的事一样，假若他们不能造福于百姓，就是背弃了君主的命令，哪有比这更大为不敬的呀。"又说："做人君的，敬天为父，敬地为母，视百姓如儿子，都是职分所应当尽力而为的，祭祀天地，不是为自己祈祷幸福，实在是为了天下的百姓。"二月壬午，检阅军队。乙未，耕耘耤田。三月辛亥，冯胜率兵出松亭关，建筑大宁、宽河、会州、富峪四城。

夏四月戊子，江夏侯周德兴在福建沿海筑城，练兵防倭。六月庚子，临江侯陈镛从征走错道路，遇敌战死。癸卯，冯胜的部队越过金山。丁未，纳哈出投降。闰六月庚申，冯胜班师驻扎金山，都督濮英统率的部队走在最后面遇到敌人的伏兵，濮英遇难身死。

秋八月癸酉，下令收回冯胜的将军印，召回京师，由蓝玉管理军事。景川侯曹震在云南品甸屯田。九月戊寅，封纳哈出为海西侯。癸未，设置大宁都指挥使司。丁酉，郑国公常茂被安置到龙州。丁未，以蓝玉为征虏大将军，延安侯唐胜宗、武定侯郭英为副将军，北征沙漠。同月，筑西宁城。冬十月戊申，封朱寿为舳舻侯，张赫为航海侯。同月，冯胜罢官回到凤阳，可按时入京朝见。十一月壬午，命普定侯陈桓、靖宁侯叶升在定边、姚安、毕节各卫屯田。己丑，汤和回京师，总计修筑宁海、临山等五十九座城。十二月，救济登、莱饥民。

该年，琉球、安南、高丽、占城、真腊、朵甘、乌斯藏入京师朝贡。

洪武二十一年春正月辛巳，麓川蛮思伦发入侵马龙他郎甸，都督宁正击败他。辛卯，在南郊隆重祭祀天地。甲午，救济青州饥民，惩治隐匿灾情不报的有关部门的官员。三月乙亥，分别赐任亨泰等人为进士及第、进士出身。丙戌，赈济东昌饥民。甲辰，沐英进讨思伦发，一举打败他。

夏四月丙辰，蓝玉在捕鱼儿海用计打败元朝嗣君，俘获其次子地保奴以及嫔妃、公主、王公以下数万人回来。五月甲戌初一，出现日食。六月甲辰，信国公汤和回到凤阳。甲子，以傅友德为征南将军，沐英、陈桓分别为左、右副将军，统兵讨伐东川叛蛮。

秋七月戊寅，地保奴被安置到琉球。八月癸丑，迁移泽、潞无业的居民到黄河南、北开垦田地，赐给钞购置农具，免其三年租税。丁卯，蓝玉班师回朝，大赏北征将士。戊辰，封孙恪为全宁侯。同月，御制八条指示训令武臣遵行。九月丙戌，秦、晋、燕、周、楚、齐、湘、鲁、潭九位藩王进京朝见。癸巳，越州蛮阿资发动叛乱，沐英会同傅友德讨伐他。

冬十月丁未，东川蛮平息。十二月壬戌，封蓝玉为凉国公。

这一年，高丽、占城、琉球、暹罗、真腊、撒马儿罕、安南入京师朝贡。命令安南自今以后每三年朝贡一次，不要进献象、犀一类的东西。安南黎季犛杀其国王陈炜。

洪武二十二年春正月，改大宗正院为宗人府，以秦王朱樉为宗人令，晋王朱㭎、燕王朱棣分别为左、右宗正，周王朱橚、楚王朱桢分别为左、右宗人。丁亥，在南郊隆重祭祀天地。乙未，傅友德在普安打败阿资。二月己未，蓝玉在四川练兵。壬戌，禁止武臣干预民事。癸亥，湖广千户夏得忠勾结九溪蛮发动叛乱，靖宁侯叶升讨平他，得忠被处死。同月，阿资投降。三月庚午，傅友德率各位将领分别屯守四川、湖广，以防御西南蛮。

夏四月己亥，移江南的居民到淮南屯田，赐给钞购置农具，免征三年租税。癸丑，令魏国公徐允恭、开国公常升等人在湖广练兵。甲寅，迁元朝降王到眈罗。同月，遣御史审察山东匿灾不报的官员。五月辛卯，在兀良哈设置泰宁、朵颜、福余三卫。

秋七月，召傅友德等人回京师。八月乙卯，下诏令全国推举年高德望明识时务之人。同月，重新修定《大明律》。九月丙寅初一，出现日食。

冬十一月丙寅，宣德侯金镇等人在湖广练兵。己卯，思伦发入京进贡认罪，麓川平定。十二月甲辰，周王朱橚有罪，令迁往云南，不久罢迁，留居京师。命定远侯王弼等人在山西、河南、陕西练兵。

这一年，高丽、安南、占城、暹罗、真腊到京师朝贡。元朝也速迭儿杀其君脱古思帖木儿而立坤帖木儿。高丽废其国王王禑，又废国王王昌。安南黎季犛再杀其国王陈日焜。

二十三年春正月丁卯，晋王㭎、燕王棣帅师征元丞相咬住、太尉乃儿不花，征虏前将军颍国公傅友德等皆听节制。己卯，大祀天地于南郊。庚辰，贵州蛮叛，延安侯唐胜宗讨平之。乙酉，齐王榑帅师从燕王棣北征。赣州贼为乱，东川侯胡海充总兵官，普定侯陈桓、靖宁侯叶升为副将，讨平之。唐胜宗督贵州各卫屯田。二月戊申，蓝玉讨平西番叛蛮。丙辰，耕耤田。癸亥，河决归德，发诸军民塞之。三月癸巳，燕王棣师次迤都，咬住等降。

夏四月，吉安侯陆仲亨等坐胡惟庸党下狱。丙申，潭王梓自焚死。闰月丙子，蓝玉平施南、忠建叛蛮。五月甲午，遣诸公侯还里，赐金币有差。乙卯，赐太师韩国公李善长死，陆仲亨等皆坐诛。作《昭示奸党录》，布告天下。六月乙丑，蓝玉遣凤翔侯张龙平都匀、散毛诸蛮。庚寅，授耆民有才德知典故者官。

秋七月壬辰，河决开封，振之。癸巳，崇明、海门风雨海溢，遣官振之，发民二十五万筑堤。八月壬申，诏毋以吏卒充选举。蓝玉还。是月，振河南、北平、山东水灾。九月庚寅朔，日有食之。

冬十月己卯，振湖广饥。十一月癸丑，免山东被灾田租。十二月癸亥，令殊死以下囚输粟北边自赎。壬申，罢天下岁织文绮。

是年，墨剌、哈梅里、高丽、占城、真腊、琉球、暹罗入贡。

二十四年春正月癸卯，大祀天地于南郊。戊申，颍国公傅友德为征虏将军，定远侯王弼、武定侯郭英副之，备北平边。丁巳，免山东田租。二月壬申，耕耤田。三月戊子朔，日有食之。魏国公徐辉祖、曹国公李景隆、凉国公蓝玉等备边陕西。乙未，靖宁侯叶升练兵甘肃。丁酉，赐许观等进士及第、出身有差。

夏四月辛未，封皇子旃为庆王，权宁王，楩岷王，橞谷王，松韩王，模沈王，楹安王，桱唐王，栋郢王，㰘伊王。癸未，燕王棣督傅友德诸将出塞，败敌而还。五月戊戌，汉、卫、谷、庆、宁、岷六王练兵临清。六月己未，诏廷臣参考历代礼制，更定冠服、居室、器用制度。甲子，久旱录囚。

秋七月庚子，徙富民实京师。辛丑，免畿内官田租之半。八月乙卯，秦王樉有罪，召还京师。乙丑，皇太子巡抚陕西。乙亥，都督佥事刘真、宋晟讨哈梅里，败之。九月乙酉，遣使谕西域。是月，倭寇雷州，百户李玉、镇抚陶鼎战死。

冬十月丁巳，免北平、河间被水田租。十一月甲午，五开蛮叛，都督佥事茅鼎讨平之。庚戌，皇太子还京师，晋王棡来朝。辛亥，振河南水灾。十二月庚午，周王橚复国。辛巳，阿资复叛，都督佥事何福讨降之。

是年，天下郡县赋役黄册成，计户千六十八万四千四百三十五，丁五千六百七十七万四千五百六十一。琉球、暹罗、别失八里、撒马儿罕入贡。以占城有篡逆事，却之。

二十五年春正月戊子，周王橚来朝，庚寅，河决阳武，发军民塞之，免被水田租。乙未，大祀天地于南郊。何福讨都匀、毕节诸蛮，平之。辛丑，令死囷输粟塞下。壬寅，晋王棡、燕王棣、楚王桢、湘王柏来朝。二月戊午，召曹国公李景隆等还京师。靖宁侯叶升等练兵于河南及临、巩、甘、凉、延庆。都督茅鼎等平五开蛮。丙寅，耕耤田。庚辰，诏天下卫所军以十之七屯田。三月癸未，冯胜等十四人分理陕西、山西、河南诸卫军务。庚寅，改封豫王桂为代王，汉王楧为肃王，卫王植为辽王。

夏四月壬子，凉国公蓝玉征罕东。癸丑，建昌卫指挥月鲁帖木儿叛，指挥鲁毅败之。丙子，皇太子标薨。戊寅，都督聂纬、徐司马、瞿能讨月鲁帖木儿，俟蓝玉还，并听节制。五月辛巳，蓝玉至罕东，寇遁，遂趋建昌。己丑，振陈州原武水灾。六月丁卯，西平侯沐英卒于云南。

秋七月庚辰，秦王樉复国。癸未，指挥瞿能败月鲁帖木儿于双狼寨。八月己未，江夏侯周德兴坐事诛。丁卯，冯胜、傅友德帅开国公常升等分行山西，籍民为军，屯田于大同、东胜，立十六卫。甲戌，给公侯岁禄，归赐田于官。丙子，靖宁侯叶升坐胡惟庸党诛。九月庚寅，立皇孙允炆为皇太孙。高丽李成桂幽其主瑶而自立，以国人表来请命，诏听之，更其国号曰朝鲜。

冬十月乙亥，沐春袭封西平侯，镇云南。十一月甲午，蓝玉擒月鲁帖木儿，诛之，召玉还。十二月甲戌，宋国公冯胜、颍国公傅友德等兼东宫师保官。闰月戊戌，冯胜为总兵官，傅友德副之，练兵山西、河南、兼领屯卫。

是年，琉球中山、山南、高丽，哈梅里入贡。

【译文】

洪武二十三年春正月丁卯，晋王朱棡、燕王朱棣统兵征元朝丞相咬住、太尉乃儿不花，征虏前将军颍国公傅友德等皆听从晋、燕二王的指挥。己卯，在南郊隆重祭祀天地。庚辰，贵州蛮发动叛乱，延安侯唐胜宗兴师讨平。乙酉，齐王朱榑统兵从燕王朱棣北征。赣州贼作乱，令东川侯胡海为总兵官，普定侯陈桓、靖宁侯叶升为副将，发兵予以平息。命唐胜宗督责贵州各卫屯田。二月戊申，蓝玉讨平西番叛蛮。丙辰，耕耘耤田。癸亥，黄河在归德决堤，征发各军和民夫堵塞它。三月癸巳，燕王朱棣的部队进驻迤都，咬住等人投降。

夏四月，吉安侯陆仲亨等因为被定为胡惟庸的同党而被关入监狱。丙申，潭王朱梓自焚身亡。闰四月丙子，蓝玉平息施南、忠建叛蛮。五月甲午，遣送各位公、侯回归故里，各赐给不同数量的金币。乙卯，赐太师韩国公李善长自尽，陆仲亨等皆被杀死。作《昭示奸党录》，布告全国。六月乙丑，蓝玉派遣凤翔侯张龙平息都匀、散毛各蛮。庚寅，任命德才兼备而又熟悉典故、年六十以上的老人为官。

秋七月壬辰，黄河在开封决口，下令予以赈济。癸巳，崇明、海门暴风骤雨海水溢入田舍，遣官进行救济，并征发民夫二十五万修筑堤岸。八月壬申，下令不要用吏卒担任选举。蓝玉回京师。同月，救济河南、北平、山东水灾。九月庚寅初一，出现日食。

冬十月己卯，救济湖广饥民。十一月癸丑，免征山东受灾地区的田租。十二月癸亥，命令被判为死刑以下的囚犯运粮到北方边境以弥补自己的罪过。壬申，令停止全国各地每年织造丝织品。

这一年，墨剌、哈梅里、高丽、占城、真腊、琉球、暹罗入京朝贡。

洪武二十四年春正月癸卯，在南郊隆重地祭祀天地。戊申，命颍国公傅友德为征虏将军，定远侯王弼、武定侯郭英为副将军，整治北平边防。丁巳，免征山东田租。二月壬申，耕耘耤田。三月戊子初一，出现日食。命魏国公徐辉祖、曹国公李景隆、凉国公蓝玉等人在陕西守备边境。乙未，靖宁侯叶升在甘肃练兵。丁酉，分别赐许观等人为进士及第、进士出身。

夏四月辛未，封皇子朱㮵为庆王，朱权为宁王，朱楩为岷王，朱橞为谷王，朱松为韩王，朱模为沈王，朱楹为安王，朱桱为唐王，朱栋为郢王，朱㰘为伊王。癸未，燕王朱棣督领傅友德各将帅出塞外，打败敌人凯旋归来。五月戊戌，命汉、卫、谷、庆、宁、岷六位亲王到临清练兵。六月己未，命令廷臣参考历代礼仪制度，重新制定衣帽、居室、用具的制度。甲子，因久旱无雨，下令重新审察记录囚徒的罪状。

秋七月庚子，迁移富民充实京师。辛丑，免征畿内官田的租税一半。八月乙卯，秦王朱樉有罪，被召回京师。乙丑，皇太子巡抚陕西。乙亥，都督佥事刘真、宋晟进讨哈梅里，打败他们。九月乙酉，遣使告谕西域。同月，倭寇侵犯雷州，百户李玉、镇抚陶鼎力战身死。

冬十月丁巳，免去北平、河间受灾地区的田租。十一月甲午，五开蛮叛乱，都督佥事茅鼎兴兵讨伐，平息他们。庚戌，皇太子回京师，晋王朱棡进京朝见。辛亥，赈济河南水灾。十二月庚午，周王朱橚恢复封国。辛巳，阿资再次反叛，都督佥事何福出兵讨伐降伏了他。

这年，全国各郡县赋役黄册造成，总计有一千六十八万四千四百三十五户，五千六百七十七万四千五百六十一丁。琉球、暹罗、别失八里、撒马儿罕入京师朝贡。因占城发生篡位叛逆的严重事件，拒绝其朝贡。

洪武二十五年春正月戊子，周王朱橚入京朝见。庚寅，黄河在阳武决口，征发军民加以堵塞，并免去受水灾地区的田租。乙未，在南郊隆重祭祀天地。命何福进讨都匀、毕节各蛮，平定了他们。辛丑，命令被判为死罪的囚犯运粮到边塞。壬寅，晋王朱棡、燕王朱棣、楚王朱桢、湘王朱柏进京朝见。二月戊午，召曹国公李景隆等回京师。靖宁侯叶升等人在河南以及临、巩、甘、凉、延庆各地练兵。都督茅鼎等平息五开蛮。丙寅，耕耘耤田。庚辰，命令全国各卫所的军队用十分之七屯田。三月癸未，命冯胜等十四人分别督理陕西、山西、河南各卫的军务。庚寅，改封豫王朱桂为代王，汉王朱楧为肃王、卫王朱植为辽王。

夏四月壬子，命凉国公蓝玉征讨罕东。癸丑，建昌卫指挥月鲁帖木儿叛变，指挥鲁毅出兵打败他。丙子，皇太子朱标逝世。戊寅，命都督聂纬、徐司马、瞿能进讨月鲁帖木儿，等蓝玉回来以后，均听从他的指挥。五月辛巳，蓝玉到罕东，贼寇逃走，于是进军建昌。己丑，救济陈州原武水灾。六月丁卯，西平侯沐英死于云南。

秋七月庚辰，秦王朱樉恢复封国。癸未，指挥瞿能在双狼寨打败月鲁帖木儿。八月己未，江夏侯周德兴因事被杀。丁卯、冯胜、傅友德率领开国公常升等分赴山西，征民为军，到大同、东胜屯田，建立十六个卫。甲戌，每年赐给公、侯俸禄，原来所赐给的田土归还官府。丙子，靖宁侯叶升因定为胡惟庸的党羽被杀。九月庚寅，立皇孙朱允炆为皇太孙。高丽李成桂囚禁其国王王瑶而自立为王，并拿着国人的劝进表来京师请求批准，下诏予以接受，更改其国号为朝鲜。

冬十月乙亥，沐英继承爵位封西平侯，镇守云南。十一月甲午，蓝玉擒获月鲁帖木儿，杀死他，召蓝玉回京师。十二月甲戌，宋国公冯胜、颍国公傅友德等兼任东宫师、保官。闰十二月戊戌，命冯胜为总兵官，傅友傅为副总兵，在山西、河南练兵，兼领屯卫的事务。

这一年，琉球的中山与山南，高丽、哈梅里入京师朝贡。

二十六年春正月戊申，免天下耆民来朝。辛酉，大祀天地于南郊。二月丁丑，晋王㭎统山西、河南军出塞，召冯胜、傅友德、常升、王弼等还。乙酉，蜀王椿来朝。凉国公蓝玉以谋反，并鹤庆侯张翼、普定侯陈桓、景川侯曹震、舳舻侯朱寿、东莞伯何荣、吏部尚书詹徽等皆坐诛。己丑，颁《逆臣录》于天下。庚寅，耕耤田。三月辛亥，代王桂率护卫兵出塞，听晋王节制。长兴侯耿炳文练兵陕西。丙辰，冯胜、傅友德备边山西、北平，其属卫将校悉听晋王、燕王节制。庚申，诏二王军务大者始以闻。壬戌，会宁侯张温坐蓝玉党诛。

夏四月乙亥，孝感饥，遣使乘传发仓贷之。诏自今遇岁饥，先贷后闻，著为令。戊子，周王来朝。庚寅，旱，诏群臣直言得失，省狱囚。丙申，以安南擅废立，绝其朝贡。

秋七月甲辰朔，日有食之。戊申，选秀才张宗浚等随詹事府官分直文华殿，侍皇太孙。八月，秦、晋、燕、周、齐五王来朝。九月癸丑，代、肃、辽、庆、宁五王来朝。赦胡惟庸、蓝玉余党。

冬十月丙申，擢国子监生六十四人为布政使等官。十二月，颁《永鉴录》于诸王。

是年，琉球、爪哇、暹罗入贡。

二十七年春正月乙卯，大祀天地于南郊。辛酉，李景隆为平羌将军，镇甘肃。发天下仓谷贷贫民。三月庚子，赐张信等进士及第、出身有差。辛丑，魏国公徐辉祖、安陆侯吴杰备倭浙江。庚戌，课民树桑枣木棉。甲子，以四方底平，收藏甲兵，示不复用。

秋八月甲戌，吴杰及永定侯张铨率致仕武臣，备倭广东。乙亥，遣国子监生分行天下，督吏民修水利。丙戌，阶、文军乱，都督宁正为平羌将军讨之。九月，徐辉祖节制陕西沿边诸军。

冬十一月乙丑，颍国公傅友德坐事诛。阿资复叛，西平侯沐春击败之。十二月乙亥，定远侯王弼坐事诛。

是年，乌斯藏、琉球、缅、朵甘、爪哇、撒马儿罕、朝鲜入贡。安南来贡，却之。

二十八年春正月丙午，阶、文寇平，宁正以兵从秦王樉征洮州叛番。丁未，大祀天地于南郊。甲子，西平侯沐春擒斩阿资，越州平。是月，周王橚、晋王㭎率河南、山西诸卫军出塞，筑城屯田。燕王棣帅总兵官周兴出辽东塞。二月丁卯，宋国公冯胜坐事诛。己丑，谕户部编民百户为里。婚姻死丧疾病患难，里中富者助财，贫者助力。春秋耕获，通力合作，以教民睦。

夏六月壬申，诏诸土司皆立儒学。辛巳，周兴等自开原追敌至甫答迷城，不及而还。己丑，御奉天门，谕群臣曰："朕起兵至今四十余年，灼见情伪，惩创奸顽，或法外用刑，本非常典。后嗣止循《律》与《大诰》，不许用黥刺、剕、劓、阉割之刑。臣下敢以请者，置重典。"又曰："朕罢丞相，设府、部、都察院分理庶政，事权归于朝廷。嗣君不许复立丞相。臣下敢以请者置重典。皇亲惟谋逆不赦。余罪，宗亲会议取上裁。法司只许举奏，毋得擅逮。勒诸典章，永为遵守。"

秋八月丁卯，都督杨文为征南将军，指挥韩观、都督佥事宋晟副之，讨龙州土官赵宗寿。戊辰，信国公汤和卒。辛巳，赵宗寿伏罪来朝，杨文移兵讨奉议、南丹叛蛮。九月丁酉，免畿内、山东秋粮。庚戌，颁《皇明祖训条章》于中外，“后世有言更祖制者，以奸臣论”。十一月乙亥，奉议、南丹蛮悉平。十二月壬辰，诏河南、山东桑枣及二十七年后新垦田，毋征税。

是年，朝鲜、琉球、暹罗入贡。

二十九年春正月壬申，大祀天地于南郊。二月癸卯，征虏前将军胡冕讨郴、桂蛮，平之。辛亥，燕王棣帅师巡大宁，周世子有炖帅师巡北平关隘。三月辛酉，楚王桢、湘王柏来朝。甲子，燕王败敌于彻彻儿山，又追败之于兀良哈秃城而还。

秋八月丁未，免应天、太平五府田租。九月乙亥，召致仕武臣二千五百余人入朝，大赉之，各进秩一级。

【译文】

洪武二十六年春季正月戊申，下令免全国六十岁以上的老年人来京师朝见。辛酉，在南郊隆重地祭祀天地。二月丁丑，晋王朱棡统领山西、河南的军队出塞外，召冯胜、傅友德、常升、王弼等人回京师。乙酉，蜀王朱椿进京朝见。凉国公蓝玉因谋反，与并受其株连的鹤庆侯张翼、普定侯陈桓、景川侯曹震、舳舻侯朱寿、东莞伯何荣、吏部尚书詹徽等人皆因此被杀。己丑，向全国颁布《逆臣录》。庚寅，耕耘耤田。三月辛亥，代王朱桂率领护卫兵出塞，听从晋王的调遣。长兴侯耿炳文在陕西练兵。丙辰，命冯胜、傅友德整饬山西、北平边备，其所辖的卫所将校一律听从晋王、燕王的指挥。庚申，诏令晋、燕二王遇有重大的军务才奏报。壬戌，会宁侯张温因定为蓝玉的党羽被处死。

夏四月乙亥，孝感发生饥荒，派遣使者乘坐驿站的车马迅速前去发放仓粮借给饥民。命令自今开始凡遇到饥荒年，先贷粮给饥民然后再奏闻，立为法令。戊子，周王朱橚进京朝见。庚寅，发生旱灾，诏群臣上书直言朝政得失，减少狱囚。丙申，因安南擅自废君自立，拒绝其朝贡。

秋七月甲辰初一，出现日食。戊申，选秀才张宗浚等随从詹事府的官员在文华殿轮流值班，侍候皇太孙。八月，秦、晋、燕、周、齐五位藩王进京朝见。九月癸丑，代、肃、辽、庆、宁五位藩王进京朝见。下令赦免胡惟庸、蓝玉的余党。

冬十月丙申，提拔国子监生六十四人为布政使等官。十二月，向各位藩王颁布《永鉴录》。

这一年，琉球、爪哇、暹罗入京朝贡。

洪武二十七年春正月乙卯，在南郊隆重地祭祀天地。辛酉，命李景隆为平羌将军，镇守甘肃。发放全国的仓谷贷给贫民。三月庚子，分别赐张信等人为进士及第、进士出身。辛丑，魏国公徐辉祖、安陆侯吴杰在浙江防备倭寇。庚戌，下令督促百姓种植桑枣、木棉。甲子，因为全国四方已经彻底平定，将兵器收藏起来，表示永不再用。

秋八月甲戌，吴杰及永定侯张铨率领退休的武臣，到广东防备倭寇。乙亥，遣国子监生分赴全国各地，督促官吏和百姓兴修水利。丙戌，在阶、文的军队发动叛乱，令都督宁正为平羌将军兴师讨伐。九月，令徐辉祖指挥陕西沿边各部队。

冬十一月乙丑，颍国公傅友德因事被处死。阿资再次叛变，西平侯沐春出兵击败他。十二月乙亥，定远侯王弼因事被杀。

这一年，乌斯藏、琉球、缅、朵甘、爪哇、撒马儿罕、朝鲜入京朝贡。安南来贡，拒绝他朝贡。

洪武二十八年春正月丙午，阶、文的寇乱被平息，宁正率所部随从秦王朱樉征讨洮州叛番。丁未，在南郊隆重祭祀天地。甲子，西平侯沐春擒获并斩死阿资，越州平定。同月，命周王朱橚、晋王朱㭎率领河南、山西各卫的军队出塞外，筑城、屯田。燕王朱棣带领总兵官周兴出辽东边塞。二月丁卯，宋国公冯胜因事被杀。己丑，命令户部编居民每一百户为一里。遇有婚姻、死丧、疾病各种患难，其中富的资助钱财，贫的资助劳力。春秋耕种收获，通力合作，这些都是为了使百姓和睦相处。

夏六月壬申，命令各土司都建立儒学。辛巳，周兴等人自开原追击敌人至甫答迷城，不及而还。己丑，到奉天门，指示群臣说："朕起兵至今四十年，十分了解事情的真假是非，为了惩治奸顽，有时法外用刑，这本不是常法。今后的嗣君只许遵循《律》和《大诰》，不许使用黥刺、剕、劓、阉割等各种刑罚。臣下有敢用这些奏请的，处以重刑。"又说："朕罢丞相，设五军都督府、六部、都察院分理各种繁多的政务，事权归于朝廷。今后的嗣君不许再立丞相，臣下有敢用这些奏请的处以重刑。皇亲只有犯谋逆的大罪才不能赦免。犯其他罪行的，由宗亲会议报请皇上裁决。司法部门只许检举奏报，不得擅自逮捕。这些都要刻于典章之上，永为遵守。”

秋八月丁卯，命都督杨文为征南将军，指挥韩观、都督佥事宋晟为副将军，进讨龙州土官赵宗寿。戊辰，信国公汤和逝世。辛巳，赵宗寿认罪来京师朝见，杨文转而移兵讨伐奉议、南丹的叛蛮。九月丁酉，免征畿内、山东的秋粮。庚戌，向朝廷内外颁布《皇明祖训条章》，规定“后世有议论更改祖宗制度的，按奸臣论处”。十一月乙亥，奉议、南丹的叛蛮皆被平息。十二月壬辰，命令河南、山东种植桑、枣以及洪武二十七年以后新开垦的田地，不要进行征税。

这一年，朝鲜、琉球、暹罗入京师朝贡。

洪武二十九年春正月壬申，在南郊隆重地祭祀天地。二月癸卯，征虏前将军胡冕督兵讨伐郴、桂蛮乱，平定了他们。辛亥，燕王朱棣率军队巡视大宁，周世子朱有炖率军队巡视北平关口。三月辛酉，楚王朱桢、湘王朱柏进京朝见。甲子，燕王在彻彻儿山击败敌军，又追击敌军到兀良哈秃城并在那里将其打败，然后胜利归来。

秋八月丁未，免征应天、太平五府的田租。九月乙亥，召退休的武臣两千五百余人到京师朝见，大赏他们，各进升俸禄一级。

是年，琉球、安南、朝鲜、乌斯藏入贡。

三十年春正月丙辰，耿炳文为征西将军，郭英副之，巡西北边。丙寅，大祀天地于南郊。丁卯，置行太仆寺于山西、北平、陕西、甘肃、辽东，掌马政。己巳，左都督杨文屯田辽东。是月，沔县盗起，诏耿炳文讨之。二月庚寅，水西蛮叛，都督佥事顾成为征南将军，讨平之。三月癸丑，赐陈䢿等进士及第、出身有差。庚辰，古州蛮叛，龙里千户吴得、镇抚井孚战死。

夏四月己亥，都指挥齐让为平羌将军，讨之。壬寅，水西蛮平。五月壬子朔，日有食之。乙卯，楚王桢、湘王柏帅师讨古州蛮。六月辛巳，赐礼部覆试贡士韩克忠等进士及第、出身有差。己酉，驸马都尉欧阳伦有罪赐死。

秋八月丁亥，河决开封。甲午，李景隆为征虏大将军，练兵河南。九月庚戌，汉、沔寇平。戊辰，麓川平缅土酋刀干孟逐其宣慰使思伦发以叛。乙亥，都督杨文为征虏将军，代齐让。

冬十月戊子，停辽东海运。辛卯，耿炳文练兵陕西。乙未，重建国子监先师庙成。十一月癸酉，沐春为征虏前将军，都督何福等副之，讨刀干孟。

是年，琉球、占城、朝鲜、暹罗、乌斯藏、泥八剌入贡。

三十一年春正月壬戌，大祀天地于南郊。乙丑，遣使之山东、河南课耕。二月乙酉，倭寇宁海，指挥陶铎击败之。辛丑，古州蛮平，召杨文还。甲辰，都督佥事徐凯讨平么些蛮。

夏四月庚辰，廷臣以朝鲜屡生衅隙请讨，不许 。五月丁未，沐春击刀干孟，大败之。甲寅，帝不豫。戊午，都督杨文从燕王棣，武定侯郭英从辽王植，备御开平，俱听燕王节制。

【译文】

这一年，琉球、安南、朝鲜、乌斯藏入京师朝贡。

洪武三十年春正月丙辰，命耿炳文为征西将军，郭英为副将军，巡视西北边防。丙寅，在南郊隆重祭祀天地。丁卯，分别在山西、北平、陕西、甘肃、辽东设置行太仆寺，掌管马政。己巳，左都督杨文在辽东屯田。同月，沔县盗寇暴动，令耿炳文兴兵讨伐它。二月庚寅，水西蛮叛乱，命都督佥事顾成为征南将军，讨平他们。三月癸丑，分别赐陈郊等人为进士及第、进士出身。庚辰，古州蛮叛乱，龙里千户吴得、镇抚井孚战死。

夏四月己亥，命都指挥齐让为平羌将军，讨伐古州蛮。壬寅，水西蛮平定。五月壬子初一，出现日食。乙卯，楚王朱桢、湘王朱柏率兵进讨古州蛮。六月辛巳，分别赐礼部复试贡士韩克忠等人为进士及第、进士出身。己酉，驸马都尉欧阳伦有罪，令其自尽。

秋八月丁亥，黄河在开封决堤。甲午，命李景隆为征虏大将军，在河南练兵。九月庚戌，汉、沔贼寇平息。戊辰，麓川平缅土司酋长刀干孟赶走其宣慰使思伦发，由此发动叛乱。乙亥，命都督杨文为征虏将军，代替齐让。

冬十月戊子，停止辽东海运。辛卯，耿炳文在陕西练兵。乙未，重新修建的国子监先师庙落成。十一月癸酉，命沐春为征虏前将军，都督何福等人为副将军，进讨刀干孟。

这一年，琉球、占城、朝鲜、暹罗、乌斯藏、泥八剌入京师朝贡。

洪武三十一年春正月壬戌，在南郊隆重祭祀天地。乙丑，派遣使者到山东、河南督促百姓耕种田地。二月乙酉，倭寇侵犯宁海，指挥陶铎击败他们。辛丑，古州蛮平息，召杨文回京师。甲辰，都督佥事徐凯讨平么些蛮。

夏四月庚辰，廷臣因朝鲜一再生事挑衅，请求出兵讨伐，不准。五月丁未，沐春攻击刀干孟，将他打得人仰马翻。甲寅，太祖高皇帝身体不安适。戊午，都督杨文随从燕王朱棣，武定侯郭英随从辽王朱植，到开平备边御敌，皆听从燕王指挥。

闰月癸未，帝疾大渐。乙酉，崩于西宫，年七十有一。遗诏曰："朕膺天命三十有一年，忧危积心，日勤不怠，务有益于民。奈起自寒微，无古人之博知，好善恶恶，不及远矣。今得万物自然之理，其奚哀念之有。皇太孙允炆仁明孝友，天下归心，宜登大位。内外文武臣僚同心辅政，以安吾民。丧祭仪物，毋用金玉。孝陵山川因其故，毋改作。天下臣民，哭临三日，皆释服，毋妨嫁娶。诸王临国中，毋至京师。诸不在令中者，推此令从事。"辛卯，葬孝陵。谥曰高皇帝，庙号太祖。永乐元年，谥圣神文武钦明启运俊德成功统天大孝高皇帝。嘉靖十七年，增谥开天行道肇纪立极大圣至神仁文义武俊德成功高皇帝。

帝天授智勇，统一方夏，纬武经文，为汉、唐、宋诸君所未及。当其肇造之初，能沉几观变，次第经略，绰有成算。尝与诸臣论取天下之略，曰："朕遭时丧乱，初起乡土，本图自全。及渡江以来，观群雄所为，徒为生民之患，而张士诚、陈友谅尤为巨蠹。士诚恃富，友谅恃强，朕独无所恃。惟不嗜杀人，布信义，行节俭，与卿等同心共济。初与二寇相持，士诚尤逼近，或谓宜先击之。朕以友谅志骄，士诚器小，志骄则好生事，器小则无远图，故先攻友谅。鄱阳之役，士诚卒不能出姑苏一步以为之援。向使先攻士诚，浙西负固坚守，友谅必空国而来，吾腹背受敌矣。二寇既除，北定中原，所以先山东、次河洛，止潼关之兵不遽取秦、陇者，盖扩廓帖木儿、李思齐、张思道皆百战之余，未肯遽下，急之则并力一隅，猝未易定，故出其不意，反旆而北。燕都既举，然后西征。张、李望绝势穷，不战而克，然扩廓犹力抗不屈。向令未下燕都，骤与角力，胜负未可知也。”帝之雄才大略，料敌制胜，率类此。故能戡定祸乱，以有天下。语云“天道后起者胜”，岂偶然哉。

【译文】

闰五月癸未，太祖高皇帝的疾病大为加重。乙酉，死于西宫，享年七十一岁。遗诏说：“朕承天命三十一年，心里总是忧虑着国家和百姓的安危，日日勤劳，不敢倦怠，致力于为百姓谋利益。无奈出身寒微，没有像古人那样博学多闻，好善疾恶，远不如他们。今日懂得了万物本身的客观规律，何有哀念之情。皇太孙允炆仁义明达，孝顺友爱，天下归心，最适合于登皇帝位。内外文武百官要同心辅佐政事，以安定我的百姓。治丧祭奠仪式的物品，不要使用金玉。孝陵的山川仍照旧，不要改动。天下官民，哀悼仪式举行三日之后，皆免穿素服，不要妨碍嫁女娶亲。各位藩王只在封国哀悼，不要到京师。凡不在这个诏令之中的，根据这个诏令行事。”辛卯，葬于孝陵。谥号高皇帝，庙号太祖。永乐元年，再谥为圣神文武钦明启运俊德成功统天大孝高皇帝。嘉靖十七年，增谥为开天行道肇纪立极大圣至神仁文义武俊德成功高皇帝。

太祖高皇帝由上天授给他智慧和能力，统一了全中国，武功文治，为汉、唐、宋各位君主所未能及。当其开创功业之初，能够沉着镇定地审时度势，循次经营，很有计划。经常与各位大臣议论夺取天下的策略，说：“朕时逢死亡和战乱，当初起兵乡里，本为保全自己。等到渡过长江以后，看到各处群雄的所作所为，只是祸害百姓，而张士诚、陈友谅尤其是大蛀虫。士诚倚仗富有，友谅倚仗兵强，独朕无所倚仗。只有不爱好杀人，布施信义，实行节俭，和你们同心共济。起初与张士诚、陈友谅二位敌人相对峙，士诚尤为逼近，有说应该先击败他。朕依据友谅志气骄傲，士诚器量狭小，志气骄傲必好生事端，器量狭小必没有远大的规划，所以首先攻打友谅。鄱阳湖之战，士诚终于不能走出姑苏一步去支援陈友谅。假使首先攻打士诚，他在浙西负固坚守，友谅必会倾国而来，我就会腹背受敌了。士诚、友谅两个敌人既消灭，北定中原，所以先取山东，次及河洛，而制止潼关的军队不必急于夺取秦、陇，是因为扩廓帖木儿、李思齐、张思道都是身经百战之后，未必肯于匆忙甘拜下风，急于进攻，他们势必会联合在一起，一下子不容易平定，所以出其不意，将战旗转向北方。燕都既已攻克，然后西征。张、李望绝势穷，不战而胜，然而扩廓仍在极力抗拒不肯屈服。假使那时未攻下燕都，骤然和他们斗力，谁胜谁负就未可知了。”太祖高皇帝的雄才大略，料敌如神，克敌制胜，都与此相类似。所以能够平定祸乱，直到得有天下。古语说“天道后起者胜”，这绝不是偶然的。

戚继光列传

戚继光，字元敬，世登州卫指挥佥事。父景通，历官都指挥，署大宁都司，入为神机坐营，有操行。继光幼倜傥负奇气。家贫，好读书，通经史大义。嘉靖中嗣职，用荐擢署都指挥佥事，备倭山东。改佥浙江都司，充参将，分部宁、绍、台三郡。

三十六年，倭犯乐清、瑞安、临海，继光援不及，以道阻不罪。寻会俞大猷兵，围汪直余党于岑港。久不克，坐免官，戴罪办贼。已而倭遁，他倭复焚掠台州。给事中罗嘉宾等劾继光无功，且通番。方按问，旋以平汪直功复官，改守台、金、严三郡。

继光至浙时，见卫所军不习战，而金华、义乌俗称慓悍，请招募三千人，教以击刺法，长短兵迭用，由是继光一军特精。又以南方多薮泽，不利驰逐，乃因地形制阵法，审步伐便利，一切战舰、火器、兵械精求而更置之。“戚家军”名闻天下。

【译文】

戚继光，字元敬，家中历代担任登州卫指挥佥事。父亲名景通，曾任都指挥使，代理大宁都指挥使司的事，召入京师神机营任坐营，有品行。戚继光少年时便很洒脱，气度不凡。家穷，喜好读书，通晓经史主要的意思。嘉靖中继承职务，由于推荐被提升为代理都指挥佥事，在山东防御倭寇。改佥浙江都司，充任参将，分别统辖宁、绍、台三郡。

嘉靖三十六年，倭寇侵犯乐清、瑞安、临海，戚继光来不及援救，因为是道路阻隔，不予加罪。接着会合俞大猷的部队，把汪直余党围困在岑港。很久都没有攻克，被免官，戴罪惩办贼寇。不久倭寇逃跑，其他倭寇再到台州焚烧抢掠。给事中罗嘉宾等弹劾戚继光没有功劳，而且私通外国。正在调查审问，接着因为平定汪直的功劳恢复官职，改为防守台、金、严三郡。

戚继光初到浙江的时候，见卫所军队不习惯作战，而金华、义乌人却以彪悍著称，便请准招募了三千人，教他们剑术和戈盾相攻等方法，长短兵器更番使用，从此戚继光这支部队特别精锐。又因为南方有很多少水多草的泽地，不便骑马追击，于是按照地形制成阵法，考虑步行作战的方便。一切战舰、火药武器、兵械都精心寻求然后加以置换。“戚家军”驰名天下。

四十年，倭大掠桃渚、圻头。继光急趋宁海，扼桃渚，败之龙山，追至雁门岭。贼遁去，乘虚袭台州。继光手歼其魁，蹙余贼瓜陵江尽死。而圻头倭复趋台州，继光邀击之仙居，道无脱者。先后九战皆捷，俘馘一千有奇，焚溺死者无算。总兵官卢镗、参将牛天锡又破贼宁波、温州。浙东平，继光进秩三等。闽、广贼流入江西。总督胡宗宪檄继光援。击破之上坊巢，贼奔建宁。继光还浙江。

明年，倭大举犯福建。自温州来者，合福宁、连江诸倭攻陷寿宁、政和、宁德。自广东南澳来者，合福清、长乐诸倭攻陷玄钟所，延及龙岩、松溪、大田、古田、莆田。是时宁德已屡陷。距城十里有横屿，四面皆水路险隘，贼结大营其中。官军不敢击，相守逾年。其新至者营牛田，而酋长营兴化，东南互为声援。闽中连告急，宗宪复檄继光剿之。先击横屿贼。人持草一束，填壕进。大破其巢，斩首二千六百。乘胜至福清，捣败牛田贼，覆其巢，余贼走兴化。急追之，夜四鼓抵贼栅。连克六十营，斩首千数百级。平明入城，兴化人始知，牛酒劳不绝。继光乃旋师。抵福清，遇倭自东营澳登陆，击斩二百人。而刘显亦屡破贼。闽宿寇几尽。于是继光至福州饮至，勒石平远台。

【译文】

嘉靖四十年，倭寇大肆侵略桃渚、圻头。戚继光急忙赶到宁海，据守桃渚，在龙山把他们打败，一直追到雁门岭。贼寇逃脱后，趁机袭击台州。戚继光亲手消灭了他们的魁首，把其余的匪徒逼迫到瓜陵江全都溺死。而圻头的倭寇再赶到台州，戚继光在仙居拦击他，路上没有能逃脱的。先后九仗均大捷，俘虏斩首一千多人，焚溺死的无数。总兵官卢镗、参将牛天锡又在宁波、温州打败了敌人。浙东平定，戚继光提升三级俸禄。福建、广东匪徒流入江西。总督胡宗宪发文征召戚继光援助。戚继光捣毁了上坊的贼巢，匪徒跑到建宁。戚继光回浙江。

第二年，倭寇大规模的侵犯福建。从温州来的，汇合了福宁、连江各倭寇攻陷寿宁、政和、宁德。从广东南澳来的，汇合福清、长乐各倭寇攻陷玄钟所，蔓延到龙岩、松溪、大田、古田、莆田。这时宁德已经屡次失陷。离城十里有个地方叫横屿，四面都是狭窄险要的水路，盗贼的大本营就驻扎在里面。明朝军队不敢攻打它，对峙一年多。那些新来的倭寇驻扎在牛田，而酋长驻扎在兴化，东南互相声援。福建接连告急，胡宗宪再发文征召戚继光前去征讨。戚继光先进攻横屿的匪徒。令兵士每人拿一捆草，填沟前进。大破贼巢，斩首两千六百级。乘胜进到福清，打败了牛田的匪徒，捣毁了贼巢，其余匪徒跑到兴化。戚继光急忙追赶，晚上四鼓时分抵达匪徒的栏栅。接连攻克了六十个营，斩首千数百级。天亮进城，兴化人才知道，送牛和酒，前往慰劳的人络绎不绝。戚继光于是班师回朝。到了福清，遇上倭寇从东营澳登陆，戚继光迎击斩杀了二百人。而刘显亦多次打败敌人。以前在福建的倭寇已基本被消灭。于是戚继光到福州大宴庆功，刻石于平远台。

及继光还浙后，新倭至者日益众，围兴化城匝月。会显遣卒八人赍书城中，衣刺“天兵”二字。贼杀而衣其衣，绐守将得入，夜斩关延贼。副使翁时器、参将毕高走免，通判奚世亮摄府事，遇害，焚掠一空。留两月，破平海卫，据之。初，兴化告急，时帝已命俞大猷为福建总兵官，继光副之。及城陷，刘显军少，壁城下不敢击。大猷亦不欲攻，需大军合以困之。四十二年四月，继光将浙兵至。于是巡抚谭纶令将中军，显左，大猷右，合攻贼于平海。继光先登，左右军继之，斩级二千二百，还被掠者三千人。纶上功，继光首，显、大猷次之。帝为告谢郊庙，大行叙赉。继光先以横屿功，进署都督佥事，及是进都督同知，世荫千户，遂代大猷为总兵官。

明年二月，倭余党复纠新倭万余，围仙游三日。继光击败之城下，又追败之王仓坪，斩首数百级，余多坠崖谷死，存者数千奔据漳浦蔡丕岭。继光分五哨，身持短兵缘崖上，俘斩数百人，余贼遂掠渔舟出海去。久之，倭自浙犯福宁，继光督参将李超等击败之。乘胜追永宁贼，斩馘三百有奇。寻与大猷击走吴平于南澳，遂击平余孽之未下者。

【译文】

当戚继光回到浙江后，新到的倭寇越来越多，包围了兴化城整整一个月。刚好刘显派了八个士兵带信入城，衣服上刺着“天兵”两个字。匪徒杀了他们并穿了他们的衣服，瞒过守城将领进了城，晚上斩开城门门闩接应匪徒进城。副使翁时器、参将毕高逃跑得免于难，通判奚世亮当时兼理府的政务，遇害，城被焚烧抢掠一空。停留了两个月，攻破平海卫，占领了它。当初，兴化告急，当时皇帝已经命令俞大猷为福建总兵官，戚继光为副。及至兴化城陷落，刘显军队少，建营垒在城下不敢攻打。俞大猷亦不想攻打，等待大部队联合围困他。嘉靖四十二年四月，戚继光率领浙江兵到。于是巡抚谭纶令戚继光统率中军，刘显在左，俞大猷在右，合力在平海攻打敌人。戚继光率先入城，左右军接着赶到，斩首两千两百级，夺回被抢掠去的三千人。谭纶上报功绩，首功戚继光，刘显、俞大猷其次。皇帝因为这次胜利禀告致谢天地祖宗，大规模地评功赏赐。戚继光先是因为在横屿的功劳，升代理都督佥事，现在升都督同知，世袭荫千户，于是替代俞大猷为总兵官。

明年二月，倭寇的残余势力又纠集新的倭寇一万多人，包围了仙游三天。戚继光在城下把他打败，又追到王仓坪把他打败，斩首数百级，其余的很多都坠落崖谷跌死，剩下的几千人跑去占据了漳浦的蔡丕岭。戚继光分设五个哨，亲自带领带短兵器刀剑等的兵士攀着山崖上去，俘虏斩杀几百人，其余的匪徒便抢掠了渔船逃到了海上去。时间长了以后，倭寇又从浙江来侵犯福宁，戚继光督参将李超等把他打败。乘胜追击永宁的匪徒，斩首三百多。接着又和俞大猷在南澳打跑了吴平，于是攻打那些没有投降的吴平残众。

继光为将号令严，赏罚信，士无敢不用命。与大猷均为名将。操行不如，而果毅过之。大猷老将务持重，继光则飚发电举，屡摧大寇，名更出大猷上。

隆庆初，给事中吴时来以蓟门多警，请召大猷、继光专训边卒。部议独用继光，乃召为神机营副将。会谭纶督师辽、蓟，乃集步兵三万，征浙兵三千，请专属继光训练。帝可之。二年五月命以都督同知总理蓟州、昌平、保定三镇练兵事，总兵官以下悉受节制。至镇，上疏言：

蓟门之兵，虽多亦少。其原有七。营军不习戎事，而好末技，壮者役将门，老弱仅充伍，一也。边塞逶迤，绝鲜邮置，使客络绎，日事将迎，参游为驿使，营垒皆传舍，二也。寇至，则调遣无法，远道赴期，卒毙马僵，三也。守塞之卒约束不明，行伍不整，四也。临阵马军不用马，而反用步，五也。家丁盛而军心离，六也。乘障卒不择冲缓，备多力分，七也。七害不除，边备曷修。

【译文】

戚继光为将军号令严明，赏罚公平，兵士没有敢不服从命令的。戚继光和俞大猷都是名将，品行不如俞大猷，但果敢刚毅却超过他。俞大猷是老将，办事慎重，戚继光却习惯风驰电掣般进军，屡次摧毁大量倭寇，名声更在俞大猷之上。

隆庆初年，给事中吴时来因为蓟门常有警报，建议召俞大猷、戚继光专门训练边境的兵士。兵部意见只用戚继光，于是召入京师任神机营副将。刚好谭纶督师辽、蓟，于是集中三万步兵，征集三千浙江兵，请求专门归戚继光训练。皇帝批准了。隆庆二年五月，命令以都督同知总理蓟州、昌平、保定三镇练兵的事，总兵官以下全部受他节制。戚继光到蓟镇后，上疏说：

蓟门的兵，虽然多但也很少。其原因有七。营军不熟悉不练习兵事，而喜好那些不重要的事，壮健的在将官家里服役，老弱的才在队伍，这是第一。边关要塞位置弯弯曲曲延续不断，很少驿站，使者客人来往不绝，每天忙于送往迎来，参游做了传递公文的人，兵营堡垒都是旅舍，这是第二。敌寇来时，则调遣不得其法，远道赶路，兵士倒毙马僵死，这是第三。守卫要塞的兵士纪律不严明，队伍不整齐，这是第四。临阵时马军不用马，反而用步行，这是第五。家丁兴盛而军心离散，这是第六。布置防守堡垒的士卒不管地形是否重要，到处安排力量分散，这是第七。这七害不除掉，边境的守备怎能治理。

而又有士卒不练之失六，虽练无益之弊四。何谓不练？夫边所借惟兵，兵所借惟将；今恩威号令不足服其心，分数形名不足齐其力，缓急难使，一也。有火器不能用，二也。弃土著不练，三也。诸镇入卫之兵，嫌非统属，漫无纪律，四也。班军民兵数盈四万，人各一心，五也。练兵之要在先练将。今注意武科，多方保举似矣，但此选将之事，非练将之道，六也。何谓虽练无益？今一营之卒，为炮手者常十也。不知兵法五兵迭用，当长以卫短，短以救长，一也。三军之士各专其艺，金鼓旗帜，何所不蓄，今皆置不用，二也。弓矢之力不强于寇，而欲借以制胜，三也。教练之法，自有正门。美观则不实用，实用则不美观，而今悉无其实，四也。

臣又闻兵形象水，水因地而制流，兵因地而制胜。蓟之地有三。平原广陌，内地百里以南之形也。半险半易，近边之形也。山谷仄隘，林薄蓊翳，边外之形也。寇入平原，利车战。在近边，利马战。在边外，利步战。三者迭用，乃可制胜。今边兵惟习马耳，未娴山战、林战、谷战之道也，惟浙兵能之。愿更予臣浙东杀手、炮手各三千，再募西北壮士，足马军五支，步军十支，专听臣训练，军中所需，随宜取给，臣不胜至愿。

【译文】

而又有不训练士卒的失误六项，虽然练了也没有用处的弊病四项。什么是不练？边防所依靠的是兵，兵所依靠的是将。现在恩威号令不能服他们的心，言行不一就不能集中他们的力量，当情况紧张时就难以使用。这是第一。有火药武器而不能使用，这是第二。撇开本地人不加训练，这是第三。各镇入卫的兵，讨厌不是自己的统属，漫无纪律，这是第四。班军民兵数目超过四万，人各一心，这是第五。练兵的要领在于首先训练将领，现在注意武科，好像是多方保举了，但这是挑选将领的做法，而不是培养将领的方法，这是第六。什么是虽然练了但没有用呢？现在一个营的兵士，当炮手的常有十个。不知道兵法是五个兵轮番使用，应当以配备戈矛弓箭之类长武器的兵士掩护那些配备刀剑等短武器的兵士，用配备短武器的兵士救援那些配备长武器的兵士，这是第一。三军的兵士各有技艺，钟鼓旗帜，什么没有，现在都放置不用，这是第二。我方弓箭的力量不比敌人强，却想依靠它取得胜利，这是第三。培养训练的方法，自有正当的门径，只图好看便难得实用，实用的便难得好看，现在完全不讲究实用，这是第四。

我又听说军队的情况就像流水，水因为地势而决定流向，军队因为地势而制定取胜的战略。蓟镇的地形可以分为三类。广陌的平原，是内地百里以南的地形。一半险要一半平地，是靠近边界处的地形。山谷狭窄，林木茂密相迫难以入内，这是边塞外的地形。敌寇进入平原，适宜车战。进入靠近边界地方，适宜用马战。在边塞以外，适宜用步战。三种方式交替使用，这才可以取得胜利。现在边兵只练习马上作战，不熟悉山地作战、林中作战、峡谷作战的方法，只有浙江兵可以这样做。希望再给我浙东的杀手、炮手各三千人，再招募西北的壮士，足够马军五支，步军十支，专听我的训练，军队中所需要的东西，随时适当领取，我祈望恳切。

又言："臣官为创设，诸将视为缀疣，臣安从展布。"

章下兵部，言蓟镇既有总兵，又设总理，事权分，诸将多观望，宜召还总兵郭琥，专任继光。乃命继光为总兵官，镇守蓟州、永平、山海诸处，而浙兵止弗调。录破吴平功，进右都督。寇入青山口，拒却之。

自嘉靖以来，边墙虽修，墩台未建。继光巡行塞上，议建敌台。略言："蓟镇边垣，延袤二千里，一瑕则百坚皆瑕。比来岁修岁圮，徒费无益。请跨墙为台，睥睨四达。台高五丈，虚中为三层，台宿百人，铠仗糗粮具备。令戍卒画地受工，先建千二百座。然边卒木强，律以军法将不堪，请募浙人为一军，用倡勇敢。"督抚上其议，许之。浙兵三千至，陈郊外。天大雨，自朝至日昃，直立不动。边军大骇，自是始知军令。五年秋，台功成。精坚雄壮，二千里声势联接。诏予世荫，赉银币。

【译文】

又说："我现任的官职是首次设置，各个将领看作是赘疣，我怎能开展工作。"

奏章发下兵部，认为蓟镇既有总兵，又设总理，权力分散，各将领很多都在观望，应该召回总兵郭琥，专职委任戚继光。于是命戚继光为总兵官，镇守蓟州、永平、山海各处，而浙江兵不予调动。确认攻破吴平的功劳，升右都督。敌寇进入青山口，戚继光击退了他。

自嘉靖以来，边界的城墙虽然有修筑，墩台却没有建起。戚继光在塞上巡视，提出建筑敌台。大致说："蓟镇边境的城墙，周围延续两千里，一处出了问题则其他地方再坚固也都要出问题。近来每年修筑每年倒塌，徒然耗费资财并无好处。请跨墙建台，四处都可以斜着眼察看敌人。台高五丈，中空为三层，台可以住一百人，盔甲武器炒熟的米麦和粮食全都齐备。令戍守的兵士定点施工，先建一千两百座。但是边界的兵士性格直爽刚强，不能忍受军法的约束，请招募浙江人独立为一军，用以提倡勇敢。"督抚把他的意见上奏，皇帝允许了。浙兵三千人来到，排列在郊外。天下大雨，从早上到太阳西斜，直立不动。边界的军士非常惊骇，从此才知道什么是军令。隆庆五年秋天，建敌台的工程完成。精细坚固雄伟壮观，两千里声势相连接。下诏给予世袭荫职，赐给银币。

继光乃议立车营。车一辆用四人推挽，战则结方阵，而马步军处其中。又制拒马器，体轻便利，遏寇骑冲突。寇至，火器先发，稍近则步军持拒马器排列而前，间以长枪、筤筅。寇奔，则骑军逐北。又置辎重营随其后，而以南兵为选锋，入卫兵主策应，本镇兵专戍守。节制精明，器械犀利，蓟门军容遂为诸边冠。

当是时，俺答已通贡，宣、大以西，烽火寂然。独小王子后土蛮徙居插汉地，控弦十余万，常为蓟门忧。而朵颜董狐狸及其兄子长昂交通土蛮，时叛时服。万历元年春，二寇谋入犯。驰喜峰口，索赏不得，则肆杀掠，猎傍塞，以诱官军。继光掩击，几获狐狸。其夏，复犯桃林，不得志去。长昂亦犯界岭。官军斩获多，边吏讽之降，狐狸乃款关请贡。廷议给以岁赏。明年春，长昂复窥诸口不得入，则与狐狸共逼长秃令入寇。继光逐得之以归。长秃者，狐狸之弟，长昂叔父也。于是二寇率部长亲族三百人，叩关请死罪，狐狸服素衣叩头乞赦长秃。继光及总督刘应节等议，遣副将史宸、罗端诣喜峰口受其降。皆罗拜，献还所掠边人，攒刀设誓。乃释长秃，许通贡如故。终继光在镇，二寇不敢犯蓟门。

【译文】

戚继光这才建议成立车营。每辆车用四个人推拉，作战时结集成方阵，而骑兵步兵在其中。又制造拒马器，形体轻便，阻挡敌骑兵的冲突。敌寇到，先发火药武器，比较近则步兵拿着拒马器列队向前，中间杂有用长枪、筤筅的。敌寇逃跑，则骑兵追击。又设置辎重营跟随在后面，而用南兵为先锋，入卫兵负责接应，本镇兵专职防守。管理制度周到严明，器械锋利，蓟门的军容便居各边塞之首位。

在那时，俺答已经来朝贡，宣府、大同以西，全无战事。只有小王子的后人土蛮迁居到插汉的地方，拥有十余万军士，经常使蓟门担忧。而朵颜董狐狸和他兄长的儿子长昂勾结土蛮，时叛时服。万历元年春天，这两股敌人计划入侵。骑兵到了喜峰口，勒索赏赐没有得到，便大肆烧杀抢掠，在关塞附近打猎，以引诱明政府的军队。戚继光趁其不备出击，几乎抓获狐狸。这年夏天，再侵犯桃林，达不到目的走了。长昂亦侵犯界岭。明军斩首俘虏很多，边关的官员劝他投降，狐狸这才老老实实地到关请求朝贡。廷议每年给以赏赐。第二年春天，长昂再窥伺各个关口不能入，便与狐狸共同逼长秃令他进犯明朝。戚继光驱逐他们抓了长秃回来。长秃，狐狸的弟弟，长昂的叔父。于是这两个敌寇率领部长亲族三百人，入国求见请死罪，狐狸穿白色冠服乞求赦免长秃。戚继光和总督刘应节等商议，派遣副将史宸、罗端前往喜峰口接受他们的投降。都围绕着拜，献还所抢掠去的边界的百姓，把刀聚在一起发誓。这才释放了长秃，准他像过去一样来朝贡。戚继光在蓟镇期间，这两个敌寇再也不敢侵犯蓟门。

寻以守边劳，进左都督。已，增建敌台，分所部十二区为三协，协置副将一人，分练士马。炒蛮入犯，汤克宽战死，继光被劾，不罪。久之，炒蛮偕妻大嬖只袭掠边卒，官军追破之。土蛮犯辽东，继光急赴，偕辽东军拒退之。继光已加太子太保，录功加少保。

自顺义受封，朝廷以八事课边臣：曰积钱谷、修险隘、练兵马、整器械、开屯田、理盐法、收塞马、散叛党。三岁则遣大臣阅视，而殿最之。继光用是频荫赉。南北名将马芳、俞大猷前卒，独继光与辽东李成梁在。

然蓟门守甚固，敌无由入，尽转而之辽，故成梁擅战功。

自嘉靖庚戌俺答犯京师，边防独重蓟。增兵益饷，骚动天下。复置昌平镇，设大将，与蓟相唇齿。犹时躏内地，总督王忬、杨选并坐失律诛。十七年间，易大将十人，率以罪去。继光在镇十六年，边备修饬，蓟门宴然。继之者，踵其成法，数十年得无事。亦赖当国大臣徐阶、高拱、张居正先后倚任之。居正尤事与商榷，欲为继光难者，辄徙之去。诸督抚大臣如谭纶、刘应节、梁梦龙辈咸与善，动无掣肘，故继光益发舒。

【译文】

不久以守卫边疆的功劳，升左都督。随后，增建敌台，分所统属的十二区为三协，协置副将一人，分别操练兵马。炒蛮入侵，汤克宽战死，戚继光被弹劾，不惩罚他。时间长了以后，炒蛮和他的妻子大嬖只袭击虏掠边境士卒，明军追击打败了他。土蛮侵犯辽东，戚继光急忙赶往，和辽东军一起阻击打退了他。戚继光已经加了太子太保，记录功劳加少保。

自从顺义受封以后，朝廷从八个方面考核边关大臣，这就是：钱粮储备、修葺险要关隘、操练兵马、整治器械、开垦屯田、清理盐法、收牧塞马、分散叛党。每三年派大臣视察，而分别等第，戚继光因此频频得到荫职赏赐。南方北方的名将马芳、俞大猷在之前已经去世，只有戚继光与辽东李成梁还健在。然而蓟门防守非常坚固，敌人无法入侵，全部转到了辽东，故此李成梁得以独擅战功。

自从嘉靖庚戌年俺答侵犯京师，边防最重视蓟镇。增兵加饷，以致天下骚动。再设置了昌平镇，设大将，与蓟镇互相关联。俺答部队还常常蹂躏关内土地，总督王忬、杨选都被以行军不守纪律罪判处死刑。十七年间，换了大将十人，都因为获罪免职。戚继光在蓟镇十六年，边防的守备井井有条，蓟门太平安定。后继的人，遵照他制定的法则，几十年亦得以无事。亦倚赖当时朝中执政大臣徐阶、高拱、张居正先后依靠任用他。张居正尤其是事事和他商议，想刁难戚继光的人，常常被调走。各督抚大臣如谭纶、刘应节、梁梦龙等都和他友好，行动没有掣肘，故此戚继光更加得以舒展自己的抱负。

居正殁半岁，给事中张鼎思言继光不宜于北，当国者遽改之广东。继光悒悒不得志，强一赴，踰年即谢病。给事中张希皋等复劾之，竟罢归。居三年，御史傅光宅疏荐，反夺俸。继光亦遂卒。

继光更历南北，并著声。在南方战功特盛，北则专主守。所著《纪效新书》、《练兵纪实》，谈兵者遵用焉。

弟继美，亦为贵州总兵官。

【译文】

张居正死后半年，给事中张鼎思说戚继光不适合在北方，执政者马上把他调到广东。戚继光郁郁不得志，勉强前往，年余即称病。给事中张希皋等再弹劾他，竟被罢官回老家。过了三年，御史傅光宅上疏推荐他，反而被剥夺了俸粮。戚继光也就去世。

戚继光任职南方北方，都有好名声。在南方战功尤其显赫，在北方则专一主张防守。所撰写的《纪效新书》、《练兵纪实》，研究军事的人都遵从采用。

弟继美，也担任贵州总兵官。

张居正传

张居正，字叔大，江陵人。少颖敏绝伦，十五为诸生。巡抚顾璘奇其文，曰："国器也。"未几，居正举于乡，磷解犀带以赠，且曰："君异日当腰玉，犀不足溷子。"嘉靖二十六年，居正成进士，改庶吉士。日讨求国家典故，徐阶辈皆器重之。授编修，请急归，亡何还职。

居正为人，颀面秀眉目，须发至腹。勇敢任事，豪杰自许。然沉深有城府，莫能测也。严嵩为首辅，忌阶，善阶者皆避匿。居正自如，嵩亦器居正。迁右中允，领国子司业事。与祭酒高拱善，相期以相业。寻还理坊事。迁侍裕邸讲读，王甚贤之，邸中中官亦无不善居正者。而李芳数从问书义，颇及天下事，寻迁右谕德兼侍读，进侍讲学士，领院事。

【译文】

张居正，字叔大，江陵人。从小聪敏过人，十五岁成为诸生。湖广巡抚顾璘认为他的文章非同一般，说："这是可以主持国家大事的人才。"不久，张居正参加乡试中举人，顾璘解自己的犀带送给他，并且说："你日后当腰佩玉带，这犀带不配玷辱你。"嘉靖二十六年，张居正成为进士，改选庶吉士。每天采求国家的典章制度和各种掌故。徐阶等人都很器重他。任他为编修，因急事请假回家，不久回到职上。

张居正这个人，长脸形，眉目清秀，胡须长至腹部。勇于任事，素以豪杰自许。然而性格深沉，胸有城府，人莫能测。严嵩为内阁首辅时，妒忌徐阶，和徐阶友好的人都躲开徐阶不相往来。张居正却行为自如，严嵩也器重他。升任右中允，掌管国子监司业的事务。与祭酒高拱关系很好，互相勉励将来能够担当宰相的大业。不久又回去管理春坊。升任裕王府讲读，裕王很善待他。王府中的太监也无不和张居正友好，而李芳更是经常向他请教书中的义理，广泛地联系到国家的大事。不久升任右谕德兼侍读，进侍讲学士，负责翰林院的事务。

阶代嵩首辅，倾心委居正。世宗崩，阶草遗诏，引与共谋。寻迁礼部右侍郎兼翰林院学士。月余，与裕邸故讲官陈以勤俱入阁，而居正为吏部左侍郎兼东阁大学士。寻充《世宗实录》总裁，进礼部尚书兼武英殿大学士，加少保兼太子太保，去学士五品仅岁余。时徐阶以宿老居首辅，与李春芳皆折节礼士。居正最后入，独引相体，倨见九卿，无所延纳。间出一语辄中肯，人以是严惮之，重于他相。

高拱以很躁被论去，徐阶亦去，春芳为辅。亡何赵贞吉入，易视居正。居正与故所善掌司礼者李芳谋，召用拱，俾领吏部，以扼贞吉，而夺春芳政。拱至，益与居正善。春芳寻引去，以勤亦自引，而贞吉、殷士儋皆为所构罢，独居正与拱在，两人益相密。拱主封俺答，居正亦赞之，授王崇古等以方略。加柱国、太子太傅。六年满，加少傅、吏部尚书、建极殿大学士。以辽东战功，加太子太师。和市成，加少师，余如故。

【译文】

徐阶代替严嵩成为内阁首辅以后，全心信任张居正。世宗去世，徐阶草拟遗诏，拉张居正和他共同谋划。不久升为礼部右侍郎兼翰林院学士。一个多月以后，与裕王府原来的讲官陈以勤一齐进入内阁，张居正任吏部左侍郎兼东阁大学士。不久充任《世宗实录》总裁，进升为礼部尚书兼武英殿大学士，加少保兼太子太保，这时距离他担任学士五品官仅仅一年多。当时徐阶以前朝老臣任内阁首辅，和李春芳都能屈己礼贤下士。张居正最后入阁，唯独他以宰相的身分自居，见到九卿傲慢得很，没有延请接纳过什么人。间或说出一句话总是很中肯，所以人们特别害怕他，尊重也超过其他的宰相。

高拱因凶狠暴躁被弹劾去官，徐阶也离职去官，李春芳成为内阁首辅。没过多久赵贞吉进入内阁，轻视张居正。张居正与故旧友好掌管司礼监太监李芳合谋，召用高拱，使他负责吏部，以扼制赵贞吉，而夺李春芳权力。高拱到任后，更加与张居正友好。李春芳不久引退，陈以勤也自行引退，而赵贞吉、殷士儋都被诬陷而罢了官，只有张居正与高拱在内阁，两人的关系更为密切。高拱主张封贡俺答，张居正也赞成，并将治边的策略教给王崇古等人。封张居正为柱国、太子太傅。六年考满，加少傅、吏部尚书、建极殿大学士。因辽东战功，加太子太师。边境互市成功，再加少师，其余官衔如故。

初，徐阶既去，令三子事居正谨。而拱衔阶甚，嗾言路追论不已，阶诸子多坐罪。居正从容为拱言，拱稍心动。而拱客构居正纳阶子三万金，拱以诮居正。居正色变，指天誓，辞甚苦。拱谢不审，两人交遂离。拱又与居正所善中人冯保郄。穆宗不豫，居正与保密处分后事，引保为内助，而拱欲去保。神宗即位，保以两宫诏旨逐拱，居正遂代拱为首辅。帝御平台，召居正奖谕之，赐金币及绣蟒斗牛服。自是赐赉无虚日。

帝虚已委居正，居正亦慨然以天下为己任，中外想望丰采。居正劝帝遵守祖宗旧制，不必纷更，至讲学、亲贤、爱民、节用皆急务。帝称善。大计廷臣，斥诸不职及附丽拱者。复具诏召群臣廷饬之，百僚皆惕息。帝当尊崇两宫。故事，皇后与天子生母并称皇太后，而徽号有别。保欲媚帝生母李贵妃，风居正以并尊。居正不敢违，改尊皇后曰仁圣皇太后，贵妃曰慈圣皇太后，两宫遂无别。慈圣徙乾清宫，抚视帝，内任保，而大柄悉以委居正。

【译文】

当初，徐阶既已去位，命令三个儿子恭恭谨谨地跟随张居正。但是高拱很怀恨徐阶，唆使言官不断追究弹劾，徐阶的几个儿子多被治罪。张居正从旁向高拱为徐阶说情，高拱有些动心。而高拱的门客诬陷张居正接受徐阶儿子三万贿金，高拱为此责备张居正。张居正一听脸色大变，指天为誓，话说得非常沉痛。高拱当即表示道歉，说自己不了解情况，两人的交情于是疏远。高拱又与同张居正友好的太监冯保有矛盾。穆宗皇帝患病时，张居正与冯保密商处理后事，拉拔冯保充当他在内廷的助手，而高拱却想除掉冯保。神宗皇帝即位，冯保用两宫皇太后的诏旨驱逐高拱。张居正于是代替高拱成为内阁首辅。神宗皇帝在平台召见张居正，对他加以奖赏勉励，赐给金币及绣蟒斗牛服。从此赐赏不断。

神宗皇帝虚心重用居正，居正也慷慨地以天下为己任，朝廷内外都想望他的风采。居正劝说神宗皇帝遵守祖宗制定的制度，不必多做更改，至于讲学、亲贤、爱民、节用都是当务之急。神宗皇帝说这些意见很好。考核廷臣时，罢免不称职的以及依附高拱的人，再用诏旨在朝廷召集群臣严加整饬，文武百官都胆战心惊不敢出声。皇帝应当尊敬崇奉两宫皇太后。按照过去的制度，皇后与皇帝的生母并称为皇太后，而徽号则有所区别。冯保想讨好神宗皇帝的生母李贵妃，暗示张居正将两宫太后并加尊崇。张居正不敢违背，议定尊崇皇后为仁圣皇太后，皇贵妃为慈圣皇太后，两宫的徽号于是就没有差别了。慈圣迁居乾清宫，抚养照顾神宗皇帝，宫内的事务委任冯保，而把国家大权全部交给张居正。

居正为政，以尊主权、课吏职、信赏罚、一号令为主。虽万里外，朝下而夕奉行。黔国公沐朝弼数犯法，当逮，朝议难之。居用擢用其子，驰使缚之，不敢动。既至，请贷其死，锢之南京。漕河通，居正以岁赋逾春，发水横溢，非决则涸，乃采漕臣议，督艘卒以孟冬月兑运，及岁初毕发，少罹水患。行之久，太仓粟充盈，可支十年。互市饶马，乃减太仆种马，而令民以价纳，太仆金亦积四百余万。又为考成法，以责吏治。初，部院覆奏行抚按勘者，尝稽不报。居正令以大小缓急为限，误者抵罪。自是，一切不敢饰非，政体为肃。南京小奄醉辱给事中，言者请究治。居正谪其尤激者赵参鲁于外以悦保，而徐说保裁抑其党，毋与六部事。其奉使者，时令缇骑阴诇之。其党以是怨居正，而心不附保。

居正以御史在外，往往凌抚臣，痛欲折之。一事小不合，诟责随下。又敕其长加考察。给事中余懋学请行宽大之政。居正以为风己，削其职。御史傅应祯继言之，尤切。下诏狱，杖戍。给事中徐贞明等群拥入狱，视具櫜饱馆，亦逮谪外。御史刘台按辽东，误奏捷。居正方引故事绳督之，台抗章论居正专恣不法，居正怒甚。帝为下台诏狱，命杖百，远戍。居正阳具疏之，仅夺其职。已，卒戍台。由是诸给事御史益畏居正，而心不平。

【译文】

张居正执掌朝政，以尊崇皇权、考核官吏、明信赏罚、统一号令为主。虽然在万里之外，早晨下令，到了傍晚即可得到施行。黔国公沐朝弼多次犯法，应当逮捕，朝臣商议以为难办。张居正提拔重用沐朝弼的儿子，迅速遣使去抓他，沐朝弼不敢反抗。沐朝弼到京师以后，张居正请免其死罪，禁锢于南京。运漕粮的运河修通以后，张居正根据每年赋税都是过了春天以后才起运，河流发水横溢，不是决堤便是干涸，于是采纳漕臣的意见，督令漕船的运军在冬十月兑运，到明年初全部发完，减少了水患的祸害。经过长期实行这种办法，太仓库的粮食储备充足，可以使用十年。通过边境互市增添了马匹，于是减少太仆寺的种马，而令百姓用银按价折纳，太仆寺也由此积蓄了四百余万两的银子。又用考成法督责吏治。起初，部、院复奏行令巡抚、巡按查勘的公事，经常拖延不报。张居正命令按照大小缓急为期限，违误者都要抵罪。从此，一切都不敢文过饰非，政体肃然。南京小宦官酒醉侮辱给事中，言官请追究治罪。张居正把其中尤为激烈的赵参鲁降调到外地以讨好冯保，而后慢慢劝说冯保制裁抑止他的党羽，不要干预六部的事务。对奉命出使的太监，时常令缇骑暗中监视他们。冯保的党羽因此怨恨张居正，并且在心里不依附冯保。

张居正因为御史在外面，往往欺凌巡抚，因而决心想惩治他们。遇事稍有处理不妥，责骂之声随之而下，又令他们的长官加紧考察他们。给事中余懋学请实行宽大的政策，张居正认为是讽刺自己，夺了他的官职。御史傅应祯继而提出这个问题，而且说得更为中肯迫切。张居正把他关入诏狱，杖打充军戍边。给事中徐贞明等人成群拥入监狱，带着衣物、饭食看望傅应祯，也被逮捕贬到外地。御史刘台巡按辽东，误奏捷报。张居正准备根据以往的典章制度制裁和督责他，刘台却抗命上奏批评张居正专横恣肆不守法度，张居正十分愤怒。神宗皇帝为此把刘台关入诏狱，命令杖打一百，流放到边远地区充军戍边。张居正在表面上假意上疏申救他，仅夺了他的官职。过了不久，还是把他流放充军。由此，各位给事中和御史更加害怕张居正，因而心里一直愤愤不平。

当是时，太后以帝冲年，尊礼居正甚至，同列吕调阳莫敢异同。及吏部左侍郎张四维入，恂恂若属吏，不敢以僚自处。

居正喜建竖，能以智数驭下，人多乐为之尽。俺答款塞，久不为害。独小王子部众十余万，东北直辽左，以不获通互市，数入寇。居正用李成梁镇辽，戚继光镇蓟门。成梁力战却敌，功多至封伯，而继光守备甚设。居正皆右之，边境晏然。两广督抚殷正茂、凌云翼等亦数破贼有功。浙江兵民再作乱，用张佳胤往抚即定，故世称居正知人。然持法严。核驿递，省冗官，清庠序，多所澄汰。公卿群吏不得乘传，与商旅无别。郎署以缺少，需次者辄不得补。大邑士子额隘，艰于进取。亦多怨之者。

时承平久，群盗蝟起，至入城市劫府库。有司恒讳之，居正严其禁。匿弗举者，虽循吏必黜。得盗即斩决，有司未敢饰情。盗边海钱米盈数，例皆斩，然往往长系或瘐死。居正独亟斩之，而追捕其家属，盗贼为衰止。而奉行不便者，相率为怨言，居正不恤也。

【译文】

当时，皇太后因为神宗皇帝年幼，对张居正非常尊敬有礼，与张居正一起在内阁共事的吕调阳不敢发表任何不同意见。到吏部左侍郎张四维进入内阁时，更是恭恭敬敬地像他的下属一样，不敢以同僚自居。

张居正喜欢建功立业，能够运用智谋和权术驾驭他的下属，人们多愿意为他尽力效劳。俺答和明朝政府在边境互市成功以后，很久没有入犯扰害。唯独小王子的部众十余万人，从东北直至辽东，因没有获得通贡互市，数次入边劫掠。张居正用李成梁镇守辽东，戚继光镇守蓟门。李成梁奋力作战打退了敌人的进攻，积累了很多战功以至被封为伯，而戚继光的守备设施也甚为周全。张居正都很支持他们，边境安然无事。两广督抚殷正茂、凌云翼等人也多次打败贼寇立有战功。浙江的士兵和民众再次叛乱时，张居正用张佳胤前去安抚立即平定，所以世人都说张居正知人善任。然而他执法非常严格。查核驿递，裁减冗官，清理学校，淘汰了很多人。公卿和众吏不得乘坐驿站的车马，与外出经商的商人没有区别。因为衙门官员减少，需要依次提升的人总是得不到补缺。大县的学生因名额太少，很难进取。也有很多人埋怨张居正。

当时天下太平已经很久了，各地的盗贼像刺猬的毛那样繁多，纷纷起来闹事，甚至进入城市抢劫仓库。有关部门往往不敢禀报这类的事情，张居正严厉禁止这种做法。隐瞒不报的，即使是勤政廉洁的官吏也必须革职开除。抓到盗贼立即斩死，使有关部门不敢掩饰实情。盗窃边防、海防地区的银钱和粮食数额巨大的，按例都要斩首，然而以往常常是长期关押或者病死在狱中。只有张居正极力主张马上处斩，而且要追究逮捕他们的家属。盗贼为此衰败平息。但是执行这些命令而感到不方便的人，相继为此发出怨言，张居正从不怜悯他们。

慈圣太后将还慈宁宫，谕居正谓："我不能视皇帝朝夕，恐不若前者之向学、勤政，有累先帝付托。先生有师保之责，与诸臣异。其为我朝夕纳诲，以辅台德，用终先帝凭几之谊。"因赐坐蟒、白金、彩币。未几，丁父忧。帝遣司礼中官慰问，视粥药，止哭，络绎道路，三宫赙赠甚厚。

户部侍郎李幼孜欲媚居正，倡夺情议，居正惑之。冯保亦固留居正。诸翰林王锡爵、张位、赵志皋、吴中行、赵用贤、习礼教、沈懋学辈皆以为不可，弗听。吏部尚书张瀚以持慰留旨，被逐去。御史曾士楚、给事中陈三谟等遂交章请留。中行、用贤及员外郎艾穆、主事沈思孝、进士邹元标相继争之。皆坐廷杖，谪斥有差。时彗星从东南方起，长亘天。人情汹汹，指目居正，至悬谤书通衢。帝诏谕群臣，再及者诛无赦，谤乃已。于是使居正子编修嗣修与司礼太监魏朝驰传往代司丧，礼部主事曹诰治祭，工部主事徐应聘治丧。居正请无造朝，以青衣、素服、角带入阁治政，侍经筵讲读，又请辞岁俸。帝许之。及帝举大婚礼，居正吉服从事，给事中李涞言其非礼，居正怒，出为佥事。时帝顾居正益重，常赐居正札，称"元辅张少师先生"，待以师礼。

【译文】

慈圣太后即将回到慈宁宫，告谕张居正说："我不能早晚照护皇帝，恐怕他不像从前那样向学、勤政，有负于先帝的付托。先生负有师、保的责任，与各位大臣不同。请你代替我朝夕教诲他，以辅助他有更好的品德，如此才能始终不辜负先帝临终时托付的情谊。"为此赐给坐蟒、白金、彩币。不久，张居正为父亲去世丁忧。神宗皇帝派遣司礼监的太监前去慰问张居正，劝他吃饭服药，不要过分哀伤痛哭，前往看望的使臣络绎不绝，三宫送给他帮助办理丧事的礼物甚为丰厚。

户部侍郎李幼孜想讨好张居正，建议他不要离开职位回家守丧，张居正被此议说动。冯保也坚持留下张居正。各位翰林官王锡爵、张位、赵志皋、吴中行、赵用贤、习礼教、沈懋学等人都以为不可这样，张居正不听。吏部尚书张瀚因为抵制皇帝慰留张居正的诏旨，被张居正斥逐去职。御史曾士楚、给事中陈三谟等于是纷纷上疏请求留下张居正。吴中行、赵用贤以及员外郎艾穆、主事沈思孝、进士邹元标相继为此抗争，结果他们都受到廷杖，分别被罢斥和发配充军。此时彗星从东南方出现，长长地横贯在天空中。群情动荡不安，手指目视责备张居正，以至于在通衢大道上张贴诽谤他的文章。神宗皇帝诏令群臣，再提及这事的一律杀死绝不赦免，诽谤的事才得到制止。于是指派张居正的儿子，编修张嗣修和司礼监太监魏朝为专使乘坐驿站的车马前去代表张居正主持丧礼，礼部主事曹诰负责祭祀，工部主事徐应聘负责办丧事。张居正请求不到朝堂，以穿青衣、素服、角带到内阁处理政务，侍候经筵讲读，又请求辞去年俸。神宗皇帝准许了他的请求。到神宗皇帝举行大婚典礼时，张居正穿吉服办事。给事中李涞说他这样做不符合礼法，张居正发怒，把他调到外地当佥事。当时神宗皇帝更加眷顾和尊重张居正，常常赐给张居正御札，称“元辅张少师先生”，用对待老师的礼节对待他。

居正乞归葬父，帝使尚实少卿郑钦、锦衣指挥史继书护归，期三月，葬毕即上道。仍命抚按诸臣先期驰赐玺书敦谕。范“帝赉忠良”银印以赐之，如杨士奇、张孚敬例，得密封言事。戒次辅吕调阳等“有大事毋得专决，驰驿之江陵，听张先生处分。”居正请广内阁员，诏即令居正推。居正因推礼部尚书马自强、吏部右侍郎申时行入阁。自强素迕居正，不自意得之，颇德居正，而时行与四维皆自昵于居正，居正乃安意去。帝及两宫赐赉慰谕有加礼，遣司礼太监张宏供张饯郊外，百僚班送。所过地，有司饬厨传，治道路。辽东奏大捷，帝复归功居正。使使驰谕，俾定爵赏。居正为条列以闻，调阳益为惭，坚卧，累疏乞休不出。

居正言母老不能冒炎暑，请俟清凉上道。于是内阁、两都院寺卿、给事、御史俱上章，请趣居正亟还朝。帝遣锦衣指挥翟汝敬驰传往迎，计日以俟；而令中官护太夫人以秋日由水道行。居正所过，守臣率长跪，抚、按大吏越界迎送，身为前驱。道经襄阳，襄王出候，要居正宴。故事，虽公侯谒王执臣礼，居正具宾主而出。过南阳，唐王亦如之。抵郊外，诏遣司礼太监何进宴劳，两宫亦各遣大珰李琦、李用宣谕，赐八宝钉川扇、御膳、饼果、醪醴，百僚复班迎。入朝，帝慰劳恳笃，予假十日而后入阁，仍赐白金、彩币、宝钞、羊酒，因引见两宫。及秋，魏朝奉居正母行，仪从煊赫，观者如堵。比至，帝与两宫复赐赉加等，慰谕居正母子，几用家人礼。

【译文】

张居正请求回家葬父，神宗皇帝令尚实少卿郑钦、锦衣指挥史继书护送回去，期限三个月，安葬完毕立即上路回朝。还命令巡抚、巡按等大臣先期驰往赐给玺书敦促。又铸“帝赉忠良”的银印赐给他，依照杨士奇、张孚敬的例子，可以密封言事。同时告诫内阁次辅吕调阳等人：“遇有大事不可专断，把公文由驿站驰送到江陵，听凭张先生处理。”张居正请求增加内阁成员，神宗立即下诏令张居正自己推举。张居正因此推举礼部尚书马自强、吏部右侍郎申时行入内阁。马自强历来不顺从张居正，自己没有想到会得到他的推举，对张居正颇为感恩戴德，而申时行与张四维都是主动和张居正亲近，张居正才安心地回去。神宗皇帝以及两宫皇太后赏赐和慰谕都大大超过常礼的规定，派遣司礼监太监张宏在郊外陈设帷帐饯行，文武百官班列相送。张居正所要经过的地方，有关部门都命令备好食宿车马，整治道路。辽东打仗奏报大捷，神宗皇帝再归功于张居正。派使者驰送诏旨，让他评定爵赏。张居正拟出方案上报，吕调阳更加感到内心惭愧，坚持卧病不起，一再上疏恳乞退休不出来办事。

张居正说他母亲年老不能忍受炎热酷暑，请求等到气候清快凉爽以后再动身上路来京。于是内阁、南北两都部院寺卿、给事中、御史都上奏章，请求敦促张居正赶快回朝。神宗皇帝派锦衣指挥翟汝敬乘驿传前去迎接，计日以待；而令宦官护送张母太夫人在秋天由水路行走。张居正一路所经过的地方，府州县官都要长久地跪在道旁，巡抚、巡按这些大吏要越过自己的辖区去迎接和送行，亲自在前面开道。张居正路经襄阳时，襄王出城恭候，邀请张居正赴宴。按照以往的制度，虽然是公、侯谒见藩王也要执行为臣的礼节，张居正只用了宾主相见的礼节便出来了。经过南阳时，唐王也是如此。抵达京都郊外时，下诏令派司礼监太监何进设宴慰劳，两宫皇太后也各派太监李琦、李用宣读谕旨，赐给八宝金钉扇、御膳、饼果、好酒，文武百官再次排班迎接。进入朝廷时，神宗皇帝对他的慰劳更是诚恳亲切，给他休假十日后才入内阁办事，还赐给白金、彩币、宝钞、羊酒，于是引见两宫皇太后。到了秋天，魏朝侍候张居正的母亲起行，仪仗随从浩浩荡荡，观看热闹的人像城墙一样。及到京师，神宗皇帝与两宫皇太后再加倍赏赐，慰问张居正母子，几乎用了对待家人的礼节。

时帝渐备六宫，太仓银钱多所宣进。居正乃因户部进御览数目陈之，谓每岁入额不敌所出，请帝置坐隅时省览，量入为出，罢节浮费。疏上，留中。帝复令工部铸钱给用，居正以利不胜费止之。言官请停苏、松织造，不听。居正为面请，得损大半。复请停修武英殿工，及裁外戚迁官恩数，帝多曲从之。帝御文华殿，居正侍讲读毕，以给事中所上灾伤疏闻，因请振。复言："上爱民如子，而在外诸司营私背公，剥民罔上，宜痛钳以法。而皇上加意撙节，于宫中一切用度、服御、赏赉、布施，裁省禁止。"帝首肯之，有所蠲贷。居正以江南贵豪怙势及诸奸猾吏民善逋赋，选大吏精悍者严行督责。赋以时输，国藏日益充，而豪猾率怨居正。

居正服将除，帝召吏部问期日，敕赐白玉带、大红坐蟒、盘蟒。御平台召对，慰谕久之。使中官张宏引见慈庆、慈宁两宫，皆有恩赉，而慈圣皇太后加赐御膳九品，使宏侍宴。

【译文】

当时神宗皇帝的六宫后妃渐趋完备，太仓库的银钱多次被命令调进宫中支用。张居正于是根据户部进呈皇帝阅览的数目加以陈述，说每年收入的数额不及所出，请皇帝把它放在座位的旁边时时翻看，量入为出，罢去和节省不必要的费用。奏疏呈上，神宗皇帝把它留在宫中不发。神宗皇帝再命令工部铸钱供给使用，张居正因为铸钱所得的利益不能胜过铸钱的花费而制止。言官请旨停止苏州、松江地区的织造，神宗皇帝不听。张居正为此当面去请求，才得以减去一大半。再请求停止修建武英殿的工程，以及裁减优待外戚升官的数额，神宗皇帝大都勉强准从其请。神宗皇帝到文华殿，张居正侍候讲读完毕，将给事中所呈上的灾害的奏书告诉皇帝，于是请求救济。又说："皇上爱民如子，而在外各衙门营私背公剥民欺上，应当依法严治。皇上也应尽心节省，宫中的一切用度、服御、赏赐、布施等，宜于裁减禁止。"神宗皇帝点头答应他，有所减少。张居正因为江南权贵豪强依仗权势及各种奸猾吏民都善于采取各种手段拖欠赋税，选派精明能干的大吏严加督责。赋税因此按时输纳，国家的库藏日益充足，所以豪强和奸猾之徒都埋怨张居正。

张居正即将脱去孝服时，神宗皇帝召见吏部的官员问明日期，敕赐给白玉带、大红坐蟒、盘蟒。神宗皇帝在平台召对他，进行长时间的安慰和劝谕。派宦官张宏引见慈庆、慈宁两宫皇太后，都有恩赐，并且慈圣皇太后还加赐御膳九品，令张宏侍候宴请。

帝初即位，冯保朝夕视起居，拥护提抱有力，小捍格，即以闻慈圣。慈圣训帝严，每切责之，且曰："使张先生闻，奈何！"于是帝甚惮居正。及帝渐长，心厌之。乾清小珰孙海、客用等导上游戏，皆爱幸。慈圣使保捕海、用，杖而逐之。居正复条其党罪恶，请斥逐。而令司礼及诸内侍自陈，上裁去留。因劝帝戒游宴，以重起居；专精神，以广圣嗣；节赏赉，以省浮费；却珍玩，以端好尚；亲万几，以明庶政；勤讲学，以资治理。帝迫于太后，不得已，皆报可，而心颇嗛保、居正矣。

帝初政，居正尝纂古治乱事百余条，绘图，以俗语解之，使帝易晓。至是，复属儒臣纪太祖列圣《宝训》、《实录》分类成书，凡四十：曰创业艰难，曰励精图治，曰勤学，曰敬天，曰法祖，曰保民，曰谨祭祀，曰崇孝敬，曰端好尚，曰慎起居，曰戒游佚，曰正宫闱，曰教储贰，曰睦宗藩，曰亲贤臣，曰去奸邪，曰纳谏，曰理财，曰守法，曰儆戒，曰务实，曰正纪纲，曰审官，曰久任，曰重守令，曰驭近习，曰待外戚，曰重农桑，曰兴教化，曰明赏罚，曰信诏令，曰谨名分，曰裁贡献，曰慎赏赉，曰敦节俭，曰慎刑狱，曰褒功德，曰屏异端，曰饬武备，曰御戎狄。其辞多警切，请以经筵之暇进讲。又请立起居注，纪帝言动与朝内外事，日用翰林官四员入直，应制诗文及备顾问。帝皆优诏报许。

【译文】

神宗皇帝刚登帝位的时候，冯保日夜护起居，竭力保护，神宗皇帝稍有违反常规，立即奏报慈圣皇太后。慈圣皇太后教育皇帝非常严格，往往痛责，并且说："假使让张先生知道了，如何是好！"因此神宗皇帝很害怕张居正。到神宗皇帝渐渐长大以后，从心里厌恶他。乾清宫的小太监孙海、客用等人诱导皇上游玩嬉戏，都得到皇上的喜欢宠信。慈圣皇太后令冯保逮捕孙海、客用，进行杖打并且赶走他们。张居正再开列他们同伙的罪恶，请求罢斥驱逐他们，并且令司礼监及各内侍自己陈述所作所为，由皇上裁夺去职或留用。张居正于是劝神宗皇帝戒除游戏、夜宴以慎重起居，专注精神以广储圣嗣，节省赏赐以减少浪费，拒绝珍珠宝玩以端正好尚，亲自日理万机清明政治，勤于讲学以帮助治理国家。神宗皇帝为皇太后所迫，不得已，都同意了，但是心里却很是怀恨冯保、张居正。

神宗皇帝执政之初，张居正曾经编纂古代治乱得失的事例一百余条，画成图，用通俗的语言解释它，使神宗皇帝明白易懂。至此，再嘱咐儒臣记录太祖等几位皇帝的《宝训》、《实录》分类成书，共计四十种：分别为创业艰难、励精图治、勤学、敬天、法祖、保民、谨祭祀、崇孝敬、端好尚、慎起居、戒游佚、正宫闱、教储贰、睦宗藩、亲贤臣、去奸邪、纳谏、理财、守法、警诫、务实、正纪纲、审官、久任、重守令、驭近习、待外戚、重农桑、兴教化、明赏罚、信诏令、谨名分、裁贡献、慎赏赉、敦节俭、慎刑狱、褒功德、屏异端、饬武备、御戎狄。里面所说的话很多都是非常发人深省的，请在经筵之暇进讲。又请建立起居注，记录皇帝的言论行动和朝廷内外的事情，每日用翰林院的官员四人入内阁轮流值班，按照皇帝的要求撰写诗文以及担任皇帝的顾问。神宗皇帝都很满意地同意。

居正自夺情后，益偏恣。其所黜陟，多由爱憎。左右用事之人，多通贿赂。冯保客徐爵擢用至锦衣卫指挥同知、署南镇抚。居正三子皆登上第。苍头游七入赀为官，勋戚文武之臣多与往还，通姻好。七具衣冠报谒，列于士大夫。世以此益恶之。

亡何，居正病。帝频颁敕谕问疾，大出金帛为医药资。四阅月不愈，百官并斋醮为祈祷。南都、秦、晋、楚、豫诸大吏，亡不建醮。帝令四维等理阁中细务，大事即家令居正平章。居正始自力，后惫甚不能遍阅，然尚不使四维等参之。及病革，乞归。上复优诏慰留，称“太师张太岳先生”。居正度不起，荐前礼部尚书潘晟及尚书梁梦龙，侍郎余有丁、许国、陈经邦。已，复荐尚书徐学谟、曾省吾、张学颜，侍郎王篆等可大用。帝为粘御屏。晟，冯保所受书者也，张居正荐之。时居正已昏甚，不能自主矣。及卒，帝为辍朝，谕祭九坛，视国公兼师傅者。居正先以六载满，加特进中极殿大学士；以九载满，加赐坐蟒衣，进左柱国，荫一子尚宝丞；以大婚，加岁禄百石，录子锦衣千户为指挥佥事；以十二载满，加太傅；以辽东大捷，进太师，益岁禄二百石，子由指挥佥事进同知。至是，赠上柱国，谥文忠，命四品京卿、锦衣堂上官、司礼太监护丧归葬。于是四维始为政，而与居正所荐引王篆、曾省吾等交恶。

【译文】

张居正自从父死而不离职守丧以后，更加偏激恣横。他所罢免和提升的官员，多数是由个人的爱憎出发。在他左右办事的人也多接受贿赂。冯保的门客徐爵被提拔重用为锦衣卫指挥同知，代理南镇抚司。张居正的三个儿子都举进士及第。家奴游七用钱捐官，勋臣国戚和文武官员多与他互相往来，通婚结为亲好。游七穿戴官服官帽拜见应酬，置身于士大夫之中。世人因此更加憎恶他。

不久，张居正患病。神宗皇帝频频颁发敕文询问病情，拿出大量的金钱布帛作为医药费。过了四个月病还没有治愈，文武百官一起设斋建醮为张居正祈祷。南京、陕西、山西、湖广、河南各地的大吏，无不建醮祈祷。神宗皇帝命令张四维等人处理内阁中的琐细事务，大事责令送到张居正家里由他决断处理。张居正起初还能亲自办理，后来因过于疲乏不能一一审阅，然而还是不让张四维等人参与。到病危时，乞求回乡。皇上再次下诏好言挽留，称他为“太师张太岳先生”。张居正估计到自己病重不能再起，推荐前礼部尚书潘晟以及尚书梁梦龙，侍郎余有丁、许国、陈经邦，在这之后，又推荐尚书徐学谟、曾省吾、张学颜，侍郎王篆等人可以重用。神宗皇帝把他们的名字粘贴在御屏上。潘晟，教过冯保读书，冯保强迫张居正推荐他。当时张居正已经严重昏迷，不能控制自己了。到他死的时候，神宗皇帝为之停止视朝，令祭九坛，视他为国公兼师傅。张居正因六年考满，加特进中极殿大学士；因九年考满，加赐坐蟒衣，进左柱国，荫一子为尚宝丞；因神宗皇帝大婚，每年增加俸禄一百石，封其子锦衣千户为指挥佥事；因十二年考满，加太傅；因辽东大捷，进为太师，每年再增加俸禄二百石，其子由锦衣指挥佥事进升为同知。至此时，赠上柱国，谥文忠，命令四品京卿、锦衣堂上官、司礼监太监护送棺柩回乡安葬。于是张四维才开始在内阁主持政务，而与张居正所推荐的王篆、曾省吾等人关系很坏。

初，帝所幸中官张诚见恶冯保斥于外，帝使密诇保及居正。至是，诚复入，悉以两人交结恣横状闻，且谓其宝藏逾天府。帝心动。左右亦浸言保过恶，而四维门人御史李植极论徐爵与保挟诈通奸诸罪。帝执保禁中，逮爵诏狱。谪保奉御居南京，尽籍其家金银珠宝钜万计。帝疑居正多蓄，益心艳之。言官劾篆、省吾并劾居正，篆、省吾俱得罪。新进者益务攻居正。诏夺上柱国、太师，再夺谥。居正诸所引用者，斥削殆尽。召还中行、用贤等，迁官有差。刘台赠官，还其产。御史羊可立复追论居正罪，指居正构辽庶人宪㸅狱。庶人㸅妃因上疏辩冤，且曰："庶人金宝万计，悉入居正。"帝命司礼张诚及侍郎丘橓偕锦衣指挥、给事中籍居正家。诚等将至，荆州守令先期录人口，锢其门，子女多遁避空室中。比门启，饿死者十余辈。诚等尽发其诸子、兄弟藏，得黄金万两，白金十万余两。其长子礼部主事敬修不胜刑，自诬服寄三十万金于省吾、篆及傅作舟等，寻自缢死。事闻，时行等与六卿大臣合疏，请少缓之；刑部尚书潘季驯疏尤激楚。诏留空宅一所、田十顷，赡其母。而御史丁此吕复追论科场事，谓高启愚以舜、禹命题，为居正策禅受。尚书杨巍等与相驳。此吕出外，启愚削籍。后言者复攻居正不已。诏尽削居正官秩，夺前所赐玺书、四代诰命，以罪状示天下，谓当剖棺戮尸而姑免之。其弟都指挥居易，子编修嗣修，俱发戍烟瘴地。

【译文】

当初，神宗皇帝所庞信的宦官张诚为冯保所厌恶排斥于宫外，神宗皇帝令他在暗中刺探冯保以及张居正的动静。至此，张诚再次进入宫内，将冯保和张居正两人互相交结恣横不法的情形全部报告给神宗皇帝，并且说他们所积蓄的珍宝财物超过皇家的仓库。神宗皇帝于是为之动心。在皇上左右的人也连续不断地诉说冯保的过错和罪恶，其后张四维的学生御史李植更加激烈攻击徐爵和冯保挟制诈骗狼狈为奸的各种罪行。神宗皇帝将冯保抓起来关押在宫中，逮捕徐爵关入诏狱。后来把冯保贬为奉御安置于南京，将他家里总计巨万的金银珠宝全部没收。神宗皇帝怀疑张居正的积蓄更多，心里尤其羡慕。言官弹劾王篆、曾省吾并弹劾张居正，王篆、曾省吾都被认定有罪。新升官的人更加致力于攻击张居正。下诏令削夺张居正的上柱国、太师，再除夺谥号。张居正所推荐任用的官员，几乎全部被罢斥和革职。召还吴中行、赵用贤等人，分别予以提升。刘台给予赠官，退还所没收的财产。御史羊可立再追究张居正的罪行，指责张居正制造了辽王府庶人宪[火节]的冤案。庶人宪[火节]的妃子于是上疏申冤，并且说："庶人金银财宝数以万计，都落入了张居正的手里。"神宗皇帝司礼太监张诚以及侍郎丘橓同锦衣卫指挥、给事中查抄张居正的家产。张诚等人即将到张居正的老家江陵时，荆州知府已事先登记了张居正家的人口，封锁门窗，他的子女多数逃避到空房里，到开门时，已有十余人饿死。张诚等人将张居正几个儿子、兄弟的家产全部抄没。共得黄金一万两，白银十余万两。张居正的长子、礼部主事张敬修忍受不了严刑拷打，自己伪供有三十万两金银寄存在曾省吾、王篆以及傅作舟等人那里，不久上吊身亡。此事上报以后，申时行等人与六部尚书联名上疏，请求稍加宽大他们；刑部尚书潘季驯的奏疏说得尤其愤激苦楚。诏令留空房一所、田十顷，以供赡养张居正的母亲。而后御史丁此吕又追究科举考试中的问题，说高启愚用舜、禹命题，是为张居正策划接受禅让。尚书杨巍等人对他进行反驳。结果丁此吕被调外任，高启愚革职为民。后来言官又不断攻击张居正。诏令革除张居正所有的官职和俸禄的等级，追夺以前所赐给的玺书、四代的诰命，将他的罪状公布于全国，说本来应当开棺戮尸，今姑且宽免。张居正的弟弟都指挥张居易、儿子编修张嗣修，都被发配到西南边远地方充军。

终万历世，无敢白居正者。熹宗时，廷臣稍稍追述之。而邹元标为都御史，亦称居正。诏复故官，予葬祭。崇祯三年，礼部侍郎罗喻义等讼居正冤。帝令部议，复二荫及诰命。十三年，敬修孙同敞请复武荫，并复敬修官。帝授同敞中书舍人，而下部议敬修事。尚书李日宣等言："故辅居正，受遗辅政，事皇祖者十年。肩劳任怨，举废饬弛，弼成万历初年之治。其时中外乂安，海内殷阜，纪纲法度莫不修明。功在社稷，日久论定，人益追思。"帝可其奏，复敬修官。

【译文】

直到万历朝结束为止，没有人敢为张居正伸冤昭雪。明熹宗时，廷臣才渐渐追述他的事迹。而邹元标已成为都御史，也称赞张居正。明熹宗下诏恢复张居正原来的官职，按照仪礼给予安葬祭祀。崇祯三年，礼部侍郎罗喻义等人申诉张居正遭受冤枉。崇祯皇帝命令吏部商议，恢复两个荫职和诰命。崇祯十三年，张敬修的孙子张同敞请求恢复所荫的武职，并恢复张敬修的官职。崇祯皇帝任命张同敞为中书舍人，并且将他的奏疏交给吏部，命商议恢复张敬修官职问题。尚书李日宣等人说："前内阁首辅张居正，接受穆宗皇帝的遗诏辅佐政事，侍奉皇祖神宗皇帝十年。任劳任怨，举废振衰，辅助成万历初年的太平治世。当时内外安定，国家殷实富裕，纪纲法度无不清明。张居正功在国家，时间一久自有定论，人们越来越追忆和思念他。"崇祯皇帝同意他的上奏，下令恢复张敬修的官职。